唯物史观在中国的传播与创造性运用

(1919—1949)

The Spread and Creative Application of Historical Materialism in China

(1919-1949)

蔺淑英 著

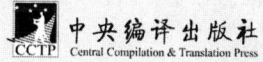

图书在版编目（CIP）数据

唯物史观在中国的传播与创造性运用（1919—1949）/蔺淑英著．—北京：中央编译出版社，2020.12

ISBN 978-7-5117-3887-5

Ⅰ.①唯… Ⅱ.①蔺… Ⅲ.①历史唯物主义-发展-研究-中国-1919-1949 Ⅳ.①D61

中国版本图书馆 CIP 数据核字(2020)第 248325 号

唯物史观在中国的传播与创造性运用（1919—1949）

责任编辑：李易明
责任印制：刘 慧
出版发行：中央编译出版社
地　　址：北京西城区车公庄大街乙 5 号鸿儒大厦 B 座（100044）
电　　话：(010) 52612345（总编室）　　(010) 52612352（编辑室）
　　　　　(010) 52612316（发行部）　　(010) 52612346（馆配部）
传　　真：(010) 66515838
经　　销：全国新华书店
印　　刷：北京中兴印刷有限公司
开　　本：710 毫米×1000 毫米　1/16
字　　数：230 千字
印　　张：18.5
版　　次：2020 年 12 月第 1 版
印　　次：2020 年 12 月第 1 次印刷
定　　价：95.00 元

网　　址：www.cctphome.com　　**邮　　箱**：cctp@cctphome.com
新浪微博：@中央编译出版社　　**微　　信**：中央编译出版社（ID：cctphome）
淘宝店铺：中央编译出版社直销店（http://shop108367160.taobao.com）　(010)55626985

本社常年法律顾问：北京市吴栾赵阎律师事务所律师　闫军　梁勤
凡有印装质量问题，本社负责调换。电话：(010)55626985

序　言

　　历史是最好的教科书。认识和理解历史，才能更好地把握现在，预测未来。研究马克思主义中国化的历史进程，尤其是新民主主义革命时期马克思主义中国化的历史进程，探索隐藏在其后的规律，从而与时俱进不断进行理论创新，是中国特色社会主义建设道路上要持续面对的重要理论和实践课题。

　　反观历史，审视现实，我们可以看到，作为马克思对人类社会做出的两大突出贡献之一的马克思主义的理论基石——唯物史观，是在二十世纪初期最早传入中国。五四运动前后，在国际国内政治经济形势大动荡、中西文化大碰撞大融合的时代背景下，唯物史观在中国广泛传播并被先进知识分子选择和接受。中国早期马克思主义者奉唯物史观为无产阶级的世界观基础，以此为指导建立了中国共产党，从此拉开了新民主主义革命的序幕，也逐渐开启了马克思主义基本原理同中国实际情况相结合的历史进程。

　　本书以唯物史观经典著作、唯物史观阐释性文本和马克思主义中国化历史进程中的史料为依据，立足于唯物史观在中国（1919—1949）传播的深层原因和相对独特的传播历程，注重从整体上研究唯物史观的中国解读方式及特点，以及唯物史观在中国革命、思想学术领域的创造性运用，从政治运动与思想史发展相结合的角度还原唯物史观在中国传播与运用的曲折历程及其伟大作用，总结正反两方面的经验教训,以便更准确地把握唯物史观的精髓和本真精神,更好地坚持、贯彻和发展唯物史观的世界观和方法论,从而进一步推进当代马克思主义中国化和中国特色社会主义理论的建设与实践。

研究唯物史观在中国的传播与创造性运用,首先要明确唯物史观到底是什么,这是衡量评析唯物史观在中国传播、解读、运用状况的标尺。人们通常认为唯物史观是揭示人类社会发展普遍规律的科学。根据唯物史观创立和成熟时期马克思、恩格斯的相关经典著作,唯物史观是关于现实的人及其历史发展的科学。唯物史观是由一系列具有内在逻辑的范畴构成的完整的科学理论体系。它以现实的人及其历史发展作为核心理念和理论阐述的主线,从现实的人的物质生活生产过程出发,坚持社会存在决定社会意识的唯物主义立场,认为生产力与生产关系、经济基础与上层建筑的矛盾运动是现实的人及其发展的社会表现形式。阶级斗争、社会革命是阶级社会实现生产关系和上层建筑变革,以解放生产力,进而解放人的手段。人类的物质生产活动及其实践能力是社会发展的最终动因,推动着社会经济形态从低级向高级发展,一直发展到以人的自由全面发展为基本原则的共产主义社会。既唯物又辩证地揭示了人类社会发展的历史进程和最一般规律。

唯物史观之所以能在中国广泛传播,首先依托于唯物史观的独特品格,即实践性、科学性、批判性和开放性,正是这些独特品格,使唯物史观在人类文明发展历程中和无产阶级反对资产阶级的革命运动中,放射出独特的理论光芒,并在世界范围内被广大先进知识分子所接受。"理论在一个国家实现的程度,取决于这个国家对理论的需求程度"。近代以来,中国陷入沉重的民族危亡境地,中国的有志之士按照资本主义文明所尝试的一系列器物、制度、思想文化层面的社会变革屡屡失败,说明西方资产阶级思想文化依然不能拯救中国,要推翻帝国主义和封建主义的统治,实现国家独立和民族解放,迫切需要新的理论指导。以马克思主义为理论指导的俄国十月革命的成功,帮助中国先进分子认清了中国社会变革的方向和道路。唯物史观这种来自西方文明又反对西方资本主义制度的学说,因其固有的理论特性，既解决了中国先进分子对待资本主义的矛盾心理，又适应了他们的社会文化心理和对社会变革理论指导的需求。内外因、主客体的综合作用，使唯物史观在中国的传播由可能变为了现实。

唯物史观在中国的传播经历了一个复杂曲折的发展过程。当前，学术界对于唯物史观在中国传播的历史进程，或者以时间为序，以中国政治发展的重要事件为依据进行阶段划分，或者以与唯物史观发展息息相关的几个问题为依据进行阶段划分，并分别加以研究。问题是，唯物史观在中国传播是多种因素综合作用的结果，单以重要的政治事件或是与唯物史观息息相关的几个问题，不足以反映唯物史观在中国传播的历史全貌。笔者以时间为序，综合考虑唯物史观在中国传播的程度、中国先进分子对唯物史观解读的内涵与外延的变化以及传播主体的成熟度，并以此作为依据，将唯物史观在中国传播的历史进程分为三个阶段：唯物史观的广泛传播阶段（1919—1923年）、唯物史观的深入传播及初步运用阶段（1924—1935年）、唯物史观的系统传播及创造性运用阶段（1936—1949年），同时从传播渠道、传播主体、传播方式、传播内容等方面，分阶段予以深入细致的剖析和整体性概括。这样应该更能反映出唯物史观在中国传播的独特性、复杂性和发展性特征。

在唯物史观的广泛传播阶段，中国先进分子将唯物史观解读为经济史观，对唯物史观与经济史观的关系、唯物史观与阶级斗争的关系问题存在着一个曲折的认识过程；在唯物史观的深入传播与初步运用阶段，唯物辩证法作为一种科学方法论开始进入中国先进分子的视野，唯物史观的辩证性格得以彰显；在唯物史观的系统传播及创造性运用阶段，唯物史观的认识论价值，即社会改造价值得以凸显。中国先进分子通过掌握唯物史观的方法论原则，找到了发展历史的新主体、考察历史的新视角、变革社会的新手段，形成了分析中国问题的辩证思维方式。总结中国先进分子解读唯物史观的历程，从中既可以看出其所具有的科学性和现实指向性。也能够发现，由于受文本、社会历史条件和解读者的认知水平等因素的影响，中国先进分子对唯物史观的解读不可避免地存在着一定的历史局限性。但是，应该肯定的是，他们对唯物史观的解读符合唯物史观的基本立场、观点和方法，科学把握了唯物史观的理论精髓和实质。

中国先进分子传播、解读唯物史观的目的是变革中国社会，实现国家独立和民族解放。为达此目的，中国先进分子尤其是中国共产党人，把唯物史观作为方法论，将马克思主义基本原理同中国社会革命实践相结合，一方面，中国共产党人以唯物史观为指导，运用唯物史观的立场、观点和方法，从中国革命这个最大的实际出发，创立了新民主主义革命理论体系，并以此为指导，最终取得了新民主主义革命的胜利，实现了国家独立和民族解放的目标。另一方面，唯物史观的创造性运用还体现在思想文化领域中马克思主义学派的兴起上，如唯物史观与史学、社会学相结合，兴起了中国马克思主义史学和中国马克思主义社会学。

对唯物史观在中国的传播、解读、运用的曲折历程进行整体研究，目的是从中探求唯物史观对中国社会发展和人的发展所起的伟大作用，总结经验教训，以便在实践中更好地坚持并发展唯物史观。通过研究，可以看出：唯物史观与中国实际是否实现成功结合，是能否正确发挥唯物史观对革命实践的指导作用的关键。当唯物史观与中国实际没有实现成功结合时，就会屡犯"左"的或右的错误；当唯物史观与中国实际实现成功结合时，革命就会沿着正确的轨道向前发展。因此，坚持把唯物史观与中国实际相结合是传播和运用唯物史观的关键；以世界眼光准确把握时代方位是传播与运用唯物史观的根本前提；求真务实是传播运用唯物史观的基石；理论创新是传播与运用唯物史观的本质要求；思想交锋是传播与运用唯物史观的动力。在当代中国特色社会主义建设实践中，面对复杂的国际国内局势，高举马克思主义旗帜，必须坚持马克思主义的理论基础——唯物史观，深入研究唯物史观，不断进行理论创新，推进当代马克思主义中国化，在实践中落实唯物史观的核心理念，坚持以人民为中心，关注民生，实现人和社会的全面、协调、可持续发展。

目 录

导 论 ·· 1
  一、研究背景 ·· 1
  二、研究历史与现状 ·· 3
  三、研究框架及内容 ·· 27

第一章 唯物史观及其在中国传播的原因 ······················ 30
  第一节 唯物史观的科学性和革命性 ·························· 31
  第二节 中国社会演化的内在需求 ···························· 46
  第三节 世界历史发展的外在促动 ···························· 52
  第四节 中国先进分子的自觉选择 ···························· 58

第二章 唯物史观在中国传播与运用的历史进程 ············ 66
  第一节 唯物史观的广泛传播与初步运用阶段
       （1919—1923）···································· 67
  第二节 唯物史观的深入传播及研究运用阶段
       （1924—1935）···································· 95

第三节　唯物史观的系统传播及创造性运用阶段
　　　　（1936—1949）………………………………… 112

第三章　唯物史观的中国化解读 ……………………… 125
　　第一节　唯物史观的中国化解读的历程 ………………… 126
　　第二节　唯物史观的中国化解读的内容 ………………… 171
　　第三节　唯物史观的中国化解读的特点 ………………… 178

第四章　唯物史观在中国的创造性运用 ……………… 186
　　第一节　唯物史观与新民主主义革命理论体系的构建 …… 187
　　第二节　唯物史观与中国马克思主义学术派别的兴起 …… 229

第五章　唯物史观在中国传播与运用的经验及启示 … 254
　　第一节　唯物史观在中国传播与运用的基本经验 ………… 255
　　第二节　唯物史观在中国传播与运用的当代启示 ………… 265

参考文献 ………………………………………………… 270
后　记 …………………………………………………… 287

导　论

一、研究背景

马克思主义中国化的历史进程和基本经验是当前马克思主义中国化研究中的一个热点问题。许多专家学者从不同学科、不同视角，采用不同方法对其进行研究，研究内容主要集中在毛泽东思想、中国特色社会主义理论体系及其创立者的贡献、马克思主义中国化的理论成果之间的传承关系、马克思主义中国化的理论成果与马克思列宁主义的传承发展关系，等等。其中，马克思主义中国化的三大理论成果体系，以及其主要创造者对马克思主义中国化的贡献是研究的重中之重。学术理论界出版了大量的学术专著，发表了大量的学术论文，对马克思主义中国化的历史进程和基本经验进行了非常重要的、基础性的研究，其中不乏思想深刻、论证缜密的力作。但是，这些成果大多从宏观层面较为笼统地研究把握马克思主义中国化的历史进程，从整体上深入系统地探究马克思主义中国化的历史进程与基本经验的突破性成果还不多。对马克思主义中国化的历史进程与基本经验的研究，无论是从研究的广度还是深度上都有待于进一步推进。

中国社会发展的历史已经证明：马克思主义在中国的传播改变了近代以来传统中国社会的发展进程，马克思主义对中国社会的影响首先是唯物史观在中国的广泛传播和运用，以及由此产生的一系列的认知、思想、观念的巨变。马克思主义从19世纪末20世纪初开始传入中国，于五四运动前后被当时的先进分子接受并广泛传播，由此拉开了马克思主义特别是其唯物史观在中国广泛传播和中国化实践的序幕。1919年至1949年，唯物史观在中国的广泛传播，既是世界历史发展和中国社会演化的结果，也是中西文化冲突与融合的产物，有着复杂的社会历史和文化背景。当时的中国先进分子对唯物史观的传播和解读也经历了一个艰难曲折的过程；将其运用于中国社会变革实践并实现理论创新，更是经历了一个曲折复杂的探索过程。目前，唯物史观在中国早期传播的历史必然性问题、早期马克思主义传播者和早期党的领导人（如李大钊、陈独秀、瞿秋白、蔡和森、李达等）对唯物史观的传播及贡献、唯物史观对中国社会的影响等已纳入研究者视野。本书的研究以这一时期唯物史观在中国的传播为切入点，力求从整体上深入细致地探究唯物史观在中国的传播和运用发展，总结马克思主义中国化的条件、机制、特点及经验。

创立唯物史观是马克思为人类社会做出的两大突出贡献之一。唯物史观作为现实的人及其历史发展的科学，揭示了人类社会的发展进程及其最一般规律。它不仅为人们观察、分析和解释社会历史提供了一种新的世界观和方法论，还为人们提供了变革社会现实，实现民族解放、阶级解放和自身解放的有效途径，指明了社会发展的目标是实现人的自由全面发展。但是，在马克思、恩格斯逝世后，由于"文本"资源的内涵丰富性与复杂性以及后继者"解读"方式的多元性等，理论界对唯物史观的理解出现了简单化、机械化和教条化的倾向，偏离了唯物史观的本来思想，导致人们对唯物史观的理解和运用发生偏差、陷入教条。中国先进分子从接受唯物史观开始，就难免受到这种机械化、教条化倾向的影响。中国共产党自成立之日起，就奉唯物史观为党的哲学根据。唯物史观在中国的传播和运用，对中国人的世界观发展、认识论发展、方法论发展以及中国共产党领导的革命实践等产生了深远影响。因此，从学理上深入系统研究并还原唯物史观在中国传播和运用的曲折历程，对其加以客观公正的评析，总结经验教训，从而进一步推进新时代马克思主义中国化实践和中国特色社会主义理论体系建设，就成为今天学术研究面临的重要课题。

二、研究历史与现状

"马克思主义传入中国后，首先被传播和为人们所普遍熟知的是唯物史观。"[①] 唯物史观在中国的传播与运用影响深远。国内学者对这一问题进行了非常重要的、基础性的研究，出版了一些学术专著，发表了不少学术论文。国外学者对马克思主义在中国的传播也进行了一些相关研究。

（一）国内学者对唯物史观在中国传播与运用研究的历史与现状

就国内而言，自20世纪上半叶以来，唯物史观在中国的传播与运用研究一直是学者们关注的一个重点。改革开放以来，特别是近二十年来唯物史观在中国的传播与运用研究再次成为国内学界研究的热点之一。学界已经出版了一些具有相当学术水平的相关论著。

---

① 陶德麟、何萍：《马克思主义中国化：历史与反思》，北京师范大学出版社2007年版，第19页；张静如、齐卫平：《唯物史观在中国传播一百年与"三个代表"》，载《学习时报》，2003年8月11日。该文也提出"马克思主义在中国的传播首先从唯物史观开始"。

涉及唯物史观在中国传播与运用的具有代表性的著作有：吕希晨、何敬文主编的《中国现代唯物史观史》（天津人民出版社2003年版），以五四运动以来唯物史观的传入、发展及其中国化的历史进程为研究对象，阐述了20世纪中国唯物史观形成和发展的基本历程，同时运用丰富的史料，重点剖析了不同历史阶段对唯物史观的发展起到重要作用的代表人物（如李大钊、陈独秀、蔡和森、瞿秋白、李达、恽代英、郭沫若、吕振羽、侯外庐、艾思奇、胡绳、毛泽东等）的重要思想理论的历史背景、主要观点及历史地位，试图揭示唯物史观在中国广泛传播和发展的创新内容、特点及基本规律。庄福龄主编的《中国马克思主义哲学传播史》（中国人民大学出版社1988年版），系统地叙述了从20世纪初到中华人民共和国成立近50年马克思主义哲学在中国的发展变化。唯物史观是马克思主义哲学重要组成部分，因此该书较为翔实地阐述了新中国成立前马克思主义唯物史观在中国的传播与发展状况，尤其是阐述了以唯物史观为主要内容的马克思主义哲学的早期传播。黄楠森主编的八卷本《马克思主义哲学史》的第六卷（北京出版社1989年版），全面、系统地阐述了马克思主义哲学从1919年到1949年在中国传播和发展的历史，从理论和实践的结合上，深入地揭示了马克思主义哲学在这一时期的历史发展，其中涉及唯物史观在近代中国的传播与运用。田子渝等著的《马克思主义在中国初期传播史（1918—1922）》（学习出版社2012年版），运用丰富的史料，立足于世界近代历史背景下中国救亡图存的国情，从整体上对马克思主义在中国早期传播进行了全景式描述，从源头上论证说明了中国先进知识分子选择马克思主义的必然性，客观公正地呈现并评价了具有初步共产主义思想的知识分子、国民党人士、其他进步知识分子对马克思主义在中国早期传播所发挥的作用。作者对一些传统观点进行审视，运用挖掘出的新史料，论证并提出了一些新见解，比如作者指出：瞿秋白并非是在中国传播马克思辩证法的第一人，第一个提到马克思辩证法的是1919年7月18日至24日《晨报》副刊刊登的无译者署名的译文《马氏唯物史观概要》（原著作者为堺利彦）；马克思主义在中国早期传播主渠道除了日本、苏俄、欧洲外，还有美国渠道；李汉俊是明确提出建党思想的第一人，并强有力地论证了中国共产党的创立并非外来政治势力进入的结果，而是近代中国救国救亡运动的必然产物，等等。除此之外，李泽厚著的《中国思想史论》（下）（安徽文艺出版社1999年版），梁枫著的《唯物史观在中国的历史命运论纲》（北京大学出版社2000年版），曾乐山著的《马克思主义哲学的中国化及其历程》（华东师范大学出版社1991年版），杨河、胡海涛、张炳奎著的《马克思主义哲学的传入与研究》（福建人民出版社2006年版），王玉平著的《马克思主义哲学在中国的理论嬗变》（中国社会科学出版社2005年版），陶德麟、何萍主编的《马克思主义哲学中国化：历史与反思》（北京师范大学出版社2007年版），罗海滢著的《李达唯物史观思想研究》（暨南大学出版社2008年版）等著作，也都从不同角度涉及唯物史观在中国的传播与运用的内容。

围绕着唯物史观在中国的传播与运用，学者们从不同层面予以研究，发表了数量可观的学术论文，其中不乏资料翔实、论证缜密、富有真知灼见之作。比较有代表性的论文有：王贵仁的《20世纪早期中国学者对唯物史观的阐释及其演变》（《史学理论研究》2010年第3期）、《唯物史观的中国初貌：依据、内容和特征》（《江海学刊》2010年第4期）、《从传播"唯物史观"到建构"民生史观"——解析1920年代国民党人对唯物史观态度的转变轨迹》（《社科纵横》2009年第11期）、陈峰的《在学术与意识形态之间：1930年代的中国社会史论战》（《史学月刊》2010年第9期）、张立波的《唯物史观在中国的早期传播：批评与辩护》（《学习与探索》2010年第3期）、《唯物史观在中国的早期传播：理论旨趣与现实指向》（《哲学研究》2010年第8期）、张琳的《马克思主义在中国早期传播过程中的文本问题》(《毛泽东邓小平理论研究》2009年第5期)、李培林的《20世纪上半叶的唯物史观社会学》(《东岳论丛》2009年第1期)、杨鹏等的《试述马克思主义唯物史观与史学术语在中国的早期传播》(《海军工程大学学报(综合版)》2009年第4期)、冯天瑜的《唯物史观在中国的早期传播及其遭遇》(《中国社会科学》2008年第1期)、王德峰的《唯物史观在史学研究中的祛蔽作用》(《中国社会科学》2008年第1期)、薛其林的《唯物史观对民国学术的影响》(《马克思主义研究》2008年第4期)和《从论战看20世纪上半叶唯物史观对中国现代学术的影响》(《湘潭大学学报(哲学社会科学版)》2008年第6期)、宋志明的《李大钊对唯物史观的传播与理解》(《中国人民大学学报》2008年第2期)、单继刚的《社会进化论：马克思主义哲学在中国的第一个理论形态》(《哲学研究》2008年第8期)、李波的《进化论对马克思主义哲学在中国早期传播的影响——以李大钊为例》(《西北工业大学学报(社会科学版)》2008年第4期)、程凯的《1920年代末文学知识分子的思想困境与唯物史观文学论的兴起》(《文史哲》2007年第3期)、王学典的《唯物史观派史学的学术重塑》(《历史研究》2007年第1期)、都培炎的《"五四"时期马克思主义与传统儒学的关系》(《中共党史研究》1998年第5期)，等等。另外，还有陈峰的《社会史论战与现代中国史学》、王贵仁的《唯物史观及其指导的历史学在20世纪中国的推进历程》等博士论文。以上论文从不同层面对唯物史观在中国的传播与运用进行了研究。

综观国内学者关于唯物史观在中国传播与运用研究的主要成果，主要涉及以下五方面内容：

第一，唯物史观在中国传播的历史进程。关于唯物史观在中国传播的历史进程，当前学者根据不同的研究方法和划分依据，提出了不同的观点。一种是以时间为序的研究方法。采取此研究方法的学者认为：唯物史观在中国的早期传播与现实政治斗争实践密切相关，应以中国社会政治斗争的几个主要关键环节作为划分依据。由此产生了三种不同的观点：一是两阶段说，即将唯物史观在中国的传播划分为两个阶段，即1918—1927年唯物史观的早期传播与初步运用阶段，1927年大革命失败到1949年唯物史观中国化阶段①；二是三阶段说，即认为唯物史观在中国的传播经历了三个阶段，包括初步传播阶段（五四运动与第一次国内革命战争时期）、进一步传播与中国特色唯物史观形成阶段（第二次国内革命战争时期）、唯物史观中国化阶段（抗日战争时期与解放战争时期)②；三是五阶段说，即将唯物史观在中国的传播划分为五个阶段：五四运动时期、党的创立和大革命时期、土地革命时期、抗日战争时期和解放战争时期。③ 另一种研究方法是以与唯物史观在中国的历史命运息息相关的几个问题为切入点，研究唯物史观在中国的过去、现在和未来。④

第二，唯物史观在中国首先被选择的必然性。学者们主要研究了五四运动前后唯物史观首先在中国被选择的必然性。他们一致认为：中国早期马克思主义者是由选择社会主义理论而选择马克思主义及其唯物史观的。中国早期马克思主义者首先选择唯物史观，不是一种偶然，而是有其主客观的必然性。但对导致这种必然性的原因，学者们有着不同的看法。有学者认为，中国早期马克思主义者

---

① 参见李泽厚：《中国思想史论》下，安徽文艺出版社1999年版，第965—1004页。

② 参见吕希晨、何敬文：《中国现代唯物史观史》，天津人民出版社2003年版，第3—24页。

③ 参见黄楠森、庄福龄、林利：《马克思主义哲学史》第六卷，北京出版社1989年版。

④ 参见梁枫：《唯物史观在中国的历史命运论纲》，北京大学出版社2000年版。

首先选择唯物史观的原因有三：一是近现代救亡主题的急迫现实所要求的；二是唯物史观的革命实践性与中国传统的实用理性和集体意识的契合；三是中国社会思想中的乌托邦传统，尊重历史经验、富有历史观念和历史情感的文化心理等，使唯物史观特别是阶级斗争学说，在中国被作为一种"科学的"意识形态和未来社会的理想予以接受、信仰并奉行。虽然该学者的有些看法（如关于救亡与启蒙的关系、如何看待阶级斗争等）值得商榷，但是，其从中国先进知识分子的传统文化心理、思维方式的角度分析问题，这种特有的研究视角是值得肯定的。① 有学者从社会、文化和主体三个层面分析唯物史观首先被选择的必然性。② 有学者则认为唯物史观在中国早期之所以备受关注，原因有二：一是唯物史观作为马克思一生的两大发现之一，具有重大理论价值，引人注目；二是唯物史观适应了中国先进分子在改造中国社会过程中"批判的武器"的需要。③ 有学者还认为当时中国学术领域研究范式转换的迫切需求，唯物史观在与其他思潮的碰撞与对话中所展现的理论及方法论价值，也是促使中国先进分子在比较、鉴别中首先选择唯物史观的重要原因。④

第三，早期马克思主义者对唯物史观的传播及贡献。目前，早期马克思主义者对唯物史观的传播及贡献已纳入研究者的视野，主

---

① 参见李泽厚：《中国思想史论》下，安徽文艺出版社1999年版，第965—1004页。

② 参见王玉平：《马克思主义哲学在中国的理论嬗变》，中国社会科学出版社2005年版，第47—53页。

③ 参见杨河、胡海涛、张炳奎：《马克思主义哲学的传入与研究》，福建人民出版社2006年版，第84—86页。

④ 蔺淑英：《"五四"前后中国先进分子选择唯物史观探源》，载《中共党史研究》，2009年第11期。

要涉及李大钊、陈独秀、蔡和森、瞿秋白、李达、恽代英、杨匏安等。①

关于李大钊对唯物史观的传播及贡献的研究，学者们一致认为：李大钊是五四时期在中国传播和运用唯物史观的杰出代表之一，也是把马克思主义与中国实际结合的开拓者，为马克思主义中国化做出了奠基性的贡献。在此基础上，学者们又从不同方面研究了李大钊对唯物史观的传播及贡献。一是李大钊传播唯物史观的主要内容与特点。有学者认为，十月革命后李大钊系统阐述了唯物史观的主要内容：第一，马克思唯物史观的创立是社会科学的一大理论贡献；第二，唯物史观关于经济基础与上层建筑、生产力与生产关系辩证关系原理；第三，唯物史观关于阶级和阶级斗争的理论；第四，唯物史观关于人民群众历史作用的原理；第五，提出了破除唯心史观，确立唯物史观，变革思维方式的任务。李大钊传播唯物史观的特点是：注重理论与实际相结合，提出用马克思主义唯物史观武装人们的头脑，变革中国传统思维方式，以指导研究历史和改造中国社会。② 有学者认为李大钊对唯物史观的理解具有以下特点：以中国固有哲学的优良传统为底色，承接并超越"自强不息"和"以人为本"的精神；以中国近代哲学新思潮为底色，承接并超越进化论和启蒙主义；以改造中国社会为目标，回答新民主主义革命的性质、

---

① 参见吕希晨、何敬文：《中国现代唯物史观史》，天津人民出版社2003年版；黄楠森、庄福龄、林利：《马克思主义哲学史》第六卷，北京出版社1989年版；陶德麟、何萍：《马克思主义中国化：历史与反思》，北京师范大学出版社2007年版。

② 参见黄楠森、庄福龄、林利：《马克思主义哲学史》第六卷，北京出版社1989年版，第38—51页。

任务、途径以及主力军等问题，深深打上了中国化的印记。① 关于李大钊传播唯物史观的贡献，有学者认为，李大钊传播唯物史观的贡献主要有：深刻批判了当时流行的对唯物史观的曲解，初步掌握了真正科学的唯物史观；自觉倡导从中国实际出发，密切联系人民群众，通过阶级斗争以争取中国问题的彻底解决；以唯物史观为指南，改造旧史学，建设马克思主义新史学，致力于让人民群众真正掌握和实践这一全新的历史观和能动的人生观。② 有学者从马克思主义中国化的角度剖析了李大钊传播唯物史观的贡献，认为其奠定了马克思主义中国化的基本立场，提供了马克思主义中国化的基本思想方法，开辟了将马克思主义与中国社会革命相结合的中国化道路。③ 有学者从马克思主义中国化实践的角度分析了李大钊在传播唯物史观方面的贡献，认为李大钊引领一大批先进青年走上共产主义道路，培养了一大批马克思主义中国化的生力军；最先倡导马克思主义与中国实际相结合，是马克思主义中国化的首倡者；为党的新民主主义革命理论的形成做出了最早的宝贵贡献，是毛泽东思想的前驱者。有学者以马克思主义旗帜在中国的树立为研究视角，利用大量的文献史料，运用史论结合、比较等方法，从引进、研究和宣传以及运用三个方面，深入研究了李大钊对马克思主义旗帜在中

---

① 参见宋志明：《李大钊对唯物史观的传播与理解》，载《中国人民大学学报》，2008年第2期。

② 参见王志刚：《"五四"时期李大钊对马克思主义中国化的历史贡献》，载《高校理论战线》，2007年第3期。

③ 参见曹力铁：《论李大钊对马克思主义中国化的贡献》，载《浙江工商大学学报》，2005年第5期。

国的树立的独特贡献。①

关于蔡和森对唯物史观在中国的传播及其贡献,研究者一致认为蔡和森是中国共产党早期杰出的马克思主义理论家和宣传家。有学者认为蔡和森从国外到国内,从理论到实践,都对唯物史观在中国的传播做出了杰出的贡献。② 蔡和森在法国留学期间,认真研读了大量马克思主义著作,他不断地把他所掌握的马克思主义有关唯物史观的理论介绍到中国。1920年9月,在与毛泽东的通信中指出,唯物史观是马克思主义学说的出发点,是无产阶级革命的出发点。阐述了唯物史观关于阶级、阶级斗争和无产阶级专政的理论。③

关于陈独秀对唯物史观的传播及贡献,有学者认为陈独秀的主要贡献在于:针对当时某些人误解马克思主义唯物史观,把马克思主义唯物史观看成一种自然进化学说的错误观点,简明扼要地阐述了马克思主义唯物史观的基本原理;阐述了唯物史观关于阶级斗争和无产阶级专政的理论。④ 有学者进一步指出,虽然陈独秀在哲学方面重点介绍了唯物史观,但是他不是对唯物史观本身进行直接介绍,而是结合当时的各种思想争论,联系科学社会主义理论,来说明唯物史观的基本原理及其与马克思主义其他学说的内在联系。⑤

---

① 参见张静如、朱志敏:《李大钊与马克思主义旗帜在中国的树立》,载《北京党史》,1999年第6期;朱成甲:《李大钊的思想理论遗产是党和人民的宝贵财富》,载《中共党史研究》,1999年第6期。

② 参见徐方平:《论蔡和森对唯物史观在中国传播的杰出贡献》,载《湖北大学成人教育学院学报》,2007年第5期。

③ 参见黄楠森、庄福龄、林利:《马克思主义哲学史》第六卷,北京出版社1989年版,第54—55页。

④ 参见黄楠森、庄福龄、林利:《马克思主义哲学史》第六卷,北京出版社1989年版,第52—53页。

⑤ 参见林华俤:《试论陈独秀对马克思主义中国化的有益探索》,载《社科纵横》,2007年第8期。

关于李达对唯物史观的传播及其贡献，有学者认为：李达在传播唯物史观时，主要是指出唯物史观是马克思科学社会主义学说的重要原则之首，社会形态更替的根源在于生产力和生产关系的矛盾运动，同时对唯物史观关于阶级斗争、无产阶级专政和国家学说做出了阐述。① 有学者认为，李达的主要理论贡献在唯物史观上，概括地讲，就是将马克思主义关于唯物史观的普遍原理化成了马克思主义关于中国的特殊理论。②

第四，国民党人对唯物史观的传播。目前，国内学术界已有学者研究国民党人对唯物史观的传播。有学者专门研究了20世纪20年代国民党人对唯物史观的态度演变及其原因。认为：国民党人对唯物史观的态度经历了从五四时代的热烈探讨、20年代中期"公开批评"到20年代后期"全面否定"的发展过程。五四时期国民党理论家热衷唯物史观的主要原因：一是受第一次世界大战后世界社会主义蓬勃发展及中国社会形势变化的大环境影响；二是国民党人在革命屡屡挫败后，积极探寻新的革命道路的结果。20年代中期，由于唯物史观在社会上产生了广泛影响，以孙中山为代表的国民党人士开始注意到唯物史观的革命价值。为建立起国民党的社会历史观，孙中山主要对唯物史观关于"物质为历史的重心"和"阶级斗争是社会进化的原动力"进行了批评，提出民生史观的基本思想。孙中山逝世后，为了从思想理论上清除共产党的影响，国民党右派加紧建构"民生史观"思想体系以对抗"唯物史观"，民生史观与唯物

---

① 参见黄楠森、庄福龄、林利：《马克思主义哲学史》第六卷，北京出版社1989年版，第53—54页。

② 参见刘友红：《"李达与马克思主义哲学中国化"专题研讨综述》，载《武汉大学学报（人文科学版）》，2004年第5期。

史观的对抗、斗争成为20年代后期彼此关系的主题。① 有学者探讨了20世纪20年代国民党人传播唯物史观的情况，认为国民党人在这一时期主要传播了马克思主义的唯物史观、阶级斗争理论等。②

第五，关于唯物史观在中国的运用及影响。国内学术界关于唯物史观在中国的运用及影响研究，主要涉及唯物史观在中国学术领域和中国革命中的运用及影响。③

关于唯物史观在中国学术领域的运用，主要有两种不同的研究视角。一是整体研究，即从整体上探讨唯物史观对民国学术的影响。有学者认为，唯物史观作为马克思主义的理论基础和方法论，传入中国后即参与了各种社会思潮的论战，通过论战，其理论和方法论原则在思想学术界崭露头角，逐渐成长为一种主导思想，并沿着政治和学术两个方向发展深入，极大地影响了中国的政治格局和学术面貌。④ 有学者则以史料为基础，梳理了唯物史观对史学、经济学、哲学、文学等的影响。⑤ 二是专题研究，即就唯物史观与某一学科（如史学、社会学、文学等）的关系进行具体分析，阐述唯物史观对

---

① 参见王贵仁：《二十年代国民党人的唯物史观探析》，载《时代人物》，2008年第5期。

② 参见李田贵、赵学琳：《二十年代国民党人对马克思主义的传播》，载《当代世界社会主义问题》，2003年第4期。

③ 参见吕希晨、何敬文：《中国现代唯物史观史》，天津人民出版社2003年版；黄楠森、庄福龄、林利：《马克思主义哲学史》第六卷，北京出版社1989年版。

④ 参见薛其林：《唯物史观对民国学术的影响》，载《马克思主义研究》，2008年第4期。

⑤ 参见钟家栋、王世根：《马克思主义在中国》，上海人民出版社1998年版，第185—217页。

其形成及发展产生的影响。① 有学者以五四时期唯物史观在中国的传播为切入点，重点探究了唯物史观在五四时期、社会史论战期间的运用及对中国史学的影响。② 有学者以推动中国史学发展的具体人物为序，进一步阐述了唯物史观对中国史学的影响。③

关于唯物史观在中国革命中的运用及影响，主要涉及三个方面：一是影响历史主体的政治立场。有学者认为唯物史观对近代中国政治的影响主要体现在，孙中山关于中国革命和建设态度的改变，以及陈独秀、毛泽东等一批先进知识分子政治立场的转变上。④ 二是影响中国革命的发展进程。有学者运用翔实的史料，以中国革命不同阶段所面临的"向何处去"的问题为视角，具体分析了唯物史观在中国革命中的运用。⑤ 三是从唯物史观与工人运动、农民运动、马克思主义中国化的关系的角度阐述唯物史观在中国革命中的运用及影响。⑥

---

① 参见吕希晨、何敬文：《中国现代唯物史观史》，天津人民出版社2003年版；程凯：《1920年代末文学知识分子的思想困境与唯物史观文学论的兴起》，载《文史哲》，2007年第3期；李培林：《20世纪上半叶的唯物史观社会学》，载《东岳论丛》，2009年第1期。

② 参见冯天瑜：《唯物史观在中国的早期传播及其遭遇》，载《中国社会科学》，2008第1期。

③ 参见田居俭：《唯物史观与历史研究》，载《光明日报》，2002年10月30日。

④ 参见薛其林：《唯物史观对民国学术的影响》，载《马克思主义研究》，2008年第4期。

⑤ 参见黄楠森、庄福龄、林利：《马克思主义哲学史》第六卷，北京出版社1989年版。

⑥ 参见钟家栋、王世根：《马克思主义在中国》，上海人民出版社1998年版。

（二）国外学者关于马克思主义在中国的传播研究历史与现状

国外学者在研究中共党史和中国近现代史的过程中，从不同的角度，运用多样化的研究方法，对中共建立前后马克思主义在中国的传播及运用、早期马克思主义者的思想和实践、毛泽东思想及其与马克思列宁主义的关系等，进行了比较广泛和深入的研究。由于唯物史观是马克思主义的理论基础，因此涉及唯物史观在中国的传播及运用等问题。国外学者就相关问题的研究成果主要涉及以下几个方面：

第一，中共建立前后马克思主义在中国的传播。国外学者从思想史的角度比较深入地研究了中国马克思主义运动的起源及传播问题。主要的研究论著有：英国学者米歇尔·卢克的《中国布尔什维主义的起源》、L.莱达尼的《中国共产党和马克思主义（1921—1985）》、黄友克的《中国共产主义的起源——一种新的解释》、贝利的《中国人在法国的勤工俭学运动》等，日本学者石川祯浩的《马克思主义的传播与中国共产党的成立》和《论青年施存统——中国共产党创立时期的"日本小组"及其建党问题》，德国著名中国问题专家罗·费路教授的《中国民主主义者与革命者在柏林（1900—1924）》和《中国民主主义者与革命者在柏林（1925—1933）》，美国学者玛莉莲·A.莱文著的"*The Found Generation: Chinese Communist in Europe during the Twenties*"（The University of Washington Press, 1993），等等。

米歇尔·卢克在其著作中指出，西方关于中国共产主义运动的起源和早期历史的研究主要集中于：一是考察为什么五四运动提供了马列主义在中国生根的适宜土壤；二是着重研究马克思主义对中国革命的影响。作者认为，中国共产党虽然带有俄国布尔什维克的痕迹，但其理论的最终形成却保持了自己的特色。① 石川祯浩试图从马克思主义在中国的传播方式入手研究早期中国共产党的特点。在《马克思主义的传播与中国共产党的成立》《论青年施存统——中国共产党创立时期的"日本小组"及其建党问题》等文中，作者分别考察了建党前北京小组代表李大钊的马克思主义以及参加建党的施存统在日本的活动情况，明确了日本马克思主义对中国共产党诞生所起的作用。② 贝利的《中国人在法国的勤工俭学运动》利用大量的文献资料，通过对中国留法学生的参与政治活动、接受社会主义思想和从事建党活动等情况，指出留法学生是中国共产主义运动的重要力量。玛莉莲·莱文则利用原始资料和回忆录，第一次对中共旅欧支部的成员进行研究。作者不仅指出中共旅欧支部的成员在欧洲学习马克思主义的意义和对中国革命的影响，还特别指出，他们在欧洲的见识，对革命成功后领导社会主义建设，仍有积极的意义。③

国外学者从不同角度对中国马克思主义运动起源及传播问题的研究，实质上涉及了马克思主义传入中国的必然性、传播渠道、传播方式以及对中国革命的影响等。日本、欧洲（法国、德国）俄国的马克思主义对中国产生了重要影响，而留学生则是重要的传播媒介。

国外学者还专门研究了20世纪二三十年代马克思主义在中国社会思想斗争中的运用，苏联学者克雷莫夫（A.L.Kpblmob 郭绍棠）

---

① 参见梁怡、李向前：《国外中共党史研究述评》，中共党史出版社2005年版，第371—372页。

② 参见梁怡、李向前：《国外中共党史研究述评》，中共党史出版社2005年版，第312页。

③ 参见梁怡、李向前：《国外中共党史研究述评》，中共党史出版社2005年版，第254页。

和杰留辛主要对20年代初的中国社会思想斗争及影响做了专门研究。克雷莫夫在其著作《中国的社会思想和意识形态斗争（1917—1927）》中，根据大量史料论述了中国知识界在意识形态领域进行的两次大辩论：一次是在中共成立以前（1920—1921），一次是在中共二大以后（1923—1924年）。他指出，中国先进知识分子虽然接受了马克思主义，并在论辩中加以运用，但在当时尚未完全掌握它。杰留辛的《关于社会主义的争论——20年代初中国社会政治思想史略》，专门研究了"关于社会主义的辩论"的情况。他指出，李大钊、李达、李季和施存统首次以马克思主义的立场同资产阶级自由主义和无政府主义进行辩论，讨论了马克思主义是否适应于中国等问题，为共产党的建立准备了条件，决定了中国马克思主义者在此后几十年政治活动的性质。① 美国学者阿里夫·德里克以年代的"中国社会史论战"为中心，在现代中国思想发展的脉络下，深入剖析了马克思主义史学在中国的起源，阐明了当时马克思主义史学家在运用马克思主义理论分析中国历史时所面临的问题和困难，分析了他们对当时中国的革命性大变革的专注如何塑造了他们处理理论和历史问题的方式。② 史华慈在《五四及五四之后的思想主题》中，着重论述了五四时期及之后在知识阶层的讨论中占主要地位的议题和论点，其中涉及马克思列宁主义的传入、问题与"主义"之争、大众文化之主题、从传统中寻找真理、关于科学与人生的论战、马克思主义的兴盛等内容。③

---

① 参见梁怡、李向前：《国外中共党史研究述评》，中共党史出版社2005年版，第64—65页。

② 参见［美］阿里夫·德里克：《革命与历史：中国马克思主义历史学的起源1919—1937》，翁贺凯译，江苏人民出版社2005年版。

③ 参见［美］费正清：《剑桥中华民国史》第1部，章建刚等译，上海人民出版社1991版，第457—482页。

第二，关于早期马克思主义者的思想和实践研究。早期马克思主义者的思想和实践研究是国外学者非常重视的一个领域。就已有的研究成果看，主要涉及对李大钊、陈独秀、瞿秋白等的研究。

国外学者关于李大钊的研究主要集中在两个方面：一是关于李大钊接受马克思主义的思想转变过程的研究，如苏联学者舍维廖夫的《李大钊的阶级观和无产阶级专政观形成史略（1918—1920年初）》、克里夫佐夫和克拉斯诺娃合著的《李大钊——从革命民主主义到马克思列宁主义》、日本学者黑井延七郎的《李大钊的起点》等。二是关于李大钊的思想与中国马克思主义起源的关系研究，如日本学者丸山松幸的《李大钊的思想及其背景》、西顺藏的《在中国近代思想史中的人民概念》、野村浩一的《关于"五四革命"的思想——李大钊》、美国学者莫里斯·迈斯纳的《李大钊与中国马克思主义的起源》等。丸山松幸在其文章中指出：李大钊接受马克思主义的着眼点在于把它作为分析中国现状和指明变革道路的理论武器。西顺藏和野村浩一都认为：中国历史上全新的人民概念是从李大钊开始的，李大钊提出的把"天下的世界体制"中最下层的、客体的、被动的人民概念颠倒过来的观点被中国共产党接受了。野村浩一认为：中国马克思主义的特点之一，是重视思想解放和主观能动性，其根源正是李大钊"物心两面改造"的提出。李大钊的马克思主义之所以能为人们所接受，最主要的原因是他在马克思主义理论中发现了"只有人民才是创造历史的主体"这一观点。[①] 美国学者莫里斯·迈斯纳则在其专著中，通过对李大钊的哲学思想、政治思想的深入研究，着重探讨了马克思主义被中国先进知识分子接受并加以改造的历史起源及其过程。作者既肯定了李大钊在宣传马克思主义和为马克思主义中国化方面所做的贡献，又指出李大钊的马

---

① 参见梁怡、李向前：《国外中共党史研究述评》，中共党史出版社2005年版，第345—346页。

克思主义观点具有非正统性,并阐述了造成这种非正统性的原因,进而揭示了马克思主义中国化的深刻历史主题。①

国外学者关于瞿秋白的研究发表的论著亦较多,具有代表性的如苏联学者施奈德的《瞿秋白——革命家、作家、斗士》、科瓦廖夫的《共产党人、国际主义者瞿秋白》,格卢宁、施奈德合著的《共产党人、列宁主义者、政论家、文学家》、日本学者石川忠雄的《中国共产党史研究》、姬田光义的《瞿秋白研究》等。苏联学者一致认同:瞿秋白为在中国宣传科学社会主义,研究中国革命理论和制定中共的战略与策略做出了重大贡献。② 日本学者从翻译瞿秋白的著作入手对其加以研究,石川忠雄主要分析了瞿秋白路线和毛泽东路线的特点与不同。姬田光义则着重探讨了瞿秋白理论体系的形成及其精神世界的特征。指出:瞿秋白革命理论是由以土地革命为中心任务的资产阶级民主主义革命理论、二阶段连续革命理论和无产阶级世界革命理论构成的。③

第三,关于毛泽东思想及其与马克思列宁主义的关系的研究。自20世纪20年代末至今,西方各国不同政治倾向、不同学派和不同世界观的学者,怀着不同的目的,对毛泽东、毛泽东思想及其与马克思列宁主义的关系等进行了广泛而持久的研究。其中影响较大的论著有:美国学者费正清的《美国与中国》、本杰明·I.史华慈的《中国的共产主义与毛泽东的崛起》、斯图尔特·R.施拉姆的《毛泽东的思想》、布兰特利·沃玛克《毛泽东政治思想的基础

---

① 参见[美]莫里斯·迈斯纳:《李大钊与中国马克思主义的起源》,中共党史资料出版社1989年版。

② 参见梁怡、李向前:《国外中共党史研究述评》,中共党史出版社2005年版,第127页。

③ 参见梁怡、李向前:《国外中共党史研究述评》,中共党史出版社2005年版,第349页。

（1917—1935）》、R.F. 怀利的《毛主义的崛起：毛泽东、陈伯达及其对中国理论的探索（1935—1945）》、迈斯纳的《马克思主义，毛主义和乌托邦主义：八篇论文》、澳大利亚学者尼克·奈特的《毛泽东的马克思主义中国化的形成》和《马克思主义哲学在中国共产主义运动中的作用：艾思奇、毛泽东与马克思主义哲学在中国》、苏联学者别列兹内的《有争议的中国革命史概念问题》、季塔连柯的《中共七十年的经验与教训》、梅利克谢托夫和潘佐夫的《斯大林、毛和中国的新民主主义》等，相关的研究内容主要有：

1. 关于"毛主义"形成过程及其理论特点。1948年，美国学者费正清对"共产主义""毛的战略"以及马克思主义与中国革命交织发展的过程做了最初的研究，认为中国的马克思主义似乎是特殊的。① 1952年，费正清和康拉德·布兰特、史华慈三人合著的《中国共产主义历史文献》，运用中国共产主义的历史文献进一步阐明"毛主义"的形成过程和理论特点，在西方学界产生了广泛的影响，标志着西方毛泽东思想研究的开始。②

2. 毛泽东思想与马列主义的关系。20世纪50年代初期，美国学者本杰明·I. 史华慈在《中国的共产主义与毛泽东的崛起》一书中就此做了深入的、富有开创性的研究。史华慈指出，毛泽东和中共战略的形成是同以列宁主义原则建立中国共产党的过程联系在一起的。他认为尽管列宁主义是"毛主义"的战略核心，但在1926—1927年的湖南农民运动以及1927年的秋收起义革命实践中，"毛主义"形成了自己的独具特色的理论，即强调群众基础、建立"边区"。"毛主义"战略正是以此作为主要线索，充分利用外部的有利

---

① 参见［美］费正清：《美国和中国》，哈佛大学出版社1979年版，第287页。

② 参见成龙：《海外马克思主义中国化研究》，广东人民出版社2009年版，第5页。

条件，最终把中国共产主义运动引导到胜利。史华慈认为毛泽东领导下的中国共产党，是一个在列宁主义原则下组织起来、吸收了社会各个层面中最优秀人物的政治精英团体。在毛泽东的领导下，这个精英团体不拘泥于马克思列宁主义的教条，实现了以农民作为基础，并动员他们完成革命转变这一使命。他还指出，毛泽东在抗日战争时期提出的新民主主义理论，是一项独创性的理论，它突破了对马克思列宁主义的教条式理解，在坚持马克思列宁主义立场的基础上，试图创造出中国独特发展的观点和理论。① 与史华慈的观点不同，美国新一代青年学者理查德·佩弗、安德鲁·沃尔德、马克·塞尔登等人，把毛泽东思想理解为"一种发展的马克思主义理论和旨在中国实现马克思目标的革命发展战略"。②

3. 毛泽东与马克思主义中国化。澳大利亚学学者尼克·奈特在其论著中，就毛泽东与马克思主义中国化的形成进行了深入的研究，提出了一些独到的富有启发意义的观点。在《毛泽东的马克思主义中国化的形成》一文中，尼克·奈特详细分析了20世纪三四十年代毛泽东关于调查研究的科学方法论的形成，以及毛泽东如何把马克思主义的基本原理予以中国化的过程。③ 在《马克思主义哲学在中国共产主义运动中的作用：艾思奇、毛泽东与马克思主义哲学在中国》一文中，作者通过对艾思奇与毛泽东以及与毛泽东思想形成的关系的研究，指出：艾思奇在20世纪二三十年代将苏联版的马克思主义新哲学介绍到中国来，在传播马克思主义哲学的过程中发挥了

---

① 参见［美］本杰明·I.史华慈：《中国的共产主义与毛泽东的崛起》，陈玮译，中国人民大学出版社2006年版。

② 参见梁怡、李向前：《国外中共党史研究述评》，中共党史出版社2005年版，第186页。

③ 参见梁怡、李向前：《国外中共党史研究述评》，中共党史出版社2005年版，第422页。

重要作用,并对毛泽东哲学思想的成熟产生了不可忽视的影响;在马克思主义中国化的过程中,艾思奇将马克思主义原理通俗化和普及化,并在中国将这一"新哲学"变为一种制度化的意识形态。① 苏联学者季塔连柯在《中共七十年的经验与教训》一文中亦就马克思主义中国化问题提出了自己的看法,认为中共领导在40年代初提出"马克思主义中国化"问题,是一个不仅仅对中共具有意义的重大理论"突破",其实质是要求在中共的政策和理论观点中,要考虑中国的民族特点和开展民族解放运动的具体条件。"新民主主义理论"的制定,是20世纪40年代马克思主义中国化取得的巨大成就,这一理论对于从政治思想上保证中国革命的胜利,解决50年代初期社会经济政策中的问题起了重要作用。② 20世纪90年代,美国学者阿里夫·德里克从反思层面上指出:马克思主义的具体化并非说二者之间完全重合,把马克思主义的普遍真理和中国革命的具体实践相结合,说明中国的马克思主义不仅是从马克思主义的普遍真理出发对中国社会的反思,而且是从中国作为一个第三世界社会和民族出发而对马克思主义的反思,这两个共存的过程也是对立的。③

西方学者在研究中高度评价了马克思主义在中国创造性运用的理论成果——群众路线,尤其是美国学者,如米奇·迈斯纳在《大寨:实践中的群众路线》中指出:群众路线是中国在理论上和实践上最具威力的创造,是马克思主义中国化的一个核心问题。马克·塞尔登在《中国革命的延安道路》等论著中也高度评价了群众路线,

---

① 参见梁怡、李向前:《国外中共党史研究述评》,中共党史出版社2005年版,第99页。

② 参见梁怡、李向前:《国外中共党史研究述评》,中共党史出版社2005年版,第99页。

③ 参见[美]阿里夫·德里克:《现代主义和反现代主义——毛泽东的马克思主义》,载《中国社会科学季刊》,1993年第5期。

认为"延安道路"的精髓是群众路线,基于"人民群众是创造历史的动力"这一信念而形成的群众路线,是毛泽东终生所奉行的革命战略核心。① 詹姆斯·哈里森在其著作中则称群众路线是"中国共产主义运动的一大支柱"②。

4. 毛泽东哲学思想。毛泽东哲学思想也是西方学者关注的内容之一。康福斯在《唯物主义与辩证方法》一书的日文版序言中写道:毛泽东作为中国革命的领导者,不仅涉及中国革命取得胜利的政策,还在马克思主义著作中谱写了新篇章,特别是他的《矛盾论》,对马克思主义做了重要贡献。③ 让·雪斯诺撰文指出:《实践论》和《矛盾论》两篇文章,尤其是给辩证唯物主义的总的理论增添了新的内容。日本学者主要对毛泽东哲学思想的意义和特征做了比较深入的研究。关于毛泽东哲学思想的意义,著名理论家松村一人在1952年日本《思想》杂志上连载《论毛泽东哲学的意义》,对毛泽东哲学的意义、毛泽东哲学的根本特征、毛泽东哲学的新内容、毛泽东撰写哲学论文的有关情况、《实践论》以及《实践论》同《矛盾论》的内在联系等十个问题做了颇有见地的论述。④ 他指出:毛泽东的《矛盾论》和《实践论》使马克思列宁主义哲学向前推进了一步。关于毛泽东哲学思想的特征,日本学者认为有三个方面:松村一人认为,第一个根本特征,即毛泽东哲学的根本特性,是哲学家的群

---

① 参见梁怡、李向前:《国外中共党史研究述评》,中共党史出版社2005年版,第200—201页。

② James P. Harrison: *The Long March to Power: A History of the Chinese Communist Party, 1921–1972*, New York, Parger Publishers Inc. 1972.

③ 参见[英]康福斯:《唯物主义与辩证法》,郭舜平、郑翼棠合译,生活·读书·新知三联书店1956年版。

④ 参见成龙:《海外马克思主义中国化研究》,广东人民出版社2009年版,第6页。

众化与民族化，是哲学同本国革命的理论、同民族的智慧相结合。第二个根本特征是，它彻底地打破了对辩证法的教条主义的理解。这是毛泽东辩证法给马列主义的理论宝库增添新意义的关键。第三个根本特征是，实践的思想。这其中包括三种不同的理解：一是野村浩一坚持的，从指导中国反帝反封建革命实践及其效应的角度上强调的实践。二是认为毛泽东对实践的本质的理解不同于马克思、列宁，如强调相互转化的辩证法、重视实践主体以及主观能动性、主张实践高于理论等，这使毛泽东思想体系包含了许多独特的成分。三是认为，这一特征决定了毛泽东理论是特定时空条件下的特殊理论。①

  国外学者在用马克思主义方法研究毛泽东思想方面所做的评述及方法论尝试，对于我们今天深入研究中国马克思主义具有一定的启示和借鉴意义。美国青年学者安德鲁·沃尔德、约翰·G.格利从方法论的角度，深入分析和批判了中共党史领域中传统的毛主义研究方法论。一是脱离文本的主观主义研究；二是形而上学的思维方法。沃尔德指出，用形而上学的思维方法所描述的马克思的分析方法，完全不可能明确解释马克思或毛泽东的思想。他认为，要正确认识毛泽东思想与马克思主义的关系，首先要正确认识马克思主义。约翰·G.格利从方法论的角度进一步批评了施拉姆等人静止地看待马克思主义的形而上学的思维模式，指出，只有运用历史辩证法分析问题，才能全面地认识马克思主义，看到马克思主义在新的历史条件下的发展，才能从所谓历史决定论和意志论的对立框架中摆脱出来，正确评价毛泽东思想与马克思主义的关系。② 尼克·奈特提

---

  ① 参见梁怡、李向前：《国外中共党史研究述评》，中共党史出版社2005年版，第353页。

  ② 参见梁怡、李向前：《国外中共党史研究述评》，中共党史出版社2005年版，第208—209页。

出，研究毛泽东思想，一方面应跳出经验主义的研究藩篱，从重视史实考证转到重视理论研究、分析毛泽东思想的本质上来，以提升这一研究的学术成熟度；另一方面，要将其放入20世纪中国革命与建设史中研究，使其更具有理论价值和现实意义。

（三）国内外研究中存在的不足

值得肯定的是，国内外学者关于唯物史观在中国的传播与运用研究取得了较为丰硕的成果，研究范围逐渐扩大，研究内容不断深入，研究方法日趋科学，富有真知灼见的力作不断涌现。这为今后进一步研究奠定了坚实的基础。但是，也应该看到，国内外关于这一选题的研究仍存在一些不足。

第一，研究内容存在一些盲点或者是薄弱环节，需进一步加以拓展。关于唯物史观在中国传播的历史进程，学者们或以时间为序，以中国社会政治斗争的几个主要关键环节作为划分依据，或以与唯物史观在中国的历史命运息息相关的几个问题为切入点，分析唯物史观在中国的过去、现在和将来。这都有一定的道理。问题是：唯物史观在中国的传播固然离不开当时的中国国情，更与唯物史观在中国传播的程度、中国先进分子对唯物史观的解读的程度和传播主体的成熟度等密切相关。既然如此，对唯物史观在中国传播的历史进程的划分，就不应该单纯以中国政治斗争的几个关键环节等因素作为划分依据，而应该综合考虑传播、解读程度和主体成熟度等因素，并以此为依据进行划分，这个问题当前学界鲜有论及。唯物史观作为一种外来文化的成果，为什么在五四运动前后能够迅速被中国先进分子接受并广泛传播？唯物史观在中国传播的过程中，中国先进分子到底受到哪些唯物史观思想资源的影响；他们从中接受或解读出了什么？又是通过什么路径实现唯物史观与中国实际相结合，并在结合中加以运用和发展的？这些问题尚需在已有研究成果的基础上，继续深入挖掘。

第二，过于强调学科边界，研究视角尚显单一，研究内容具有分散性，缺乏深入系统的整合研究。当前关于本选题的研究，要么是以中国近现代思想史为基础进行研究，要么是以马克思主义发展史为基础进行研究，要么是以中共党史为基础进行研究，学科边界分明。研究者大多采用本土视域的历时性研究视角，以中国先进分子的文本为基础，研究其对唯物史观的传播及贡献，鲜有从多个学科、运用多重视角对该选题进行全面深入透视的成果。在内容上，则以中国新民主主义革命发展的各个历史阶段为基础，分别研究各个阶段唯物史观的传播状况、特点；或者是就唯物史观在某一历史阶段的运用（如中国社会史论战阶段）做专题研究。缺乏对新民主主义革命整个历史时期唯物史观的传播与运用的整体性研究。并且研究内容注重史实的客观描述较多，史论结合的力度有待于进一步提升。

第三，研究方法有待创新，研究成果的学术性有待提升。学术界对唯物史观在中国的传播与运用的研究，采用的研究方法，或者是历史主义研究方法，或是个案研究方法，或是宏观研究的方法。尽管研究方法日趋科学，但仍相对简单。从已有的研究成果看，学者们多从意识形态视域论述唯物史观在中国的传播与运用。毋庸讳言，唯物史观在中国的传播的确具有意识形态性，但同时也具有学术意义。从意识形态和学术的双重角度，客观、公正、系统地还原唯物史观在中国的传播与运用历程的研究成果亦不多。

第四，缺乏与现实对话的问题意识。唯物史观作为中国共产党的哲学根据，在中国社会革命实践中，为党的路线、方针、政策的制定提供了重要的世界观、方法论指导，对中国社会发展及文化变迁产生了重要影响。研究唯物史观在中国的传播及运用，目的是总结历史经验教训，为当代马克思主义中国化和中国特色社会主义建设实践提供有益借鉴。就已有的研究成果看，大多数研究者或者是以史为据，或者是基于文本解读，对唯物史观在近代中国的传播及运用予以细致的分析，但其所论证问题的目标指向与现实之间的关系却不甚明了。换句话说，有为研究而研究的倾向。另外，中外学界相关的学术交流不够，没有展开讨论和争鸣。

三、研究框架及内容

笔者循着唯物史观在中国传播、解读、运用的逻辑思路，以史料、唯物史观经典著作、唯物史观阐释性文本等为依据，从整体上深入研究唯物史观在中国的传播与创造性运用。本书共分五章，基本内容如下：

第一章，重点分析了唯物史观及其在中国广泛传播的原因。首先，本书以马克思恩格斯阐述唯物史观的相关经典著作，尤其是成熟时期的经典著作为基础，界定了唯物史观的内涵及其理论体系的基本内容，阐述了唯物史观的独特性，从而指明了唯物史观在世界历史发展中的理论价值和现实意义。这既是本书立论的依据和评析的标准，也是唯物史观能够在中国传播之源。在此基础上，从近代以来中国社会演化的内在需求、国际因素的促动、主体的自觉选择等方面，分析了唯物史观在中国广泛传播的原因。

第二章，从整体上深入剖析了唯物史观在中国传播的历史进程。在吸收当前学术界研究成果的基础上，本书以时间为序，综合考虑唯物史观在中国传播的程度、中国先进分子对唯物史观解读的内涵与外延的变化、传播主体的成熟度以及时势等因素，并以此作为依据，将唯物史观在中国传播的历史进程分为三个阶段，即唯物史观的广泛传播阶段（1919—1923），唯物史观的深入传播及初步运用阶段（1924—1935），唯物史观的系统传播及创造性运用阶段（1936—1949）。并从传播渠道、传播主体、传播方式、传播内容等方面，运用翔实的史料，深入细致地描述和评析了每一阶段的传播状况和特点，同时，又对唯物史观在中国的传播进行了整体分析和立体透视，阐明了唯物史观在中国传播的复杂性、独特性和发展性。

第三章，侧重考察研究唯物史观的中国解读历程、解读内容及特点。首先，在第二章对唯物史观在中国的传播历程的研究的基础上，考察分析了唯物史观的中国解读历程。在唯物史观的广泛传播阶段，中国先进分子将唯物史观解读为经济史观，对唯物史观与经济史观、唯物史观与阶级斗争的关系的解读经历了一个曲折的过程；在唯物史观的深入传播与初步运用阶段，唯物辩证法作为一种科学方法论开始进入中国先进分子的视野，唯物史观的辩证性格得以彰显；在唯物史观的系统传播及创造性运用阶段，唯物史观的认识论价值，即社会改造价值得以凸显；得出唯物史观的中国解读的内涵与外延，是随着实践的发展不断深化和扩展的结论。其次，剖析了唯物史观中国解读的内容。认为：中国先进分子通过解读唯物史观，找到了社会历史的新主体、考察历史的新视角、变革社会的新手段，形成了分析问题的新的思维方式。再次，总结了唯物史观的中国解读的特点，即科学性、现实指向性以及一定的历史局限性。认为：尽管由于受文本、当时的社会历史条件和解读者的自身素质等因素的影响，中国先进分子对唯物史观的解读不可避免地存在着一定的历史局限性，但是应该肯定的是，他们对唯物史观的解读符合唯物史观的立场、观点和方法，把握了唯物史观的精髓和实质。

第四章，从学术思想和政治路线两个方面，重点阐述了唯物史观在中国的创造性运用。首先，阐述了唯物史观在新民主主义革命理论体系构建中的运用。沿着为什么要革命、革命是为了什么、怎么革命、革命的目标是什么、革命的保证是什么这一思路，将唯物史观的基本立场、观点和方法与中国新民主主义革命实践相结合，层层递进，展开论证，凸显唯物史观在新民主主义革命中的创造性运用。其次，以唯物史观与中国马克思主义史学和马克思主义社会学的关系，说明了唯物史观在中国马克思主义学术发展中的创造性运用。

第五章，对唯物史观在中国传播与运用的基本经验进行总结，同时，对在当代中国如何坚持唯物史观进行了思考。指出：在建设中国特色社会主义的实践中，应该旗帜鲜明地坚持唯物史观，深入研究唯物史观，继续推进马克思主义中国化，在实践中落实唯物史观的核心理念，坚持以人民为中心。

第一章　唯物史观及其在中国传播的原因

20世纪初，西方各种学说纷纷在中国出现，马克思主义作为一种社会主义学说传入中国，但并未立刻引起中国学界的广泛关注。直到五四运动前后，马克思主义才逐渐被中国先进分子接受。值得注意的是，马克思主义的思想学说中，首先被接受并广泛传播的是作为社会主义理论基础的唯物史观。一部分先进知识分子选择了唯物史观作为其哲学世界观，他们在中国高举起马克思主义旗帜，开始以唯物史观为指导，组织工农运动，进行建党活动，自觉宣传并运用唯物史观，开辟出了一条无产阶级领导的革命之路。中国思想文化和学术领域也因唯物史观的传入呈现出新面貌。那么，在当时涌入中国的纷繁复杂的西方学说中，为什么作为马克思主义重要组成部分之一的唯物史观首先为中国先进分子接受，并且能够首先在中国民主革命过程中得以运用和发展？通过运用逻辑与历史相统一的方法，对这一问题进行立体透视，我们可以看到：中国先进分子首先接受、传播、运用唯物史观，是多种原因综合作用的结果。

第一节 唯物史观的科学性和革命性

要探寻唯物史观在中国传播的原因,首先要明确马克思恩格斯在其经典著作中是如何阐述唯物史观的,唯物史观在马克思主义理论体系中居于何种地位,唯物史观在世界历史发展中具有怎样的意义和价值。

一、唯物史观的科学真理性

马克思主义唯物史观揭示了人类社会发展的普遍规律。恩格斯在《路德维希·费尔巴哈和德国古典哲学的终结》一文中,称唯物史观是"关于现实的人及其历史发展的科学"[①]。认为唯物史观的核心理念是现实的人及其历史发展,基于对马克思恩格斯关于唯物史观理论体系创立和成熟时期的论著的综合考察。唯物史观是马克思在19世纪四五十年代,在批判地继承黑格尔辩证唯心主义历史哲学的合理内核、费尔巴哈机械唯物主义历史哲学的基本内核的基础上,总结欧洲无产阶级革命实践的经验教训,通过艰苦的史学研究而创立的。从1843年到1859年,马克思主义唯物史观理论体系经历了一个由初步建构到逐渐成熟的艰难发展历程。这一历程包括两个阶段,一是从1843年到1846年,马克思恩格斯在《〈黑格尔法哲学批判〉导言》《1844年经济学哲学手稿》《神圣家族》《关于费尔巴哈的提纲》《德意志意识形态》等著作中,批判地吸收近代历史观的一切有益成果,尤其是黑格尔、费尔巴哈历史观的合理成分,初步

---

① 《马克思恩格斯选集》第4卷,人民出版社1995年版,第241页。

建构起了唯物史观思想体系。二是从1847年到1859年，马克思恩格斯以新构建的唯物史观基本思想为指导，结合欧洲无产阶级革命实践，先后撰写了《哲学的贫困》《共产党宣言》《1848—1850年的法兰西阶级斗争》《德国农民战争》《路易·波拿巴的雾月十八日》《德国革命与反革命》《〈政治经济学批判〉序言》等论著，进一步从理论上丰富和完善唯物史观的理论内涵。经过从理论到实践再到理论的多次反复，在1859年的《〈政治经济学批判〉序言》中，马克思完整、准确地表述了唯物史观理论体系的基本内容。在此后的《反杜林论》《社会主义从空想到科学的发展》《路德维希·费尔巴哈和德国古典哲学的终结》以及与恩格斯的晚年通信中，唯物史观理论体系的基本内容得以进一步丰富和发展。马克思恩格斯虽然没有完整系统地阐述唯物史观理论体系的专门著作，但是，他们却围绕现实的人及其历史发展这一核心理念，通过一系列具有内在联系的范畴构成的范畴体系，依靠严密的逻辑结构和严整宏大的哲学、史学、政治经济学论证，运用唯物辩证的思维方式，对全部社会生活和历史现象做了动态的、整体的理解和解释，揭示了人类社会的发展进程和最一般规律，形成了完整、严密、科学的理论体系。

综合考察马克思恩格斯有关唯物史观的相关经典著作，唯物史观理论体系的基本内容可以概括为以下几个方面。

第一，现实中的个人的物质生产活动是人类社会存在和发展的基础，社会生活在本质上是实践的。与唯心主义者和一切旧唯物主义者研究人类历史发展的出发点不同，马克思恩格斯从现实的人及其物质生活、生产过程出发，认为，物质生产活动是人类社会赖以生存和发展的基础。马克思恩格斯首先对"现实中的个人"予以界定，指出这些个人是从事活动的，进行物质生产的，因而是在一定的物质的、不受他们任意支配的界限、前提和条件下活动着的个人。"一切人类生存的第一个前提，也就是一切历史的第一个前提，这个前提是：人们为了能够'创造历史'，必须能够生活。但是为了生活,首先就需要吃喝住穿以及其他一些东西。因此第一个历史活动就是生产满足这些需要的资料,即生产物质生活本身,而且这是这样的历史活动,一切历史的一种基本条件,人们单是为了能够生活就必须每日每时去完成它,现在和几千年前都是这样。"① 也就是说,人类社会起源于物质生产活动。人们在生产中不仅仅影响自然界,而且也相互影响。他们只有以一定的方式共同活动和互相交换其活动,才能进行生产。为了进行生产,人们相互之间便发生一定的联系和关系,只有在这些社会联系和社会关系的范围内,才会有他们对自然界的影响,才会有生产。物质生产活动是社会关系的发源地。在物质生产活动中,内在地包含了人与自然之间的关系,以物质利益为纽带的人与人之间的关系,以及人与其意识之间的关系。"各个人借以进行生产的社会关系,即社会生产关系,是随着物质生产资料、生产力的变化和发展而变化和改变的。生产关系总和起来就构成所谓社会关系,构成所谓社会,并且是构成一个处于一定历史发展阶段上的社会,具有独特的特征的社会","其中每一个生产关系的总和同时又标志着人类历史发展中的一个特殊阶段。"② 也就是说,建立在一定生产力基础之上的由生产关系的总和构成的社会关系构成社会经济领域、政治领域、文化领域,标志着人类历史发展的不同阶段。社会生活在本质上是实践的。在人们的物质生产活动的推动下,人类社会的发展和自然界一样,表现为一个具体的自然历史过程。这为唯物史观理论体系的形成提供了理论前提和基础。

第二,现实的人是社会历史活动的主体,作为物质资料生产实践主体的人民群众是历史的创造者。以往的旧历史观,包括旧唯物主义历史观和唯心主义历史观,都没能正确解决社会历史活动的主体问题。包括费尔巴哈在内的旧唯物主义者虽然承认人也是"感性

---

① 《马克思恩格斯选集》第 1 卷,人民出版社 1995 年版,第 78—79 页。
② 《马克思恩格斯选集》第 1 卷,人民出版社 1995 年版,第 345 页。

对象"，但由于其仍然停留在理论的领域内，没有从人们现有的社会联系，从那些使人们成为现在这种样子的周围生活条件来观察人，因而把人仅仅看作"感性对象"，而不是"感性活动"，比如费尔巴哈，"他还从来没有看到现实存在着的、活动的人，而是停留于抽象的'人'，并且仅仅限于在感情范围内承认'现实的、单个的、肉体的人'，也就是说，除了爱与友情，而且是观念化了的爱与友情以外，他不知道'人与人之间'还有什么其他的'人的关系'"①。也就是说，包括费尔巴哈在内的一切旧唯物主义者，他们只是从客体的或者直观的形式将人理解为抽象的人，而没有从物质生产实践的角度，从主观与客观、主体与客体相统一的角度，将人看作现实存在着的、活动的、处于一定社会关系中的、具有主体能力的人，抹杀了人的社会历史性和主动性。由此，马克思和恩格斯在《德意志意识形态》中对费尔巴哈做了以下评价：当费尔巴哈是一个唯物主义者的时候，历史在他的视野之外，当他去探讨历史的时候，他不是一个唯物主义者。在他那里，唯物主义和历史是彼此完全脱离的。与旧唯物主义者相反，唯心主义者承认并强调人的主观能动性，但却把人看成"绝对精神"在历史领域里展开的工具，抹杀人的社会历史性。马克思恩格斯指出，社会历史的前提是人，"但不是处在某种虚幻的离群索居和固定不变状态中的人，而是处在现实的、可以通过经验观察到的、在一定条件下进行的发展过程中的人。只要描绘出这个能动的生活过程，历史就不再像那些本身还是抽象的经验论者所认为的那样，是一些僵死的事实的汇集，也不再像唯心主义者所认为的那样，是想象的主体的想象活动"②。处在现实中的、在一定条件下从事物质生产生活活动的、具有主体能力的人是历史的主体，历史是追求着自己目的的现实的人的物质生产生活活动。马

---

① 《马克思恩格斯选集》第1卷，人民出版社1995年版，第77—78页。
② 《马克思恩格斯选集》第1卷，人民出版社1995年版，第73页。

克思在《神圣家族》中予以进一步强调,"'历史'并不是把人当作达到自己目的的工具来利用的某种特殊的人格",在历史面前,"现实的""活生生的人"不是被动的静物,"历史不过是追求着自己目的的人的活动而已"①。"历史上的活动和思想都是'群众'的思想和活动","历史活动是群众的事业,随着历史活动的深入,必将是群众队伍的扩大"②。

第三,物质资料生产方式作为现实的人的存在与发展的表现形式,是社会发展的决定力量。马克思恩格斯从现实的人的物质生产活动出发,从各个现实的、活生生的、单个个人中分离出一种不依人的意志为转移的客观存在,即生产力,从他们在物质生产活动中形成的社会关系中划分出生产关系。认为生产力与生产关系构成任何一种社会形态的物质资料生产方式。物质资料生产方式是人类社会存在和发展的基础,是人类其他一切活动的首要前提,决定着社会的结构、性质和面貌,制约着人们的经济生活、政治生活和精神生活等全部社会生活,决定着社会形态由低级到高级的更替和发展。在生产方式内部,生产力决定生产关系,生产关系随着物质生产资料、生产力的变化和发展而变化和改变,同时,生产关系对生产力具有能动的反作用。正是在这个意义上,生产力与生产关系的矛盾运动构成了社会发展的根本内容。

第四,社会存在决定社会意识,经济基础决定上层建筑,社会观念的变迁应当从社会存在中寻找原因。马克思恩格斯在《德意志意识形态》中,在批判德国的老年黑格尔派和青年黑格尔派关于历史观基本问题:社会存在和社会意识的关系的看法时,从从事实际

---

① 《马克思恩格斯全集》第 2 卷,人民出版社 1957 年版,第 118—119 页。

② 《马克思恩格斯全集》第 2 卷,人民出版社 1957 年版,第 103—104 页。

活动的人及其物质生活、生产过程出发，科学地回答了社会存在与社会意识的关系，指出社会意识依赖于物质生产过程，意识在任何时候都只能是被意识到了的存在，社会存在决定社会意识。社会意识依赖于现实的人的物质生产过程，不是意识决定生活，而是生活决定意识。他们首先指出：全部人类历史的前提是现实的前提，即一些现实的个人和他们的活动、他们的物质生活条件，包括他们已有的和由他们自己的活动创造出来的物质生活条件。其中，全部人类历史的第一个前提是有生命的个人的存在，这些个人的肉体组织以及由此产生的个人对其他自然的关系。任何历史记载都应当从人们赖以生存的自然基础（人们自身的生理特性、所处的各种自然条件）以及它们在历史进程中由于人们的活动而发生的变更出发；以一定的方式进行生产活动的一定个人（这里所说的个人不是他们自己或别人想象中的那种个人，而是现实中的个人，是从事活动的，进行物质生产的，因而是在一定的物质的、不受他们任意支配的界限、前提和条件下活动着的）发生一定的社会关系和政治关系。社会结构和国家总是从一定的个人的生活过程中产生的。思想、观念、意识的生产最初是直接与人们的物质活动，与人们的物质交往，与现实生活的语言交织在一起的。人们的想象、思维、精神交往是人们物质行动的直接产物。表现在某一民族的政治、法律、道德、宗教、形而上学等的语言中的精神生产也是这样。意识在任何时候都只能是被意识到了的存在，而人们的存在就是他们的现实生活过程。① 也就是说社会存在是社会意识产生的基础和前提。

在《〈政治经济学批判〉序言》中，马克思总结了他15年以来的研究成果，对他所发现的唯物主义历史观的实质做了精辟的说明，对历史唯物主义实质本身下了经典性的定义："人们在自己

---

① 参见《马克思恩格斯选集》第1卷，人民出版社1995年版，第67—78页。

生活的社会生产中发生一定的、必然的、不以他们的意志为转移的关系，即同他们的物质生产力的一定发展阶段相适合的生产关系。这些生产关系的总和构成社会的经济结构，即有法律的和政治的上层建筑竖立其上并有一定的社会意识与之相适应的现实基础。物质生活的生产方式制约着整个社会生活、政治生活和精神生活的过程。不是人们的意识决定人们的存在，相反，是人们的社会存在决定人们的意识。社会的物质生产力发展到一定阶段，便同它们一直在其中运动的现存生产关系或财产关系（这只是生产关系的法律用语）发生矛盾。于是这些关系便由生产力的发展形式变成生产力的桎梏。那时社会革命的时代就到来了。随着经济基础的变更，全部庞大的上层建筑也或慢或快地发生变革。"[1]马克思接着强调了考察社会变革时必须时刻区别的两种情况：一种是生产的经济条件方面所发生的物质的、可以用自然科学的精确性指明的变革，一种是人们借以意识到这个冲突并力求把它克服的那些法律的、政治的、宗教的、艺术的或哲学的，简言之，意识形态的形式。指出判断一个变革的时代的根据，即必须从它的物质生活的矛盾中，从社会生产力和生产关系之间的现存冲突中去寻找根据，而不能以它的意识为根据。正如我们判断一个人不能以他对自己的看法为根据一样。

马克思恩格斯在强调社会存在决定社会意识的同时，肯定了社会意识的相对独立性及其对社会生活的巨大反作用。他们认为，人们在自己生活的社会生产中发生的，与他们的物质生产力的一定发展阶段相适合的生产关系的总和构成社会的经济结构，它是社会政治上层建筑和思想上层建筑的现实基础，上层建筑总是社会经济结构的派生物，为社会经济结构服务，同时具有相对独立性，对社会经济结构具有反作用。

---

[1]《马克思恩格斯选集》第2卷，人民出版社1995年版，第32—33页。

第五，阶级是一个历史的、经济的范畴，阶级斗争必然导致无产阶级专政，无产阶级专政是消灭阶级，实现向无阶级社会过渡，实现人的解放和全面发展的必要手段。马克思在1852年致约·魏德迈的信中，谈到他对阶级斗争学说的贡献，"（1）阶级的存在仅仅同生产发展的一定历史阶段相联系；（2）阶级斗争必然导致无产阶级专政；（3）这个专政不过是达到消灭一切阶级和进入无阶级社会的过渡……"① 在这里，马克思坚持从人类社会的物质生产活动出发考察历史发展的基本原则，在批判地继承近代资产阶级学者关于阶级斗争学说的合理成分的基础上，把它推进到唯物史观的理论高度。认为，阶级是一个历史范畴，它和其他一切社会现象一样，也有一个产生、发展和灭亡的过程。阶级是生产力发展到一定阶段，伴随着社会分工和私有制的产生而产生的，在阶级社会里，阶级随着生产方式的发展而发展，一定的社会阶级结构总是与一定的生产方式相联系。阶级不是从来就有的，也不会永远存在下去，随着生产力的高度发展，当消灭了私有制和社会分工，消灭了阶级赖以存在的社会经济条件，阶级就会消亡。阶级斗争根源于生产力和生产关系矛盾运动导致的经济利益冲突。阶级斗争必然会导致无产阶级专政，这是阶级斗争发展的客观规律。因为，随着资本主义大工业的发展，生产资料私有制的生产关系越来越不适应生产力发展的社会化要求，生产力的发展要求变革旧的生产关系。而资本追逐利益的本性促使资产阶级利用手中的权力维护已经落后的生产关系。因此，无产阶级作为新生产力的代表，要完成生产关系的变革，只能通过社会革命的方式，推翻资产阶级的统治，建立无产阶级专政。无产阶级夺取政权，目的并不仅仅是建立自己的政治统治，而是以此为手段，建立一种新的社会主义的生产关系，促进生产力的发展，为消灭包括自己在内的一切阶级，消除一切束缚人的发展的社会、

---

① 《马克思恩格斯选集》第4卷，人民出版社1995年版，第547页。

经济、精神文化和个人意识等因素创造条件，实现人的解放和自由全面发展。

二、唯物史观的革命指导性

马克思恩格斯运用其创建的唯物史观，对人类社会的发展进程、发展动力、发展规律、发展目标等做出系统说明，显示出唯物史观区别于一切旧历史观的独具特色的理论品格，即建立在实践基础上的科学性、批判性和开放性。正是这些独具特色的理论品格，使唯物史观具有了不凡的理论魅力，在世界历史发展中受到了一切热爱科学和追求真理的人们的由衷尊敬和肯定。即使是那些排斥甚至诽谤它的人，也不能不被它的科学性所折服。也正是这些独具特色的理论品格，既奠定了唯物史观在马克思主义理论体系中的基础地位，又使唯物史观在世界历史发展中展现出勃勃生机和活力，发挥出巨大的理论和现实作用。

（一）为人们正确认识社会历史提供了科学方法

马克思恩格斯以现实的人及其物质生活、生产过程作为考察社会历史的立足点，从社会存在决定社会意识的唯物主义立场出发，创立的唯物史观理论，第一次揭开了人类社会历史之谜，实现了社会历史观的根本变革，为人们正确认识社会历史提供了科学方法。在实践中，唯物史观以其不容置疑的科学性和充满智慧的雄辩性，赢得了近代以来一些资产阶级学者的肯定。

恩格斯在《在马克思墓前的讲话》中说明唯物史观在马克思主义理论体系的地位时，曾对唯物史观的科学性做了精辟概括。他指出："正像达尔文发现有机界的发展规律一样，马克思发现了人类历史的发展规律，即历来为繁芜丛杂的意识形态所掩盖着的一个简单事实：人们首先必须吃、喝、住、穿，然后才能从事政治、科学、艺术、宗教，等等；所以，直接的物质的生活资料的生产，从而一个民族或一个时代的一定的经济发展阶段，便构成基础，人们的国家设施、法的观点、艺术以至宗教观念，就是从这个基础上发展起来的，因而，也必须由这个基础来解释，而不是像过去那样做得相反。"① 在这里，恩格斯将唯物史观与旧历史观加以比较，认为在考察、分析社会历史的出发点和切入点上，唯物史观不再像过去那样，专注于从神意、"绝对精神"或思想道德等社会意识层面说明历史，得出意见支配世界、英雄创造历史的结论。而是强调以现实的人及其物质生产实践作为考察分析社会历史的出发点和切入点，强调物质资料生产对社会历史发展的基础地位，指出物质生产实践是理解人类社会历史的钥匙，是推动社会发展的决定力量，进而科学地揭示了社会历史发展的规律性，为整个马克思主义理论体系奠定了坚实的理论和实践基础。列宁在《马克思主义的三个来源和三个组成部分》中，亦称"马克思的历史唯物主义是科学思想中的最大成果。过去在历史观和政治观方面占支配地位的那种混乱和随意性，被一种极其完整严密的科学理论所代替，这种科学理论说明，由于生产力的发展，如何从一种社会生活结构中发展出另一种更高级的结构，例如从农奴制中生长出资本主义"②。

马克思、恩格斯依据唯物史观基本原理，从现实的人的社会生活的各种领域中划分出经济领域，从一切社会关系中划分出生产关系，并把它作为决定其余一切关系的基本的原始的关系，进而将一切社会关系归结于生产关系，将生产关系归结于生产力发展的高度，从而将社会形态的发展看作是自然历史过程，揭示了人类历史的内在联系性和发展的规律。同时，它赋予历史同自然科学一样的科学属性，为人们认识、观察、研究社会历史提供了一种科学的方法。

---

① 《马克思恩格斯选集》第3卷，人民出版社1995年版，第776页。
② 《列宁选集》第2卷，人民出版社1995年版，第311页。

在这种方法的指导下，历史不再是杂乱无章的，而是一个丰富的有规律可循的、可知的过程。

(二) 指出了人类社会的发展目标和实现人的解放的途径

由于唯物史观理论是在批判地继承了社会历史观上的一切合理成分，包括黑格尔唯心主义辩证法的合理内核的基础上产生的，而辩证法的本性是批判的，它对任何事物在肯定的理解的同时也包含着否定的理解。马克思恩格斯在肯定资本主义制度对人类历史做出了积极贡献的同时，针对资本主义社会中，资本对人，尤其是对无产阶级的束缚、压迫和摧残，对资本主义制度进行了尖锐的批判。他们结合欧洲各国（主要是英国、法国、德国）资本主义发展的现状，从无产阶级的生活实境出发，一方面，从道德的角度对资本主义制度进行尖锐的控诉；另一方面，以唯物史观为方法论指导，创建了剩余价值学说，从理论上对资本主义制度进行了深刻剖析，揭露资本主义制度的不合理性。马克思从商品经济社会的细胞——商品入手，运用由具体到抽象再到具体等辩证思维方法，揭示了资本主义社会的固有矛盾和资本主义经济制度的本质，揭露了资本主义剥削的秘密，指出生产资料私人占有与社会化大生产之间的矛盾是资本主义社会的主要矛盾。机器大工业的发展要求生产日益社会化，而资本积累日益提高的趋势却导致资本越来越集中到少数人的手中。因此，生产资料私人占有与社会化大生产之间的矛盾日益尖锐，生产力的发展客观上要求生产关系和上层建筑领域的变革，这样资本主义生产关系为新的类型的生产关系所代替就成为一种历史的必然，进而得出了资本主义必然灭亡和社会主义必然胜利的结论，指明了资本主义社会发展的历史趋势。

马克思恩格斯不仅从道德和科学的层面对资本主义制度进行了尖锐的控诉和批判，还亲自参与到无产阶级解放实践中，用科学的理论武装无产阶级，使之变成革命的行动，指导无产阶级解放运动沿着正确的方向发展。他们第一次使无产阶级意识到了自己的地位和需要，意识到实现自身解放的条件；指出无产阶级的历史使命是实现自身解放进而解放全人类；同时，他们还为无产阶级推翻资本主义制度，实现自身解放指明了道路和方向，即以阶级斗争、社会革命、无产阶级专政为手段，推翻资本主义制度，建立共产主义社会，实现人的自由全面发展。

马克思恩格斯以唯物史观为指导对资本主义制度进行的深刻批判，既具有现实针对性，又具有理论的超越性，适应了当时欧洲无产阶级革命实践的现实需求，在欧洲大陆无产阶级实践中备受青睐，在欧洲大陆得到了广泛传播。19世纪中后期一些俄国学者基于当时俄国社会现实，特别看重马克思恩格斯对资本主义制度的否定，对唯物史观理论表现出浓厚的兴趣，他们运用唯物史观理论分析俄国社会现实，从中得出了俄国不应当走资本主义发展道路的结论。俄国1905年革命以后，以列宁为代表的俄国布尔什维克党，在以唯物史观理论为指导，分析世情和俄国具体国情的基础上，采用阶级斗争和暴力革命的方式取得了十月革命的胜利。在俄国十月革命的影响下，唯物史观学说在世界范围内广泛传播。唯物史观理论尤其是阶级斗争学说的现实价值对正在探索"中国向何处去"的先进分子产生了特殊的吸引力。

（三）强调要以科学的态度，与时俱进地发展理论，为科学研究树立了典范

唯物史观不仅具有实践基础上的科学性、批判性的理论特色，还是一种开放的不断发展的理论。唯物史观理论是在批判地继承历史上一切旧历史观的合理成分的基础上创立的，同时，又随着欧洲无产阶级革命实践的发展，在与第二国际理论家等对唯物史观的诘难与曲解进行理论交锋的过程中不断发展的。

马克思恩格斯一直强调他们的理论是发展着的理论，而不是教

条。唯物史观首先是进行研究工作的指南，而不是按照黑格尔学派的方式构造体系的方法。马克思恩格斯反对教条化、僵化地运用唯物史观理论，强调要用科学的态度，即坚持与发展相一致的态度，坚持理论与实践相统一的基本原则，运用唯物史观的立场、观点和方法指导理论研究与实践，反对一切教条主义、本本主义和形而上学的做法。

在欧洲无产阶级革命实践中，马克思恩格斯以实事求是和与时俱进的精神，勇于批评和自我批评，在不断总结无产阶级革命实践经验与教训，深入研究政治经济学、人类学等的基础上，针对欧洲无产阶级革命实践中出现的新情况、新问题，在坚持唯物史观基本原理原则，强调尊重社会发展规律的同时，对唯物史观理论不断进行修正、丰富和完善。比如在《〈政治经济学批判〉序言》中，马克思针对欧洲资本主义社会发展的现实，运用他多年诚实研究得到的、并且一经得到就用于指导他的研究工作的总的结果予以阐述，并对《共产党宣言》中提出的"两个必然"思想加以进一步的说明，提出了两个"决不会"思想，即"无论哪一个社会形态，在它所能容纳的全部生产力发挥出来以前，是决不会灭亡的；而新的更高的生产关系，在它的物质存在条件在旧社会的胎胞里成熟以前，是决不会出现的"①。马克思就"两个必然"实现的时间和条件进行了全面论述，并告诫道："两个必然"的实现需要相应的客观条件，在这个条件具备之前决不会成为现实。在《共产党宣言》1872年德文版序言中，马克思恩格斯指出："不管最近25年来的情况发生了多大的变化，这个《宣言》中所阐述的一般原理整个说来直到现在还是完全正确的。某些地方本来可以作一些修改。这些原理的实际运用，正如《宣言》中所说的，随时随地都要以当时的历史条件为转移，所以第二章末尾提出的那些革命措施根本没有特别的意义。

---

① 《马克思恩格斯选集》第2卷，人民出版社1995年版，第33页。

如果是在今天，这一段在许多方面都会有不同的写法了。"① 当历史发展到 19 世纪末，欧洲经济社会发展出现了一系列新变化，晚年的马克思恩格斯根据变化了的情况，不断矫正先前的一些不符合实际情况的理论观点，对唯物史观理论做了进一步的发展。例如，在《英国工人阶级状况》1892 年德文第二版序言和《1848 年至 1850 年的法兰西阶级斗争》一书导言等著作中，恩格斯不仅表达了理论应该随着实践的发展不断发展的基本观点，还指出了无产阶级在革命斗争中，应坚持原则性和灵活性相统一的基本原则，根据变化了的情况适时制定灵活的革命策略的思想。恩格斯分析了自巴黎公社成立后 20 多年来的变化，指出：一方面，在一切资本主义国家工人运动有了很大的发展，马克思主义在社会主义运动中取得了思想上的胜利，国际无产阶级的大军业已形成；另一方面，资本主义社会经济、军事技术获得了极大的发展，军国主义增长了，资产阶级加强了政治统治。他认为，在这种情况下，无产阶级应根据变化了的情况采取灵活的斗争策略和形式，在坚持决不能放弃自己的革命权的同时，在建立议会制的国家，可以利用资产阶级民主和普选权，在资产阶级合法的范围内利用一切可能加强马克思主义宣传，巩固无产阶级组织并提高工人阶级的阶级觉悟。这对于无产阶级解放斗争具有重要意义。

针对第二国际理论家将唯物史观曲解为机械的经济决定论和历史宿命论的错误倾向，恩格斯予以尖锐批评，指出："……根据唯物史观，历史过程中的决定性因素归根到底是现实生活的生产和再生产。无论马克思或我都从来没有肯定过比这更多的东西。如果有人在这里加以歪曲，说经济因素是唯一决定性的因素，那么他就是把这个命题变成毫无内容的、抽象的、荒诞无稽的空话。经济状况是

---

① 《马克思恩格斯选集》第 1 卷，人民出版社 1995 年版，第 248—249 页。

基础，但是对历史斗争的进程发生影响并且在许多情况下主要是决定着这一斗争的形式的，还有上层建筑的各种因素，阶级斗争的政治形式及其成果——由胜利了的阶级在获胜以后确立的宪法等，各种法的形式以及所有这些实际斗争在参加者头脑中的反映，政治的、法律的和哲学的理论，宗教的观点以及它们向教义体系的进一步发展。这里表现出这一切因素间的相互作用，而在这种相互作用中归根到底是经济运动作为必然的东西通过无穷无尽的偶然事件……向前发展。"① 恩格斯强调，他和马克思只是强调经济的前提和条件在人们自己创造自己的历史过程中归根到底是决定性的，并没有肯定它是唯一决定性的因素。经济状况是基础，但是，上层建筑的各种因素，如政治法律、哲学、宗教等也起着一定的作用，虽然不是决定性的作用。恩格斯在1890年9月21日致约·布洛赫的信中，进一步阐述了历史发展的合力思想。他指出："历史是这样创造的：最终的结果总是从许多单个的意志的相互冲突中产生出来的，而其中每一个意志，又是由于许多特殊的生活条件，才成为它所成为的那样。这样就有无数互相交错的力量，有无数个力的平行四边形，由此就产生出一个合力，即历史结果，而这个结果又可以看作一个作为整体的、不自觉地和不自主地起作用的力量的产物。因为任何一个人的愿望都会受到任何另一个人的妨碍，而最后出现的结果就是谁都没有希望过的事物。所以到目前为止的历史总是像一种自然过程一样地进行，而且实质上也是服从于同一运动规律的。但是，各个人的意志——其中的每一个都希望得到他的体质和外部的、归根到底是经济的情况（或是他个人的，或是一般社会性的）使他向往的东西——虽然都达不到自己的愿望，而是融合为一个总的平均数，一个总的合力，然而从这一事实中决不应做出结论说，这些

---

① 《马克思恩格斯选集》第4卷，人民出版社1995年版，第695—696页。

意志等于零。相反地，每个意志都对合力有所贡献，因而是包括在这个合力里面的。"①

总之，唯物史观作为一种揭示人类社会发展进程及其最一般规律的科学历史观，不仅为人们建构了一套科学解释社会历史的话语系统，还为人们提供了一种考察认识复杂的人类历史的科学方法；不仅为人们提供了一种改造社会现实，实现人自身解放的途径，还为人们指明了未来发展的目标。在世界历史发展中，唯物史观因其实践基础上的科学性、批判性和开放性，在世界范围内得以广泛传播，既对西方学术界产生了重大影响，也对包括中国在内的殖民地半殖民地人民产生了深深的吸引力。

第二节 中国社会演化的内在需求

"理论在一个国家实现的程度，总是决定于理论满足这个国家的需要的程度。"② 唯物史观在中国传播根源于中国社会演化的内在需求。

一、近代以来救亡图存的急迫现实呼唤新的理论指导

自1840年鸦片战争，英国用炮舰叩开中国大门开始，中国就在各西方列强的军事的、政治的、经济的和文化的不断侵略下，一步一步地沦为半殖民地半封建社会的国家，民族危机不断加深，乡村危机日益严重，思想领域则出现了信仰危机。

---

① 《马克思恩格斯选集》第4卷，人民出版社1995年版，第697页。
② 《马克思恩格斯选集》第1卷，人民出版社1995年版，第11页。

马克思认为，在考察社会经济政治生活变革时，"必须时刻把下面两者区别开来：一种是生产的经济条件方面所发生的物质的、可以用自然科学的精确性指明的变革，一种是人们借以意识到这个冲突并力求把它克服的那些法律的、政治的、宗教的、艺术的或哲学的，简言之，意识形态的形式"①。马克思指出判断一个变革时代不能以它的意识为根据，而必须从物质生活的矛盾中，从社会生产力和生产关系之间的现存冲突中去解释。因为物质生活的生产方式制约着整个社会生活、政治生活和精神生活过程，不是人们的意识决定人们的存在，相反，是人们的社会存在决定人们的意识。

近代中国社会的演化首先源自封建的自给自足的自然经济基础的逐渐瓦解。中国封建社会的经济形态一直是自给自足的自然经济占统治地位，尽管自明末开始中国社会已经有了资本主义生产关系的萌芽，但是由于封建社会传统经济的历史惰性、完备的制度框架的束缚，在传统小农经济的土壤上滋生的资本主义生产关系发展非常缓慢。鸦片战争后，帝国主义国家利用军事手段打开了中国国门，强迫中国政府签订了许多不平等条约，"控制了中国一切重要的通商口岸，并把许多通商口岸划出一部分土地作为它们直接管理的租界。它们控制了中国的海关和对外贸易，控制了中国的交通事业（海上的、陆上的、内河的和空中的）"②，取得了西方经济向中国渗透的合法基础。利用这些合法资源，它们一方面通过向中国大量倾销商品，在租界内开办轻工业或重工业工厂，迫使中国的农业生产为其发展服务等方式，将中国变为它们的工业品销售和生产市场；另一方面，通过借款给中国政府、在中国开办银行等形式，垄断中国的金融和财政，在金融和财政上扼住中国发展的咽喉。总之，各帝国主义国家对中国财政和经济命脉的操纵，削弱了自给自足的自然经

---

① 《马克思恩格斯选集》第 2 卷，人民出版社 1995 年版，第 33 页。
② 《毛泽东选集》第 2 卷，人民出版社 1991 年版，第 628 页。

济的发展能力，限制了民族资本主义的发展。毛泽东说："封建时代的自给自足的自然经济基础是被破坏了；但是，封建剥削制度的根基——地主阶级对农民的剥削，不但依旧保持着，而且同买办资本和高利贷资本的剥削结合在一起，在中国的社会经济生活中，占着显然的优势"，民族资本主义在西方经济的渗透和刺激下，虽然有了某些发展，"并在中国政治的、文化的生活中起了颇大的作用；但是，它没有成为中国社会经济的主要形式，它的力量是很软弱的，它的大部分是对于外国帝国主义和国内封建主义都有或多或少的联系。"① 自然经济的被破坏，民族资本主义发展的不足，加剧了近代中国社会生产力的落后，国家和民族的竞争力愈加脆弱不堪。

政治是经济的直接体现。19 世纪 40 年代到 20 世纪上半叶，各帝国主义国家的入侵，使中国时时面临生死存亡的民族危机。19 世纪 40 年代至 20 世纪初，历次战败所导致的割地、赔款、开放通商口岸、协定关税、设立总理各国事务衙门等一系列不平等条款，破坏了中国的领土和主权完整，沉重打击了旧的统治秩序，使中国一步步滑向半封建、半殖民地的深渊。八国联军的入侵，使中国疆土面临被分割宰制的危险。《辛丑条约》的签订，更是引起国人对于国家和民族的历史还能否延续的惊恐。20 世纪 20 年代，为了加强对中国人民的统治和剥削，各帝国主义国家与国内的封建地主阶级、买办资产阶级联合，通过栽培和保存封建残余及其全部官僚军阀上层建筑，从城市到乡村，形成了一个买办的、商业高利贷的、封建地主的剥削网，将地主阶级、军阀官僚变成了他们在中国的统治支柱。"从中国的通商都市直至穷乡僻壤，造成了一个买办的和商业高利贷的剥削网，造成了为帝国主义服务的买办阶级和商业高利贷阶级，以便利其剥削广大的中国农民和其他人民大众。于买办阶级之外，帝国主义列强又使中国的封建地主阶级变为它们统治中国的支柱。

---

① 《毛泽东选集》第 2 卷，人民出版社 1991 年版，第 630 页。

它们'首先和以前的社会制度的统治阶级——封建地主、商业和高利贷资产阶级联合起来，以反对占大多数的人民。帝国主义到处致力于保持资本主义前期的一切剥削形式（特别是在乡村），并使之永久化，而这些形式则是它的反动的同盟者生存的基础'。'帝国主义及其在中国的全部财政军事的势力，乃是一种支持、鼓舞、栽培、保存封建残余及其全部官僚军阀上层建筑的力量'。"① 1931年"九·一八"事变以后，日本帝国主义的大举侵略，更使已经变成半殖民地的中国的一大块土地沦为日本的殖民地，中华民族陷于亡国灭种的危急关头。由于帝国主义和封建主义的双重压迫，特别是由于日本帝国主义的大举侵略，中国的广大人民，尤其是农民，日益贫困化以至大批地破产，过着饥寒交迫和毫无政治权利的生活，乡村危机日益深重。

　　文化是经济政治的反映。随着近代中国社会的演进和封建制度的日渐衰败，在西学东渐大潮的冲击下，传统文化也日益呈现出危机状态。随着1905年以儒家思想为基础的科举制度的被废止，清王朝的覆灭，封建传统文化日益丧失了威望。中国知识分子几乎一致得出结论：陈腐保守的传统文化已不适应现代世界的发展。青年学生开始向西方寻求知识并学习西方的教育制度。1896年只有9名中国留学生在日本学习，10年后就增加到15000人。1872年至1949年间在世界各国的中国留学生总数约为10万多人。② 文化的危机还表现在中国知识分子因中西方文化冲突所造成的信仰危机上。为了拯救灾难深重的中国，各阶级、阶层中具有深厚爱国情怀的有识之士——从地主阶级的改革派魏源，太平天国的洪秀全、洪仁玕，资产阶级维新派王韬、郑观应、康有为、梁启超，到资产阶级的

---

　　① 《毛泽东选集》第2卷，人民出版社1991年版，第629页。
　　② 参见［美］斯塔夫里亚诺斯：《全球分裂：第三世界的历史进程》上，迟越、王红生等译，商务印书馆1993年版，第338页。

革命派孙中山等——主动融入世界历史发展大潮,将探寻救国之道的目光转向西方,开始了向西方国家学习,寻找救国真理的艰难之旅。他们一致认同并坚信:只有向西方资本主义国家学习,才能实现民族解放和国家的现代化。但是,无论是学习西方的器物,还是效仿西方政治制度,无论是农民运动、改良运动还是资产阶级革命运动都没能改变中国任人宰割的落后局面。1915年9月开始的新文化运动,高举西方"民主""科学"的大旗,试图通过清算封建传统思想文化来寻求社会变革之路。但是,以"民主""科学"为旗帜的文化启蒙运动,在实践中也遭到保守势力的围攻和反动政府的干涉压制。历史再次证明,"民主""科学"等资产阶级民主主义思想仍然不能拯救黑暗的中国。"中国人向西方学得很不少,但是行不通,理想总是不能实现。……国家的情况一天一天坏,环境迫使人们活不下去。怀疑产生了,增长了,发展了。"① 儒家传统文化不能拯救灾难深重的中国,向西方学来的先进文化,无论是器物的、制度的,还是以科学、民主为标志的思想文化依然不能拯救中国。要救国必须另辟蹊径,处于困惑、迷茫中的中国先进分子迫切需要新的理论指导。

二、中国社会近代化的有限发展奠定了社会基础

帝国主义国家的军事的、经济的、政治的、文化的入侵,一方面,将近代中国变为一个半殖民地半封建国家;另一方面,也给中国资本主义生产的发展造成了某些客观的条件和可能,为传统中国带来了一定的现代性气息。西方现代生产技术,如制造、轮船、采矿等技术的输入和运用,刺激了中国先进生产力的发展,一批新兴民族工业先后诞生并获得一定发展。由于近代中国处于多个帝国主

---

① 《毛泽东选集》第4卷,人民出版社1991年版,第1470页。

义国家的间接统治之下，长期处于一种不统一状态，加之中国幅员辽阔，经济、政治、文化发展具有很大的不平衡性，传统经济、政治、文化长期积淀形成的高度发达的生产和销售系统、社会文化心理，对西方经济、文化的渗透颇具抵抗能力。因此，在经济上，尽管关税限制破坏了传统手工业的发展，妨碍了对萌芽阶段的民族工业的保护，但是，帝国主义国家不可能像在印度等其他国家那样完全占领中国市场。比如，中国的纺织工仍能用国内工厂生产的面纱来维持自己的生产，中国经济仍能相对地不受帝国主义国家的影响。第一次世界大战期间及战后一段时期，由于各帝国主义国家忙于欧洲战事，无暇东顾，中国的民族工业，主要是纺织业和面粉业，又得到了进一步的发展。机器化生产的采用，民族工业的发展，为落后的中国奠定了一定的现代生产力基础。

新的资本主义经济形式的发展，产生了新的生产关系。随着民族资本主义经济的发展，中国资产阶级力量迅速增长，产业工人队伍迅速扩大。到1919年，工人的人数已达150万，其中3/4在运输业或轻工业特别是纺织业中做工。3/5在中国工厂里做工，其余的在西方人办的工厂里做工。几乎所有的工人都集中在华东各省的几个大城市，上海有30万工人，香港有5万工人。① 由于中国产业工人的产生和发展，不但是伴随中国民族资产阶级的产生发展而来，而且是伴随帝国主义在中国直接经营企业而来。这决定了他们中的很大一部分较之中国资产阶级的年龄和资格更老些，因而其社会力量和社会基础也更广大些。他们不仅具有一般无产阶级的基本优点，如与最先进的经济形式相联系、富于组织性纪律性、没有私人占有的生产资料，还有许多特殊的优点：由于中国产业工人深受帝国主义、封建势力、资产阶级的三重压迫，所受压迫的严重性和残酷性

---

① 参见［美］斯塔夫里亚诺斯：《全球分裂：第三世界的历史进程》上，迟越、王红生等译，商务印书馆1993年版，第337页。

在世界各民族中少见，并且在半殖民地半封建的中国，没有欧洲那样的社会改良主义的经济基础，所以除极少数的工贼之外，整个产业工人阶级都是中国社会中最具有革命性的；中国产业工人分布的地区、行业、企业都很集中，便于组织和发动革命运动，且易于形成局部的强大力量；他们多来自破产农民，与广大农民有一种天然的联系，便于结成亲密的工农联盟。五四时期，工人阶级以独立的姿态登上政治舞台，这标志着中国社会变革的主体力量开始由资产阶级向新兴的无产阶级转变。这种由经济变化而导致的社会变革主体力量的变化，为马克思主义唯物史观在中国传播提供了阶级基础。正如毛泽东在《新民主主义论》中指出的："中国自从发生了资本主义经济以来，中国社会就逐渐改变了性质，它不是完全的封建社会了，变成了半封建社会，虽然封建经济还是占优势。这种资本主义经济，对于封建经济说来，它是新经济。同这种资本主义新经济同时发生和发展着的新政治力量，就是资产阶级、小资产阶级和无产阶级的政治力量。而在观念形态上作为这种新的经济力量和新的政治力量之反映并为它们服务的东西，就是新文化。没有资本主义经济，没有资产阶级、小资产阶级和无产阶级，没有这些阶级的政治力量，所谓新的观念形态，所谓新文化，是无从发生的。"①

第三节　世界历史发展的外在促动

放眼世界历史发展的宏阔场景，我们不难得出结论，近代以来中国社会的演化是世界历史发展的产物，唯物史观能够传入中国并在中国广泛传播，也离不开国际政治经济形势发展的影响。

---

① 《毛泽东选集》第 2 卷，人民出版社 1991 年版，第 695 页。

一、世界资本主义的发展对中国社会演化的影响

近代以来中国社会的演化是随着世界历史的形成和发展而开始的。14世纪末15世纪初，西欧地中海沿岸一种新的生产关系——资本主义生产关系开始萌芽、滋长，进而发展起来。资本主义生产关系产生以后，其自身的发展速度是缓慢的。资本主义生产关系自身如蜗牛爬行的进度，无论如何不能适应15世纪末各种大发现所造成的新的世界市场的贸易需要。为了加速资本主义生产关系的发展，西班牙、葡萄牙、荷兰、英国、法国等新兴资产阶级为了寻求资本积累，发展资本主义，凭借着不断改进与发展的造船和航海技术，开始了海上探险，建立自己的势力范围，扩充殖民地的征程。15世纪末美洲和通往印度航道的新发现，使得世界贸易市场迅速扩大。要求商品生产以更大的规模和更快的速度发展的动机，促使新兴资产阶级开始利用暴力手段进行资本原始积累。为了使更多的生产资料和货币资本集中到自己的手中，新兴资产阶级一方面利用暴力手段，靠剥夺本国农民的土地，实施国债制度、课税制度和保护关税制度等，加强对本国人民的剥削和掠夺，使之变为靠出卖自己的劳动力为生的雇佣劳动者；一方面利用国家政权的力量进行残酷的海外殖民掠夺，最大限度地为其掠夺原材料和销售商品而开拓海外市场。自15世纪末开始，西欧殖民者在300多年的时间里，从中南美洲、非洲掠夺了大量的黄金、白银。把处于原始土著文明的美洲地区和非洲边缘地区变成了西欧资本主义中心的边缘，形成了一个洲际性的资本主义秩序。18世纪70年代，以蒸汽机的发明为主要标志的科技革命，推动西欧国家相继完成工业革命，进入工业资本主义阶段。以英国为首的西方工业资本主义国家，凭借其各自强大的经济和军事力量，在世界各地争夺自己的势力范围，开拓自由贸易市场，展开贸易竞争。利文斯通横贯非洲的探险开辟了对非洲内陆的

征服；1840年英国用炮舰叩开了中国的大门。至此，西欧主要资本主义国家将亚非拉均拉入了以它们为主导的世界经济体系中。正如马克思曾说过的："由于开拓了世界市场，使一切国家的生产和消费都成为世界性的了。……资产阶级挖掉了工业脚下的民族基础。古老的民族工业被消灭了，并且每天都还在被消灭。它们被新的工业排挤掉了，新的工业的建立已经成为一切文明民族的生命攸关的问题；这些工业所加工的，已经不是本地的原料，而是来自极其遥远的地区的原料；它们的产品不仅供本国消费，而且同时供世界各地消费。旧的、靠本国产品来满足的需要，被新的、要靠极其遥远的国家和地带的产品来满足的需要所代替了。过去那种地方的和民族的自给自足和闭关自守状态，被各民族的各方面的互相往来和各方面的互相依赖所代替了。"① 各民族、各地区经济联系的日益紧密，使世界由分散发展成为一个整体，世界历史进入资本主义的新时代。中国与非洲、南北美洲、印度等一样，也在世界历史的形成与发展过程中，因为生产力的落后而在国际经济结构中处于被动的地位，成为各资本主义国家侵略争夺的重点地区之一，从此，自给自足、闭关锁国的状态被打破，开始了中华民族灾难深重的历史。

"物质的生产是如此，精神的生产也是如此。各民族的精神产品成了公共的财产。"② 在世界历史发展中，伴随着各地区、民族经济交往的日益密切，文化交流也日益频繁，一切民族甚至最野蛮的民族都被卷到西方文明中来。西方资本主义国家在经济、军事入侵中国的同时，西方各种思想学说随之输入中国，出现了西学东渐的大潮。"从19世纪40年代到世纪末，东渐的西学主要是随着工业革命而兴起的现代科学技术、进化论学说、资产阶级的社会政治学说、古典哲学和古典的政治经济学。20世纪初，巴枯宁和克鲁泡特金的

---

① 《马克思恩格斯选集》第1卷，人民出版社1995年版，第276页。
② 《马克思恩格斯选集》第1卷，人民出版社1995年版，第276页。

'无政府共产主义'，马克思主义，易卜生主义，属于'科学——实证'思潮的马赫主义和实用主义，属于'人本主义'思潮的叔本华哲学及'世纪末'哲学——尼采、柏格森等的学说，纷纷被介绍到中国来。20世纪二十至四十年代，马克思主义的著作在中国大量译介出版，对于马克思主义哲学的讨论，成为国内舆论和媒体包括学术刊物讨论的热点；同时，西方世界中代表民主主义的英美与代表法西斯主义的德意，也都以其学说来影响中国；此外，弗洛伊德主义、新康德主义、新黑格尔主义、新实证主义等西方哲学流派，韦伯、马林诺夫斯基的社会学，等等，也纷纷传入。中国社会成为古今中外各种文化交汇激荡的场所，出现了有史以来中外文化交流最为活跃、最为波澜壮阔的局面。"[①]

二、世界政治形势的变化催化唯物史观在中国的传播

19世纪末20世纪初，在以电子技术的运用为标志的第二次科技革命的驱动下，后起的资本主义国家，如美国、德国等，获得了生产力的飞速发展。资本主义由自由竞争阶段发展到垄断阶段。垄断不仅没有消除竞争，相反，垄断资本攫取高额垄断利润的本性，促使垄断组织内部、垄断组织之间、垄断组织与非垄断组织之间，尤其是垄断资本家集团之间的竞争日益复杂激烈。为了获取高额垄断利润，垄断资本逐渐与国家政权相结合，以各自强大的军事和经济力量做后盾，采取经济的、政治的、军事的等多种手段，在国际经济政治领域展开了激烈竞争。与资本主义经济发展阶段的变化相适应，在国际事务领域，自由贸易为全球性的殖民主义所代替。如何夺得更多的世界市场和殖民地，以保持自己在国际竞争中的绝对优

---

① 许苏民：《比较文化研究史》，云南人民出版社1992年版，第391—392页。

势,避免被别人兼并,成为各帝国主义国家共同关心的问题。按照当时流行的达尔文生物进化论的信条"物竞天择、适者生存",进行对外殖民扩张是为了攫取更多的垄断利润,以便在与竞争对手的永无休止的斗争中增强国家实力。这为帝国主义的全球殖民扩张提供了合理的理论依据。然而,帝国主义国家之间经济、政治发展不平衡的客观规律,决定了后起的帝国主义国家为了在竞争中取得优势地位,必然要求重新瓜分世界。为了争夺世界霸权,帝国主义国家之间的矛盾和冲突日益加剧。20世纪初,在帝国主义国家之间爆发了第一次世界大战。"一战"期间,趁西方主要帝国主义国家忙于欧战无暇东顾,日本加紧向中国扩张,用武力夺得原来德国在山东的各项权益,大大增强了在中国的控制力。战后召开的巴黎和会、华盛顿会议,打破了日本对中国的独占优势,使中国又恢复到几个帝国主义国家共同瓜分的局面。

第一次世界大战期间,帝国主义国家为捍卫各自的国家利益而相互残杀的情景,使国人逐渐认清了西方列强的本质,抛弃了希望通过学习西方制度和文化来实现救亡图存的幻想,1919年巴黎和会上,作为"协约国"之一的中国不胜反败的现实,充分暴露了帝国主义的侵略本质,暴露了西方资本主义经济政治制度的弊端。正如列宁所说:"1914—1918年的帝国主义战争,在一切民族和全世界被压迫阶级面前,特别清楚地揭示了资产阶级民主词句的欺骗性,用事实表明,所谓'西方民主国家'的凡尔赛条约是比德国容克和德皇的布列斯特—立托夫斯克条约更加野蛮,更加卑劣地强加于弱国的暴力。国际联盟和战后协约国的全部政策更清楚更突出地揭示了这一真相,它们到处加剧了先进国家的无产阶级和殖民地、附属国的一切劳动群众的革命斗争,使所谓在资本主义制度下各民族能够和平共居和一律平等的市侩的民族主义幻想更快地破灭。"① 战争期

---

① 《列宁选集》第4卷,人民出版社1995年版,第217页。

间，帝国主义国家为了各自的战争利益争斗而客观造成的革命思想的宣传，如"人民的自决权"这一革命性措辞，唤醒了包括中国在内的殖民地、半殖民地进步人士追求民族独立的感情，激起了他们的民族主义情绪和对社会变革的向往。

第一次世界大战最重要的产物是1917年俄国十月革命的胜利。以列宁为代表的布尔什维克政党推翻了临时政府的统治，建立了世界上第一个无产阶级专政的社会主义国家，将马克思主义的科学社会主义由理论变为现实，开创了人类历史的新纪元，也开辟了殖民地半殖民地民族解放运动的新纪元。世界历史进入无产阶级社会革命的新时代。十月革命的胜利，使马克思主义这种新的社会变革思想——阶级斗争、社会革命、无产阶级专政——开始在亚洲殖民地半殖民地国家传播，并成为被压迫民族和人民争取民族独立和解放的新的思想武器。由于列宁领导的共产国际致力于世界社会主义和工人运动的发展，重视与支持殖民地国家和地区民族民主革命运动，所以东方殖民地和半殖民地各国也掀起了民族解放运动的高潮，并在客观上成为世界社会主义革命阵线的同盟军。在战争与革命的时代主题面前，在社会主义潮流涌动之际，因地缘优势，马克思主义尤其是唯物史观学说在中国得到了迅速传播。苏俄外交人民委员会致中国国民及南北政府的宣言曾讲道：如果中国人民要想获得自由……那么，他们在争取自由的斗争中唯一的盟友和兄弟就是红军中的俄国工人与农民。[①] 1922年1月21日，在列宁的指导下，共产国际在莫斯科召开远东各国共产党和民族革命团体第一次代表大会，揭露帝国主义的侵略本性和华盛顿会议的罪恶图谋，号召远东被压迫民族与国际无产阶级联合起来，实行反对帝国主义的民族革命，指出远东各国人民和中国人民当前的革命任务是对英美法日等帝国

---

① 参见［美］斯塔夫里亚诺斯：《全球分裂：第三世界的历史进程》下，迟越、王红生等译，商务印书馆1993年版，第557页。

主义国家宣战,对中国军阀宣战。这次会议为中国民主革命指明了方向。

"一战"之后,美英法日等资本主义国家为了各自的国家利益,一方面,在中国通过扶植军阀势力不断明争暗斗;另一方面,则利用战后相对稳定的国际国内环境,通过实行自由放任等经济政策,使社会生产力获得迅速发展。由于自由放任政策下,生产完全是在价值规律和剩余价值规律的作用下自发、盲目地进行,不可避免地会导致社会生产两大部类之间规模和结构比例失衡,社会再生产无法正常进行。加之严重的信贷危机、信用危机以及失业、农业发展滞后等多种因素的影响,1929年10月下旬,以美国纽约股票市场大崩盘为标志,爆发了一场史无前例的经济和政治大危机,危机很快向欧洲、北美、日本等主要资本主义国家蔓延,并波及许多殖民地、半殖民地国家和地区,席卷整个资本主义世界。这次危机前后持续四年,对美英法德等主要资本主义国家造成了严重的危害,使整个资本主义世界损失价值2500亿美元,比第一次世界大战的物质损失还多800亿美元。1929—1933年世界性经济危机的周期性爆发,以事实说明了马克思主义唯物史观学说的科学性,让包括中国在内的殖民地、半殖民地人民更加坚信马克思的预言:资本主义必然灭亡、社会主义必然胜利;更加坚定了通过社会革命,推翻帝国主义统治,建立社会主义社会的信心。马克思主义理论尤其是唯物史观学说在中国深入、系统传播。

第四节 中国先进分子的自觉选择

唯物史观自身的独特性、中国社会的内在需求和国际因素的促动,为唯物史观在中国传播提供了可能性。唯物史观能否在中国传播，可能性能否变为现实性，关键还取决于中国先进分子的自觉选择。

一、在彷徨与迷茫中转向唯物史观

"一战"期间，日本不顾中国的中立立场再次入侵，1919年巴黎和会上作为"协约国"之一的中国的不胜反败，充分暴露了帝国主义的侵略本质，暴露了西方资本主义经济政治制度的弊端。毛泽东指出："帝国主义的侵略打破了中国人学西方的迷梦。很奇怪，为什么先生老是侵略学生呢？中国人向西方学得很不少，但是行不通，理想总是不能实现。多次奋斗，包括辛亥革命那样全国规模的运动，都失败了。国家的情况一天一天坏，环境迫使人们活不下去。怀疑产生了，增长了，发展了。"① 经受中西文化双重洗礼的爱国先进分子，从社会现实中认清了帝国主义的侵略本质，觉悟到在帝国主义和封建势力的统治下，不仅不能实现国家的独立富强，就是人民的生存权利也根本无法保障。他们冲破封建主义的思想樊篱，抛弃对反动政府的希望，丢掉对帝国主义的幻想，重新探寻"中国向何处去"的出路。1919年7月25日俄国苏维埃政府发表了第一次对华宣言，宣布废除沙俄同中国签订的不平等条约，废除俄国在中国的特权。帝国主义和苏俄对中国的不同态度，让处于彷徨、迷茫中的中国先进分子看到了中国社会变革的方向。中国与落后的俄国一样，要实现民族独立、国家统一和人民解放，避免资本主义社会的弊端，也必须通过社会革命，对中国社会来一个根本解决，彻底推翻帝国主义和封建专制统治，走社会主义道路。中国先进分子开始将探寻的目光转向作为社会主义理论基础的唯物史观。

---

① 《毛泽东选集》第4卷，人民出版社1991年版，第1470页。

二、在比较与鉴别中接受唯物史观

然而，唯物史观毕竟是一种与中国传统文化异质的西方文化，中国先进分子能否接受唯物史观，还要看唯物史观理论能否满足先进分子的内在需求。

（一）唯物史观的革命性和批判性拉近了它与中国先进分子之间的距离

马克思恩格斯以唯物史观为指导对资本主义剥削本质的揭露和批判，以及对资本主义发展趋势的预测，向中国先进分子展现了资本主义也不是永恒的、完美的，也会随着历史的发展被新的社会形态所代替。唯物史观这种诞生于西方又反西方的理论，解决了中国先进分子在探求救国真理的实践中形成的既必须以西方为师又否定资本主义的矛盾心理，满足了他们反帝国主义的民族情绪，拉近了它与中国先进分子之间的心理距离。唯物史观作为西欧无产阶级革命的理论指导，不仅为中国知识分子描绘了社会发展的美好前景；唯物史观关于阶级斗争、社会革命、无产阶级专政和人民群众创造历史等理论，还为正在重新寻找"中国向何处去"的先进分子指出了克服封建主义、资本主义，实现民族解放的道路、手段和依靠力量，适应了近代中国社会变革对"批判的武器"的需要。

（二）唯物史观与中国传统哲学之间的契合性，使中国先进分子从社会心理层面接受了唯物史观

第一，中国传统文化一直具有重视从经济、地理各种社会物质存在条件或方面去研究和论证政治盛衰、民生贫富的传统。早在春秋时期，中国就有"仓廪实则知礼节，衣食足则知荣辱"（《管子》），"庶之、富之、教之"（《论语》）的思想。重视现实的人的物质生产实践，重视他们的需要和物质利益，关注其生存和发展，

这是唯物史观的出发点和立足点，同样也是中国传统文化的优良传统。这种在研究问题的出发点上的一致性，显示了两种文化之间的共性的一面，进一步拉近了唯物史观与深受传统文化熏陶的先进分子之间的心理距离。

第二，唯物史观与中国传统哲学在对人的立场和态度及价值旨向上的一致性，架起了它与中国先进分子之间的思想桥梁。作为一种主体性哲学，无论是唯物史观还是中国传统哲学，都是以现实的个人的生存与发展作为研究核心，以社会作为研究重点，强调在实践中改造现实世界，改善人的现实生存状况；都是以积极入世的人生态度，力求在实践中为人们提供一种安身立命的行动指导。在社会发展目标指向上，唯物史观强调通过阶级斗争、社会革命和无产阶级专政等方式，推翻不合理的资本主义制度，建立一种消灭了阶级，消灭了剥削，分工、体力劳动和脑力劳动的对立消失的社会。劳动已经不仅仅是谋生的手段，而且本身成了生活的第一需要。个人全面发展，社会生产力也增长起来，集体财富的一切源泉都充分涌流的共产主义社会，"只有在那个时候……社会才能在自己的旗帜上写上：各尽所能，按需分配！"① 而中国传统文化中自古就有"人不独亲其亲，不独子其子"（《礼记·礼运》）的道德伦理追求，"天下为公"的"大同"社会更是近代中国先进分子对未来社会的理想追求。李大钊在歌颂十月革命时，就号召人们要一步一步地向前奋斗，直到世界大同。在价值观上，唯物史观强调个人发展与社会发展相统一、奉献与索取相统一的集体主义价值目标，强调毫不利己、专门利人的共产主义奉献精神，正如《共产党宣言》中指出的："代替那存在着阶级和阶级对立的资产阶级旧社会的，将是这样

---

① 《马克思恩格斯选集》第 3 卷，人民出版社 1995 年版，第 305—306 页。

一个联合体,在那里,每个人的自由发展是一切人的自由发展的条件。"① 中国传统文化中则特别强调家国群体本位的价值理念、爱国主义精神以及个人对社会、集体的奉献精神,如传统儒学倡导的"明道救世""天下兴亡,匹夫有责"等。对未来美好社会的向往和追求以及个人价值观上的一致性,也使中国先进分子更容易在社会心理上接受唯物史观。

第三,两种文化在思维方式上的一致性,使中国先进分子很自然地接受了唯物史观。实践的观点是马克思主义的首要的基本的观点。马克思认为:实践是认识的基础和标准,世界是否可知,人们的思维是否具有客观的真理性,只能由实践来证明,实践在社会生活中起决定作用。他强调人的本质"在其现实性上,它是一切社会关系的总和"。"全部社会生活在本质上是实践的。凡是把理论引向神秘主义的神秘东西,都能在人的实践中以及对这个实践的理解中得到合理的解决。""哲学家们只是用不同的方式解释世界,问题在于改变世界。"② 正是由于对"实践"做出了科学的规定,将实践的观点、辩证法的观点和唯物主义的观点贯穿于社会历史领域,马克思主义经典作家才创立了科学的唯物史观。他们以唯物史观作为无产阶级革命的理论指导,亲自参加欧洲无产阶级革命斗争,在实践中反复强调:唯物史观提供的只是一种方法而不是教条;强调理论要与实践相结合,要随着实践的发展不断变革、创新理论。中华民族在维护自身生存,不断适应环境、吸取外物的过程中逐渐积淀形成的特有的思维方式——"实用理性",亦强调关注现实社会生活,主张"实用""实际"和"实行",反对纯粹抽象的思辨和非理性的情感狂;主张以礼节情,追求自立、自强和刚健奋起;要求理论联系实际,服务于实际,以乐观进取而又清醒冷静的态度解决现实社

---

① 《马克思恩格斯选集》第1卷,人民出版社1995年版,第294页。
② 《马克思恩格斯选集》第1卷,人民出版社1995年版,第56—57页。

会问题、人生问题。"修身、齐家、治国、平天下""救民于水火之中""中体西用"等就是这种思维方式在社会生活中的反应。① 唯物史观对实践的重视,对理论要和实际相结合,并随着实践的发展而发展的强调,与中国传统文化中"实用理性"的思维方式具有天然的亲和性,这使中国先进分子无须经历思维方式的转换,很容易地接受了唯物史观。

三、在思想交锋和试验中选择唯物史观

对于"中国向何处去"问题,"五四"前后的中国思想界展开了激烈的讨论,中国社会各界提出了各自的社会改造方案。虽然资产阶级、小资产阶级、共产主义知识分子等,都一致认同中国的出路是社会主义。但是,到底什么是社会主义?是采用改良的手段还是采用社会革命的手段实现社会主义?中国究竟是否需要马克思主义?对于这些问题,当时思想领域的看法却莫衷一是。"社会主义的讨论……究竟如俄国十九世纪四十年代的青年思想似的,模糊影响,隔着纱窗看晓雾,社会主义流派,社会主义意义都是纷乱,不十分清晰的……其时一般的社会思潮大半都是如此。"② 由此,思想领域发生了关于问题与主义、关于社会主义和关于无政府主义的论战。三次论战就中国是否需要革命、是否需要马克思主义,中国究竟应该走社会主义道路还是走资本主义道路,究竟用革命的方法还是用改良的方法来改造中国,如何看待无产阶级专政等问题展开了激烈的思想交锋。李大钊、陈独秀、李达等具有初步共产主义思想的知

---

① 参见李泽厚:《中国思想史论》下,安徽文艺出版社 1999 年版,第 1148—1150 页。

② 陈汉楚:《社会主义在中国的传播和实践》,中国青年出版社 1984 年版,第 98 页。

识分子，依据唯物史观关于生产力与生产关系、经济基础与上层建筑的辩证关系原理，明确指出研究与解决问题离不开主义，中国社会问题的解决必须以马克思列宁主义为指导。要想彻底改变中国的落后面貌，使人民获得幸福，唯一正确的道路就是解放和发展生产力，实现社会主义。而要实现社会主义，无产阶级必须进行暴力革命，夺取政权，建立无产阶级专政。在论战中，具有初步共产主义思想的先进分子通过学理论辩，第一次从理论上提出要正确认识唯物史观关于生产力与生产关系、经济基础与上层建筑的辩证关系，初次涉及了如何解放和发展生产力问题，指明了唯物史观作为观察中国命运的工具对中国社会的现实价值。

唯物史观一经传入中国，就同资产阶级唯心史观和中国传统唯心主义展开了争论，如与以胡适为代表的实用主义、张君劢为代表的玄学派、丁文江为代表的科学派以及梁漱溟为代表的中国现代新儒学的争论。在争论中，陈独秀、瞿秋白等运用唯物史观来观察分析社会历史现象，批评了胡适的多元历史观、张君劢的自由意志论和丁文江的存疑唯心论，指出人类社会与自然界一样，是客观的，有其自身遵循的因果规律，遵从规律是人类解放的条件。并非思想是事实之母，其实，事实是思想之母。① 人们的精神源于物质，同时精神可以认识物质。推动社会发展的根本动因不在人类的精神方面，而是生产力。经济关系是社会最基本的关系，经济关系发生变化，社会的政治的、文化的等都会随之发生变化。这就比较有力地批判了实用主义哲学、柏格森哲学、马赫主义、庸俗进化论以及中国传统唯心主义，进一步扩大了唯物史观的影响，为中国先进分子选择唯物史观奠定了思想基础。

思想交锋只是为中国先进分子选择唯物史观扫清了思想障碍，

---

① 参见《陈独秀文章选编》中，生活·读书·新知三联书店1984年版，第490页。

能否真正接受和选择唯物史观作为指导中国社会变革的理论指导，却经历了一个试验的过程。新村主义、工读主义等社会改良试验在实践中的先后失败，促使中国先进分子，如李大钊、陈独秀、毛泽东等首先选择了唯物史观，尤其是阶级斗争学说。李大钊认为阶级斗争学说是指导中国革命最好的武器，"关于实际运动的手段……除了诉于最后的阶级竞争，没有第二个再好的方法"[1]。毛泽东则指出"十月革命帮助了全世界的也帮助了中国的先进分子，用无产阶级的宇宙观作为观察国家命运的工具，重新考虑自己的问题。走俄国人的路——这就是结论"[2]，强调"唯物史观是吾党哲学的根据"[3]。他们在中国率先举起了宣传唯物史观的大旗，在他们的影响下，近代中国具有初步共产主义信仰的马克思主义者群体逐渐形成，为唯物史观在中国的传播和运用奠定了坚实的主体基础。

---

[1] 《李大钊文集》下，人民出版社1984年版，第50页。
[2] 《毛泽东选集》第4卷，人民出版社1991年版，第1471页。
[3] 《毛泽东文集》第1卷，人民出版社1993年版，第4页。

第二章 唯物史观在中国传播与运用的历史进程

唯物史观在近代中国的传播固然离不开中国当时的国情，更与文本资源以及社会历史主体的状况等息息相关。唯物史观作为一种科学理论，自产生后就在世界广为传播，形成具有不同历史文化传统的文本资源。这些不同的文本资源传入中国后，中国先进分子也会因时因地有选择地接受，并经历一个由浅入深、由具体到抽象的复杂的理解、选择过程。认识唯物史观在中国传播的历史进程应综合考虑唯物史观文本资源、社会历史主体的自身状况以及时势等因素，以便更深刻地把握唯物史观在近代中国的传播历程。基于以上考虑，本书在吸收当前学术界研究成果的基础上，以时间为序，综合考虑唯物史观在中国传播的程度、中国先进分子对唯物史观解读的内涵与外延的变化以及传播主体的成熟度，并以此作为依据，将新中国成立之前唯物史观在中国的传播历程分为三个阶段，即唯物史观的广泛传播与初步运用阶段（1919—1923），唯物史观的深入传播及研究运用阶段（1924—1935），唯物史观的系统传播及创造性运用阶段（1936—1949）。

第一节　唯物史观的广泛传播与初步运用阶段
（1919—1923）

列宁在《论马克思主义历史发展中的几个特点》一文中，针对当时俄国马克思主义运动存在的极端严重的内部危机，指出："马克思主义不是死的教条，不是什么一成不变的学说，而是活的行动指南。"① 马克思主义具有丰富多彩的思想内容，在革命发展的各个历史时代，"因为具体的社会政治形势改变了，迫切的直接行动的任务也有了极大的改变，因此，马克思主义这一活的学说的各个不同方面也就不能不分别提到首要地位"②。马克思主义在中国的传播和应用也是这样。自19世纪末20世纪初马克思主义开始传入中国，马克思主义的主要内容唯物史观剩余价值学说以及科学社会主义的有关学说被中国先进分子通过不同渠道有选择有先后地介绍到中国来。当前学界比较一致地认同这样一个事实："马克思主义传入中国后，首先被传播和为人们所普遍熟知的是唯物史观"③，特别是五四运动前后至1923年，在中国形成了唯物史观传播的热潮，中国激进知识分子将其与中国社会实践相结合，初步运用于变革中国社会中。

唯物史观作为一种与中国传统文化异质的西方文化，在五四运

---

① 《列宁选集》第2卷，人民出版社1995年版，第281页。

② 《列宁选集》第2卷，人民出版社1995年版，第279页。

③ 参见陶德麟、何萍：《马克思主义中国化：历史与反思》，北京师范大学出版社2007年版，第19页；张静如、齐卫平：《唯物史观在中国传播一百年与"三个代表"》，载《学习时报》，2003年8月11日。张静如、齐卫平在文中也认为"马克思主义在中国的传播首先从唯物史观开始"。

动前后，它是通过哪些渠道、以何种方式传入中国的？这些渠道为中国先进知识分子提供了哪些可供选择的思想资源？中国先进知识分子都接受了唯物史观中的哪些内容？从中国马克思主义早期传播史、思想史的角度对此加以系统深入的阐述和剖析，有助于我们把握唯物史观在中国传播之源。

一、多元的传播渠道

关于五四运动前后唯物史观传入中国的渠道，当前国内外学术界一般认为有日本、西欧（法国）、苏俄三条渠道，也有学者认为有四条渠道，即日本、西欧（法国）、苏俄和海外华侨。[①] 笔者以为四渠道说更准确、全面。

（一）通过日本译介到中国

马克思主义唯物史观从20世纪前十年始就伴随着马克思主义在中国的零散介绍，通过日本译介到中国。直到20年代中期，日本都一直是唯物史观传入中国的一条最有影响的渠道。

最早提及唯物史观内容的是1903年上海广智书局翻译出版的日本学者福井准造的《近世社会主义》，作者对马克思的学说予以肯定性评价，指出马克思的学说以"深远之学理，精密而研究之，以讲究经济上之原则，而认信真理与正理，故于多数之劳民，容易实行其社会主义"[②]。1903年，中国达识译社翻译的日本学者幸德秋水的《社会主义神髓》，最早用中文译述了唯物史观关于社会经济基础的

---

① 参见佚名：《我党了解马克思主义的渠道和历史》，载《北京日报》，2007年6月25日。

② 钟家栋、王世根主编：《20世纪：马克思主义在中国》，上海人民出版社1998年版，第22—23页。

决定作用原理,"有史以来,不问何处何时,一切社会之所以组织者,必以经济的生产及交换之方法为根底。即如其时代之政治及历史,要亦不能外此而得解释"①。1903年2月16日《译书汇编》刊载了资产阶级革命派代表人物马君武的《社会主义与进化论比较》,指出:"马克司者,以唯物论解历史学之人也,马氏尝谓阶级竞争为历史之钥。"② 文章还附有《哲学的贫困》《英国工人阶级现状》《政治经济学批判》《共产党宣言》《资本论》等书目。③ 1906年10月朱执信在《民报》第2号发表《德意志社会革命家小传》,评述马克思的社会主义思想和阶级斗争理论,并从政治上指出了阶级斗争是阶级剥削和阶级压迫的根源的思想,指出:"马尔克之意,以为阶级争斗,自历史来,其胜若败必有所基。故其宣言曰:'……所谓史者,何一非阶级争斗之陈迹乎?取者与被取者相戕,而治者与被治者交争也'。"认为凡共产主义运动其手段是阶级争斗,而其目的则是去社会上一切不平等,谋社会全体之幸福。④ 1908年,一些无政府主义者翻译了英国学者海德门的《社会主义经济论》一书,译者在按语中说:"自马尔克斯以为古今各社会均援产业制度而迁,凡一切历史之事实,均因经营组织而殊,惟阶级斗争则古今一轨。自此论发明,然后言社会主义者始得所根据。因格尔斯以马氏发现此

---

① 钟家栋、王世根主编:《20世纪:马克思主义在中国》,上海人民出版社1998年版,第26页。

② 林代昭、潘国华编:《马克思主义在中国——从影响的传入到传播》上,清华大学出版社1983年版,第6页。

③ 参见林代昭,潘国华编:《马克思主义在中国——从影响的传入到传播》上,清华大学出版社1983年版,第6页。

④ 参见林代昭、潘国华编:《马克思主义在中国——从影响的传入到传播》上,清华大学出版社1983年版,第127—128页。

等历史，与达尔文发见生物学，其功不殊，诚不诬也。"① 刘师培等无政府主义者创办的《天义报》②，曾在1908年1月第15卷载署名"民鸣"翻译的恩格斯的《〈共产党宣言〉1888年英文版序言》日版全文，较为完整地阐述了唯物史观基本原理。《天义报》的第16卷至第19卷四册合刊还发表了《共产党宣言》第1章"资产者和无产者"，并曾摘译刊登恩格斯《家庭、私有制和国家的起源》一书的个别段落，以及其他社会主义者的论著。刘师培在为刊载《共产党宣言》所写的序言中，除谈到唯物史观的阶级斗争等观点外，还在中国首先指出了唯物史观对史学研究所具有的巨大理论价值。"欲明欧洲资本制之发达，不可不研究斯编；复以古今社会变更均由阶级之相竞，则对于史学发明之功甚巨，讨论史编，亦不得不奉为圭臬。"③

从20世纪前十年中国人译介马克思主义唯物史观的情况看，译介者们已经初步认识到：唯物史观是从经济因素出发揭示社会历史变迁的历史观；阶级争斗是认识社会历史的钥匙；共产主义运动的手段是阶级斗争，目的是消除社会上一切不平等，谋求社会全体之幸福；唯物史观对于史学研究有重要理论价值；等等。应该说，分属于不同政治派别（资产阶级改良派、资产阶级革命派、无政府主义者等）的译介者们基本抓住了唯物史观的要点，尽管这些介绍尚比较零散，认识也比较肤浅、简单，甚至有不少曲解、误读。由于当时中国尚处于资产阶级民主革命阶段，社会发展的历史进程还不足以展示唯物史观对中国的现实指导价值，加之受译介者阶级立场、

---

① 高军等编：《五四运动前马克思主义在中国的介绍与传播》，湖南人民出版社1986年版，第294页。

② 《天义报》由刘师培等无政府主义者于1907年6月在日本创办。

③ 林代昭、潘国华：《马克思主义在中国——从影响的传入到传播》上，清华大学出版社1983年版，第264—265页。

政治动机等因素的影响,决定了他们还不可能从世界观方法论的高度介绍唯物史观思想,唯物史观并没有在中国真正传播开来。但这为以后唯物史观在中国的广泛传播创造了条件。

唯物史观在中国的广泛传播始于十月革命尤其是五四运动后。从20世纪头十年到二十年代中期,日本一直是唯物史观传入中国的一条最有影响的渠道。与唯物史观相关的马克思主义原著,如《共产党宣言》《雇佣劳动与资本》《哥达纲领批判》《国家与革命》的全文译本及《政治经济学批判》《资本论》《家庭、私有制和国家的起源》等重要著作的节译本,被大量从日本译介并刊发在当时的各大进步报纸杂志上。另外,外国早期马克思主义者介绍和研究唯物史观的作品,如郭泰的《唯物史观解说》、河上肇的《唯物史观研究》、考茨基的《伦理与唯物史观》等,也通过日本不断被译介到中国来,其中尤以河上肇宣传唯物史观的著作影响最大。① 德国汉学家李博教授在其著的《汉语中的马克思主义术语的起源与作用》一书中指出:"大约直到1919年,即'五四'运动那一年,中国人对欧洲各社会主义流派的了解,包括对马克思、恩格斯创立的社会主义学说的了解几乎全部来自日语,或是欧洲语言原著的日文翻译,或是日语的社会主义著作。"② 郭沫若的回忆也充分证明了这点,"中国民众是从通过日语书籍介绍马克思和恩格斯的中国记者那里听说了马克思和恩格斯。这些书被译成了汉语,于是人们知道了马克思和恩格斯的存在。如果查阅一下文献资料,同样可以得出这一饶有兴趣的结论,即最先介绍马克思主义的是日本知识分子。我本人

---

① 参见杨鹏、马婷婷:《试述马克思主义唯物史观与史学术语在中国的早期传播》,载《海军工程大学学报(综合版)》,2009年第4期。

② [德]李博:《汉语中的马克思主义术语的起源与作用》,赵倩、王草、葛平竹译,中国社会科学出版社2003年版,第79页。转引自安启念主编:《马克思主义哲学中国化研究》,中国人民大学出版社2006年版,第93页。

是在读 Kawakami Hajime（即河上肇——引者著）的书时了解了一点关于马克思的东西。"① 20世纪初马克思主义在日本流行，唯物史观的介绍是其中的一个重要内容。日本早期马克思主义者河上肇于1905年翻译了美国学者塞里格曼的《历史的经济的说明》一书，据河上肇自述："这本书也许是日本出版的第一部谈马克思主义的唯物史观的书。"② 1919年是马克思主义在日本传播划时代的一年，河上肇于1919年1月创办的《社会问题研究》杂志风靡日本，被誉为马克思主义在日本传播的"河上时代"。河上肇写的大量有关唯物史观的书籍和文章，如《唯物史观的基础》《唯物史观研究》等，对当时在日本的中国留学生，如杨匏安、李大钊、李达、李汉俊、陈望道等产生了很大影响。日本成为中国宣传和介绍唯物史观的主要文献来源，五四时期刊登在《新青年》《晨报》等刊物上的有关宣传唯物史观的文章大都来自日文译文或日本马克思主义者的研究著作。日本学者实藤惠秀在其著作中曾指出："唯物史观"一词就是直接从日语汉字翻译到中国的。③ 日本学者在翻译马克思主义著作时使用的诸如"唯物史观""生产力""生产关系"之类的概念，为他们直接移植引用，并约定俗成，成为中国马克思主义者始终通用的概念。不仅如此，日本马克思主义者对唯物史观的某些理解和观点，如主张"根本解决"、主张"经济定命论"或"经济史观"等，也对当时留日知识分子产生了深刻影响，使之对唯物史观的解读带有浓厚

---

① [德] 李博：《汉语中的马克思主义术语的起源与作用》，赵倩、王草、葛平竹译，中国社会科学出版社2003年版，第79—80页。转引自安启念主编《马克思主义哲学中国化研究》，中国人民大学出版社2006年版，第93页。

② 齐卫平：《唯物史观在中国的早期传播》，载《探索与争鸣》，1987年第6期。

③ 参见 [日] 实藤惠秀：《中国人留学日本史》，谭汝谦、林启彦译，生活·读书·新知三联书店1983年版，第331页。

的日式烙印。

最早介绍唯物史观并且起到启蒙作用的译作之一，是在1919年5月5日至8日《晨报》副刊《觉悟》上连载，由"渊泉"（陈博贤）翻译的河上肇的《马克思的唯物史观》。该译文以《共产党宣言》和《〈政治经济学批判〉序言》的基本思想为根据，大量引用马克思和恩格斯的原话，第一次比较全面地介绍了马克思的唯物史观的主要内容。译文说明了唯物史观在马克思学说中的地位及其本身的特征，认为，俄国革命"发源于马克思的社会主义"，而后者在学问上"有两大根底"，其一是历史观，其一是经济论。唯物史观的特征是"观察社会的变迁，以物质的条件，再适切说起来，以经济的事情为中心"，因为它说明社会历史变迁注重社会物质条件的变化，所以称为唯物史观；也因为它说明社会历史的变迁注重社会经济条件的变化，亦可称为经济史观。社会的变迁又是社会组织的变迁，因此，"马克思的历史观，可以称为社会组织进化论"。译文阐述了社会组织的变迁及其根本原因，作者明确指出："社会组织变动的原因，在社会生产力的变动"，"决不是个人的思想感情意见"，因此，"要对于人人作道德的说教以救济社会组织的缺点，必定是无效的"①。译文还阐述了社会组织与生产力的关系，说明了社会革命是一个自然历史过程；阐述了生产力与生产关系、经济基础与上层建筑、社会存在与社会意识的关系等唯物史观的基本问题，说明了社会改造的途径，认为社会改革的"最快的路径和最好的方法"，就"是要组织一个没有做坏事必要的社会出来"②。随后，中国先进分子又译介了《社会主义之进化》、《马克思社会主义之理论体系》、

---

① 《社会主义思想在中国的传播（资料选辑之一）》上，中共中央党校科研办公室（内部发行）1985年版，第39页。

② 《社会主义思想在中国的传播（资料选辑之一）》上，中共中央党校科研办公室（内部发行）1985年版，第39页。

《河上肇博士关于马克思之唯物史观的考察》、《见于"资本论"的唯物史观》、《社会主义之进化谈》、《见于〈共产党宣言〉中底唯物史观》、《马克斯主义和劳动全收权》、《俄罗斯革命和唯物史观》、《马克思的理想及其实现的过程》、《唯物史观研究》第三章、《世界经济思想史论》、《社会组织与社会革命》、《资本主义经济学之史的大发展》以及《资本论入门》等河上肇的著述,为唯物史观在中国的传播起到了推动作用。①

李大钊、杨匏安、陈独秀、李达等先进分子,借助日语版的唯物史观相关原著及国外其他学者阐释唯物史观的相关著述,直接借用他们阐释唯物史观基本内容时使用的范畴,如"唯物史观""生产方式""生产力""生产关系""经济基础""上层建筑""阶级""阶级斗争""帝国主义""封建制度""实践"等,撰文立著,对唯物史观内容加以转述性介绍和阐释。李大钊在1919年5月、11月《新青年》第6卷第5、6号上发表的《我的马克思主义观》,第一次比较系统地论述了马克思主义唯物史观、政治经济学和科学社会主义理论,特别强调了唯物史观和阶级斗争学说。李大钊指出:马氏社会主义的理论可以分为社会组织进化论、资本主义的经济论和社会主义运动论三部,这三部理论"都有不可分的关系,而阶级竞争说恰如一条金线,把这三大原理从根本上联络起来",强调唯物史观在这三部分中的基础地位。② 据考证,李大钊《我的马克思主义观》一文中关于唯物史观的介绍,基本上是转述河上肇《社会问题研究》

---

① 参见杨鹏、马婷婷:《试述马克思主义唯物史观与史学术语在中国的早期传播》,载《海军工程大学学报(综合版)》,2009年第4期。

② 参见《李大钊文集》下,人民出版社1984年版,第50页。

第一册至第三册连载的《马克思社会主义之理论体系》一文的有关内容。① 李达留日期间师从河上肇，专攻马克思主义理论，阅读了日文本《共产党宣言》、《资本论》第1卷、《〈政治经济学批判〉序言》等著作，以及大量介绍和阐释马克思主义的日文书刊。五四运动爆发后，李达开始积极向国内报刊撰文介绍社会主义思想，在上海《民国日报》副刊《觉悟》上连续发表《什么叫社会主义》、《社会主义的目的》两文，阐述了社会主义基本原理。1918年秋至1920年夏，李达翻译了包含马克思主义三个组成部分内容的三本日文著作，即郭泰的《唯物史观解说》、考茨基的《马克思经济学说》、高畠素之的《社会问题总览》，这些书均由上海中华书局于1921年5月出版。李达后来回忆说："当时马克思、恩格斯的著作很少翻译过来，我们只是从日文上看到一些。中国接受马克思主义得自日本的帮助很大，这是因为中国没有人翻译，资产阶级学者根本不翻译，而我们的人又都翻不了。"② 其中《唯物史观解说》是李达以日文和德文对照翻译出来的。在当时我国有关马克思学说论著极少的情况下，这些译著对唯物史观的传播起到了积极的启蒙作用。另外，《晨报》1919年5月9日至6月1日刊载的由食力翻译的《劳动与资本》（即《雇佣劳动与资本》），陈望道的第一部中文全译本《共产党宣

---

① 参见《社会主义思想在中国的传播（资料选辑之一）》上，中共中央党校科研办公室（内部发行）1985年版，第40页；另李坚、章军在《日本还是俄国——论马克思主义传入中国的主渠道》（载《沈阳师范学院学报（社会科学版）》，1996年第2期）一文中，也指出："李大钊著名的《我的马克思主义观》一文，就大量利用了河上肇的《马克思、社会主义之理论的体系》一文的研究成果，可以说李大钊该文是在河上肇论文的基础上经过编译而成的。"

② 钟家栋、王世根：《20世纪：马克思主义在中国》，上海人民出版社1998年版，第64—65页。

言》也是以日文译本为底本的。①

(二) 通过西欧译介到中国

西欧作为近代资产阶级民主革命的发祥地和马克思主义的诞生地，也是唯物史观传入中国的一条重要渠道。在20世纪二十年代前后，中国学生赴法勤工俭学达到高潮，其中涌现出一批有觉悟有思想的中国知识分子，如周恩来、赵世炎、蔡和森等，他们对唯物史观的传播做了大量的工作。他们不仅直接研读并翻译马列主义经典著作和宣传十月革命的小册子，深入研究马克思主义政治理论学说，探究社会政治经济问题，还在实践中先后组织起留法勤工俭学学生会、公学世界社、劳动学会等进步组织，以华工参与创办的《华工杂志》《旅欧周刊》《华工旬刊》等为载体宣传介绍马克思主义唯物史观，使唯物史观关于阶级斗争、社会革命和无产阶级专政的理论逐步得到中国先进知识分子的认同。蔡和森在1919年年底赴法后，即以"猛看猛译"的勤奋刻苦精神搜集、研读与翻译法文版的马克思主义文献，并以书信形式与国内新民学会会员毛泽东等交流学习心得及对中国革命的看法。他在1920年5月28日写给毛泽东的信中说："我在法大约顿五年，开首一年不活动，专把法文弄清，把各国社会党、各国工团以及国际共产党，尽先弄个明白。"② 据李维汉回忆，他当时读到的蔡和森的译著有《共产党宣言》《社会主义从空想到科学》《国家与革命》《无产阶级革命与叛徒考茨基》《共产主义运动中的"左派"幼稚病》。③ 1920年8月13日，蔡和森在写给

---

① 参见李坚、章军：《日本还是俄国——论马克思主义传入中国的主渠道》，载《沈阳师范学院学报（社会科学版）》，1996年第2期。
② 《蔡和森文集》上，湖南人民出版社1979年版，第19页。
③ 参见陶德麟、何萍：《马克思主义哲学中国化：历史与反思》，北京师范大学出版社2007年版，第252页。

毛泽东的信中第一次系统地阐发了对社会主义革命的看法：社会主义是改造世界与中国之方，世界革命唯一制胜的方法就是阶级战争、无产阶级专政。蔡和森在分析世界革命四种形势和无产阶级革命运动取得胜利必需的四种利器的基础上，指出"我近对各种主义综合审谛，觉社会主义真为改造现世界对症之方。中国也不能外此。社会主义必要之方法：阶级战争——无产阶级专政"。在无产阶级革命运动取得胜利必需的四种利器中，蔡和森认为"先要组织党——共产党。因为他是革命运动的发动者、宣传者、先锋队、作战部，以中国现在的情形看来，须先组织他，然后工团、合作社，才能发生有力的组织。革命运动、劳动运动，才有神经中枢。但是宜急宜缓呢？我以为现在就要准备"①。蔡和森在1920年9月16日写给毛泽东的信中，根据国际共产主义运动的大势，尤其是结合布尔什维克党的建党经验，谈了自己关于共产党建设的看法，其中之一是共产党的哲学基础问题，他明确指出共产党必须以唯物史观为哲学基础。"我以为现在世界显然为两个敌对的阶级世界，学说亦显然划了鸿沟。自柏拉图统御以来的哲学思想（人生哲学、社会哲学），显然为有产阶级的思想。其特点重理想轻生活，重精神轻物质，马克斯的唯物史观，显然为无产阶级的思想。以唯物史观为人生哲学、社会哲学的出发点，结果适与有产阶级的唯理派（ld'eologic）相反，故我们今日研究学问，宜先把唯理观与唯物观分个清楚，才不至堕入迷阵……唯理观弊病到了化境（助长有产阶级），唯物观才由马克斯寻找出来。这真是思想史上一桩大喜事！""俄社会革命出发点＝唯物史观。方法＝阶级战争＋阶级专政。目的＝创造共产主义的社会；无阶级无反动社会组织完成、世界组织完成（列宁及共产党屡次如此宣传）时，取消国家。"② 1921年1月21日，毛泽东在《给蔡和

---

① 《蔡和森文集》上，湖南人民出版社1979年版，第22—24页。
② 《蔡和森文集》上，湖南人民出版社1979年版，第27—28页。

森的信》中谈到"唯物史观是吾党哲学的根据,这是事实,不像唯理观之不能证实而容易被人摇动","况乎尚有非得政权则不能发动革命,不能保护革命,不能完成革命,在手段上又有十分必要的理由呢。你这一封信见地极当,我没有一个字不赞成"①。与此同时,西欧学者研究和宣传马克思主义的著作,如英美学者塞克的《俄国革命史》、俄国学者柯祖基的《马氏资本释义》、考茨基的《马克思资本论解说》等,也大量流入中国并对中国知识界产生了重要影响。

（三）通过俄国译介到中国

十月革命后,俄国逐步成为继日本、西欧之后马克思主义传入中国的最重要的渠道,对中国社会变革模式起到了范式作用,正如毛泽东在《论人民民主专政》中所说"十月革命一声炮响,给中国送来了马克思列宁主义"②。李大钊在《我的马克思主义观》中指出:"但自俄国革命以来,'马克思主义'几有风靡世界的势子,德、奥、匈诸国的社会革命相继而起,也都是奉'马克思主义'为正宗。"将马克思主义看作"为世界改造原动的学说"③。毛泽东在《在新民学会长沙会员大会上的发言》一文中指出:"现在国中对于社会问题的解决,显然有两派主张:一派主张改造,一派主张改良……改良是补缀办法,应主张大规模改造……至于方法,启民主用俄式,我极赞成。因俄式系诸路皆走不通了新发明的一条路,只此方法较之别的改造方法所含可能的性质为多。""激烈方法的共产主义,即所谓劳农主义,用阶级专政的方法,是可以预计效果的,

---

① 《毛泽东文集》第1卷,中共中央文献研究室编,人民出版社1993年版,第4页。
② 《毛泽东选集》第4卷,人民出版社1991年版,第1471页。
③ 《李大钊全集》第3卷,人民出版社2006年版,第15—16页。

故最宜采用。"① 陈独秀在《社会主义批评——在广州公立法政学校演词》一文指出:"马格斯主义在德国变为国家社会主义……也叫作社会民主主义,因为他主张利用有产阶级底议会来行社会主义,所以也叫作议会派,内中无论是柯祖基底正统派或是柏伦斯泰因底修正派,都不过是大同小异罢了。在俄国才还了马格斯底本来面目叫作共产主义","……我们中国人对于这两种社会主义,究竟应该采用那一种呢?……因此阶级战争的观念确是中国人应该发达的了;再睁开眼睛看看我们有产阶级的政治家政客底腐败而且无能和代议制度底信用,民主政治及议会政策在中国比在欧美更格外破产了;所以中国若是采用德国社会民主党的国家社会主义,不过多多加给腐败贪污的官僚政客以作恶的机会罢了"②。由上可知,陈独秀、毛泽东等人所接受的唯物史观,尤其是阶级斗争学说,直接与列宁领导的十月革命以及他坚决反对第二国际的议会道路相联系,这不但决定了他们对中国现实斗争道路的选择,而且也决定了他们所接受和理解的唯物史观,总是和激烈的阶级斗争紧密联系在一起。

(四) 通过海外华侨传入中国

海外华侨尤其是旅俄华侨在马克思主义传播过程中功不可没。旅俄华工作为十月革命的目击者、支持者或参加者,他们在俄国革命实践中最先接触到列宁主义理论和实践。十月革命胜利后,俄国华工十分关心祖国命运,其先进组织"旅俄华工联合会"明确主张中国应该"走俄国革命的路"。他们先后创办《华工》《旅俄华工大同报》,直接或间接地向国内宣传十月革命。《华工》的编辑张玉川

---

① 《毛泽东文集》第1卷,中共中央文献研究室编,人民出版社1993年版,第1—2页。

② 《陈独秀文章选编》中,生活·读书·新知三联书店1984年版,第95、98页。

被北洋政府当局称为在"中国鼓吹广义派主义（即指布尔什维克主义——引者注）之首领"。俄国阿穆尔地区的华人党组织到处演说，"专以传布共产主义于中国为主旨，声势逐渐扩充，已有不可收拾之势"①。留法勤工俭学学生和华侨创办了《华工杂志》《旅欧周刊》《华工旬刊》等刊物，向国内传播马克思主义。1920 年 6 月 15 日，开滦煤矿代总矿师戴莫报告称："我们也可以说从法国、俄国回来大批苦工，带来很激进思想，极近乎布尔什维主义，把这种思想大大散布在矿上的一些坏人中。""旅俄华工联合会"还积极设法同孙中山及其领导的南方革命政府取得联系，向他宣传并通过他扩大十月革命在中国的影响。② 同盟会在日本的机关报《民报》曾经刊登同盟会骨干、美国归侨廖仲恺翻译（笔名渊实）的《社会主义史大纲》《无政府主义与社会主义》两篇文章，比较系统地介绍了马克思主义，其中指出："麦喀士、英盖尔（即马克思和恩格斯——引者注）等，导其先路，遂成一八四八年之《共产党宣言》。"③

二、复杂的传播主体

五四运动前后，在中国传播唯物史观的主体非常复杂，既有组织或团体，也有众多分散的个人，他们大都既具有丰厚的国学根基又有留学背景。既有国民党的理论家朱执信、顾孟余、戴季陶、胡汉民等；也有资产阶级改良派知识分子，如刘秉麟等；既有早期共

---

① 任贵祥：《海外华侨华人与中国改革开放》，中共党史出版社 2009 年版，第 24 页。

② 参见佚名：《我党了解马克思主义的渠道和历史》，载《北京日报》，2007 年 6 月 25 日。

③ 任贵祥：《海外华侨华人与中国改革开放》，中共党史出版社 2009 年版，第 24 页。

产主义知识分子,如李大钊、陈独秀、李达、毛泽东、蔡和森、周恩来、李汉俊、施存统、恽代英、瞿秋白等,也有民主党派和无党派人士。尽管他们的政治立场、理论素养、接受唯物史观的渠道、传播唯物史观的动机等各有不同,但都在试图理解唯物史观,有的还达到了相当的水准。① 对唯物史观的传播做出了积极贡献。

曾经留日的进步知识分子是五四运动前后传播唯物史观的主要主体,如李大钊、陈独秀、李达、李汉俊、杨匏安、陈望道、周恩来等早期共产主义者,国民党理论家胡汉民、戴季陶等。他们在留学或旅居日本时,受日本社会主义思潮、日本著名马克思主义学者河上肇、山川均等的影响,借助翻译出版、创办报刊发表文章、成立团体等,利用日文材料在国内宣传唯物史观。

具有初步共产主义思想的早期知识分子选择传播马克思主义的目的非常清楚,那就是用马克思主义拯救中国。李大钊指出,"马克思的学说真是拯救中国的导星","应该细细的研考马克思的唯物史观,怎样应用于中国今日的政治经济情形"②。陈独秀也指出,要"把马克思学说当作社会革命的原动力"③。同时,他们亦赞赏唯物史观的学理价值。

国民党理论家胡汉民、戴季陶、林云陔等对唯物史观在中国的传播发挥了积极的作用。瞿秋白曾说:"戴季陶先生,胡汉民先生及朱执信先生,都是中国第一批的马克思主义者。"④ 其中,胡汉民代

---

① 参见郭湛、安启念主编:《马克思主义哲学中国化教程》,人民出版社2008年版,第40页。

② 《李大钊全集》第4卷,人民出版社2006年版,第398、397页。

③ 《陈独秀著作选》第2卷,上海人民出版社1993年版,第365页。

④ 瞿秋白:《瞿秋白论文集自序》,参见《瞿秋白选集》,人民出版社1985年版,第310页。

表"五四时期中国人研究马克思主义的最高水平"①。胡汉民专门研究了马克思主义的唯物史观,自觉运用唯物史观,联系世界经济发展趋势,分析中国历史与现状,先后在《建设》杂志上发表了《中国哲学史之唯物的研究》(第1卷第3、4号,1919年10月、11月)、《唯物史观批评之批评》(第1卷第5号,1919年12月)、《阶级和道德学说》(第1卷第6号,1920年1月)、《从经济的基础观察家族制度》(第2卷第4号,1920年9月)、《考茨基底伦理观与罗利亚底伦理观》(第2卷第6号,1920年11月)等有价值的文章,高度评价唯物史观的社会价值与学术价值,运用唯物史观来研究和观察中国社会的历史与现状,还曾就古代井田制问题与胡适展开辩论。德国学者罗梅君曾指出:"胡汉民对井田制的研究是从唯物主义立场出发解释中国历史现象的首次尝试。"② 胡汉民认为,马克思的唯物史观"就是以经济为中心的历史观"③,在其主要内容上,"包含社会组织进化论,和精神生活之物质的说明两大部分。而阶级斗争说又是当中的一个重要关键"④。他还高度评价了唯物史观的学术与社会价值,认为人类思想发展史上,只有"到马克思才努力发明人类历史的进步的原因。以为人类因社会生产力而定社会的经济关系。以经济关系为基础,而定法律上政治上的关系,更左右其社会个人的思想感情意见,其间社会一切形式的变化都属于经济行程自然的变化,以此立经济一元论的历史观,所以创设这个学说的名誉

---

① 唐宝林:《马克思主义在中国100年》,人民出版社1998年版,第95页。

② [德]罗梅君:《政治与科学之间的历史编纂——30和40年代中国马克思主义历史学的形成》,孙立新译,朱茂铎校,山东教育出版社1997年版,第57页。

③ 《建设》第1卷第5号,人民出版社1980年影印,第945页。

④ 《建设》第2卷第6号,人民出版社1980年影印,第1109页。

究竟归于马克思和他友人恩格斯",称唯物史观"这个学说出,而社会学、经济学、历史学、社会主义同时有绝大的改革,差不多划了一个新纪元,许多人拿来比达尔文的进化论,确是有同等的价值"①。由此可见,胡汉民把马克思的唯物史观理论作为其传播的重点。然而,因为政治立场的缘故,胡汉民只在众多的唯物史观内容中选择和接受了对资产阶级革命无害的"单纯经济的理论",而对唯物史观中除阶级斗争以外的"政治理论"部分,特别是对无产阶级肩负着推翻旧世界(消灭资本主义制度)、建立新世界(建立社会主义和最终实现共产主义)的历史使命,对无产阶级革命与无产阶级专政的相关论述,他知道却只字不提。戴季陶也注意运用唯物史观从经济角度分析中国的社会现状,先后在《建设》杂志上发表《从经济上观察中国的乱原》(第1卷第1号)、《革命!何故?为何?》(第1卷第3号)、《到湖州后的感想》(第2卷第6号)等文章。在《到湖州后的感想》一文中,戴季陶指出:"'并不是以精神决定社会生活,是以社会生活决定精神'。这一个综括的概念,是经济的历史观——就是唯物史观,所教训我们的。我们如果相信这一个观察是正确的,我们就不能不注意到湖州的社会生活,尤其不能不注意到为社会生活基础的生产关系"②。林云陔则对马克思主义阶级斗争理论等进行了研究,在《建设》上先后发表《近代社会主义之思潮》(第2卷第3号)、《近代社会主义进行之动机》(第2卷第4号)、《劳力与资本的关系》(第2卷第5号)、《阶级斗争之研究》(第2卷第6号)等文章。

曾被我们的学术史叙事看作马克思主义在学术界的敌人的一些人,也曾对"唯物史观"的学理价值表示过激赏。如胡适,他虽然

---

① 胡汉民:《唯物史观批评之批评》,载《建设》,1919年1月5日。
② 戴季陶:《到湖州后的感想》,转引自蔡尚思:《中国现代思想史资料简编》第1卷,浙江人民出版社1982年版,第607页。

说过被"马克思列宁牵着鼻子走算不得好汉"之类的话,但是,他对"唯物史观"对治学的意义的认识却十分到位,"马克斯主义的两个重要部分:一是唯物的历史观,一是阶级竞争说……唯物的历史观,指出物质文明与经济组织在人类进化社会史上的重要,在史学上开一个新纪元,替社会学开无数门径,替政治学说开许多生路:这都是这种学说所涵意义的表现,不单是这学说本身在社会主义运动史上的关系……但是这种历史观的附带影响——真意义——是不可埋没的"①。

三、多样的传播方式

唯物史观从各条不同渠道传入中国后,具有不同政治立场的先进分子大都对唯物史观理论持激赏态度,借助各种传播媒介,采取摘译、转译、节译等不同方式广泛介绍、宣传。

(一)以报刊为思想阵地宣传介绍唯物史观

报刊尤其是进步理论期刊作为宣传新思想、新思潮的重要阵地,对宣传唯物史观发挥了重要促进作用。五四前后,李大钊、陈独秀、胡汉民等具有不同政治立场的知识分子,以期刊为阵地,发表一系列理论文章译介唯物史观。

李大钊、陈独秀等具有初步共产主义思想的知识分子,以《新青年》等刊物为主要阵地,宣传介绍唯物史观。《新青年》是当时宣传马克思主义的主要阵地。1919年5月,李大钊将《新青年》6卷5号编成《马克思主义研究》专号,刊登了有关马克思及其学说的论文共七篇,涉及唯物史观的有资产阶级革命者顾孟余的《马克

---

① 胡适:《四论问题与主义》,见《胡适文存》卷2,上海亚东出版社1924年版,第529页。

思学说》、资产阶级改良主义者陈博贤所译河上肇的《马克思的唯物史观》以及李大钊写的《我的马克思主义观》。在《我的马克思主义观》一文中，李大钊摘译了《哲学的贫困》《〈政治经济学批判〉序言》《共产党宣言》中有关唯物史观的重要论述，其中《哲学的贫困》和《〈政治经济学批判〉序言》中的译文是第一次见诸中国人撰写的文章中。从1920年9月第8卷第1号起，《新青年》改组成为中国共产党上海发起组的机关刊物，成为当时宣传马克思主义唯物史观的最重要的刊物。据资料统计，从1919年5月至1921年7月中国共产党成立前，《新青年》先后发表了关于马克思主义和社会主义革命问题的论文、关于研究苏联和中国工人运动的论文及通讯等共137篇。① 陈独秀、李大钊于1918年12月22日在北京创办的《每周评论》，以"主张公理，反对强权"为宗旨，着重反映时政。1919年4月6日第16期上，《每周评论》摘译刊登了《共产党宣言》第二章"无产者和共产党人"的几段译文，标题为《共产党的宣言》，译者署名舍。同时，这一期还全文译出无产阶级改造社会的十项纲领。编者在译文前加了如下按语："这个宣言是马克思和恩格斯最先进最重大的意见"，"其要旨在主张阶级斗争，要求各地劳工的联合，是表示新时代的文书"。另外，该期还刊登了倍倍尔所著的《傅立叶》一书中关于说明"近代社会主义与乌托邦社会主义的区别"的一部分。陈独秀在第18期上发表了《二十世纪俄罗斯的革命》一文，肯定和赞扬它在人类社会变动和进化中的"关键"作用。《每周评论》从第1期到第25期，着重宣传反帝反封建，介绍十月社会主义革命思想，对促进五四运动爆发和唯物史观在中国的传播起了重要作用。另外，1920年李达在上海创办的《共产党》月刊，1919年7月1日由少年中国学会创办的《少年中国》，1919年7

---

① 参见黄楠森、庄福龄、林利：《马克思主义哲学在中国的传播和发展》，北京出版社1989年版，第31页。

月14日湖南学生联合会创办的《湘江评论》，1920年1月天津的觉悟社创办的《觉悟》；1919年4月浙江省教育会主持的《教育潮》等，都比较广泛地介绍了唯物史观理论，尤其是阶级斗争、暴力革命、无产阶级专政思想。1921年中国共产党成立后，中国共产党人主办了大量的进步理论刊物，充分发挥报刊的时效性特点，自觉宣传作为党的哲学基础的唯物史观，如中共中央于1923年6月15日主办的《新青年》季刊、1922年9月13日创办的《向导》、1923年7月1日创刊的《前锋》，中国社会主义青年团旅欧支部于1922年8月1日创刊的《少年》，中国社会主义青年团于1923年10月20日创刊的《中国青年》等。

  资产阶级改良派主办的报刊是最早、也是最积极地介绍社会主义和马克思学说的阵地，主要体现在对唯物史观的大量介绍上。冯自由1920年曾这样评论说：他们"近来似有一番大大的觉悟，他们所办的上海时事新报、北京晨报、北京国民公报都极力发挥社会主义。中国人近来鼓吹这种主义的报纸，以他们所办的为最多，著论及译述等文件也很不少"[①]。北京的《晨报》副刊是最早刊出"马克思研究"专栏的，1919年5月5日，为纪念马克思101周年诞辰，刊登了渊泉译，日本河上肇著《马克思的唯物史观》一文，文中摘译了《共产党宣言》第一章和《〈政治经济学批判〉序言》中有关唯物史观的论述，这是在中国介绍马克思主义唯物史观的第一篇文章。1919年5月9日起至6月1日，《马克思研究》专栏又连载了由食力从日文转译的《雇佣劳动与资本》的全译文，标题为《劳动与资本》，这是该著作最早的中译文。从6月3日至11月1日，该报又连续译载了柯祖基的《马氏资本论释义》，即考茨基的《马克思

[①] 冯自由：《社会主义与中国》。转引自《社会主义思想在中国的传播（资料选辑之一）》上，中共中央党校科研办公室（内部发行）1985年版，第41页。

的经济学说》。7月18日至24日，连载了日本《社会主义研究》杂志上发表的《马克思唯物史观概要》一文，对《〈政治经济学批判〉序言》中关于唯物史观的论述，作了逐段介绍。

国民党理论家胡汉民、戴季陶、林云陔、朱执信等人先后创办了《星期评论》、《民国日报》副刊、《觉悟》、《建设》等刊物，大量介绍宣传唯物史观和阶级斗争学说。其中，胡汉民主编的《建设》杂志尤为突出。1919年12月，《建设》1卷5号刊登了《唯物史观批评之批评》，1920年8月2卷6号刊载了苏中译，日本河上肇著的《见于资本论的唯物史观》。据资料统计，从1919年8月第1卷第1号出版，至1920年7月第2卷第6号刊出后停止，《建设》在仅存的一年多时间里，总共发表的各类文章110多篇，其中涉及社会主义与唯物史观的文章（包括译文）约20余篇（次），占该杂志全部篇（次）的15%—20%。中华革命党于1919年6月8日创办的《星期评论》的发行量和影响也很突出。浙江杭州第一师范共有四百多名学生，订《新青年》一百多份，订《星期评论》竟达四百多份，几乎人手一份。在武汉、长沙的一些学校、团体中，也是这种情况。周恩来等后来曾不止一次地提到过当年受《星期评论》等刊物影响的情况。①《共产党宣言》第一个全译本，就是戴季陶以《星期评论》社的名义特邀陈望道翻译出来的，翻译所依据的日译本也是戴提供的，只是因《星期评论》停刊，《共产党宣言》才转由他处出版。国民党理论家非常重视马克思的唯物史观和阶级斗争学说，其中《唯物史观批评之批评》《阶级斗争之研究》等文章，都是当时条件下比较出色的理论著述。

另外，1919年1月1日由北京学生救国会主办的《国民》杂志、1919年11月1日由北京进步青年学生创办的《曙光》等也曾进行过

---

① 参见《社会主义思想在中国的传播（资料选辑之一）》上，中共中央党校科研办公室（内部发行）1985年版，第45页。

唯物史观的宣传。1920年10月，《东方杂志》第17卷第19、20号，连载了恩格斯著、恽代英译的《英哲尔士论家庭的起源》（即《家庭、私有制和国家的起源》一书的部分内容）。1920年10月，英国人柯卡普著、李季译的《社会主义史》一书出版。1921年1月，考茨基著、恽代英译的《阶级斗争》一书出版。1921年5月，荷兰人郭泰著、李达译的《唯物史观解说》一书出版，其中重译了《〈政治经济学批判〉序言》中关于唯物史观的著名论述，译文更为完整。书中还翻译了恩格斯1888年1月为《共产党宣言》英文版写的序言中的两段，说明贯穿其中的核心思想是唯物史观的基本原理，这些原理主要是由马克思发现的，对于历史的贡献，如达尔文学说对于生物学的贡献那样重要。

（二）成立各种社团、研究会等团体传播唯物史观

除采用报刊图书宣传介绍唯物史观之外，中国先进分子尤其是具有初步共产主义思想的先进分子，还通过发起成立各种社团、研究会等，以群体方式宣传唯物史观。

李大钊、高一涵于1918年年底在北京大学组织成立"马尔克斯学说研究会"，是我国最早的马克思主义研究团体。1920年3月，在李大钊指导下，邓中夏、罗章龙、黄日葵、刘仁静、何孟雄等十九人发起成立北京大学"马克思学说研究会"，是当时北京研究、宣传马克思主义学说的中心。"马克思学说研究会"于1921年2月17日在《北京大学日刊》上公开登出启事："本会叫做马克斯学说研究会，以研究关于马克斯派的著述为目的。"研究会搜集、采购了各种文本的马克思主义文献，建立了中国第一个小型的收藏马克思主义著作的图书室"亢慕尼斋"（即英文"Communism"共产主义音译，"斋"即书舍之意）。据1922年2月6日《马克斯学说研究会通告》所载，那时研究会已有马克思主义英文书籍四十余种，中文书籍二十余种。其中，英文书籍有马克思、恩格斯的《共产党宣言》，马克

思的《哲学的贫闲》《雇佣劳动与资本》《路易·波拿巴的雾月十八日》《法兰西内战》，恩格斯的《社会主义从空想到科学的发展》《共产主义原理》《家庭、私有制和国家的起源》等著作。中文译本有陈望道译的《共产党宣言》、袁让译的《工钱劳动与资本》、李汉俊译的《资本论入门》、恽代英译的《阶级斗争》、李达译的《马克思经济学说》、李季译的《社会主义史》等著作。研究会还组织一些外文好的会员，将搜集到的外文版的马克思、恩格斯、列宁的著作译成中文，其中有《共产党宣言》的最早油印本。此外，研究会定期举行关于马克思学说的演讲会、讨论会以及专题研究会，邀请李大钊等到会演讲《唯物史观》《马克思的经济学说》，组织会员对唯物史观、阶级斗争、剩余价值、无产阶级专政及马克思的共产主义理论进行专题研究。

另外，毛泽东、蔡和森等于1918年4月在湖南发起和组织成立的"新民学会"，毛泽东、何叔衡等于1920年8月在长沙组织成立的"湖南俄罗斯研究会"，公开研究、宣传俄国十月革命和马克思列宁主义，并组织了一批进步青年赴俄国进行勤工俭学。1920年8月"新民学会"开设了"文化书社"，其宗旨是"用最迅速最简便的方法介绍中外各种新书报杂志，以充青年及全体湖南人新研究的材料"，"使各种有价值之新出版物广布全省，人人有阅读之机会"①。恽代英、林育南、李求实、肖楚女等人于1920年年初在武昌横街成立"利群书社"，以"利群助工，服务社会"为宗旨，"致力于介绍新文化的工作，推销了许多进步的书报杂志"，发行了《共产党宣言》等大量的革命书刊，恽代英还翻译了恩格斯的《家庭、私有制和国家的起源》等经典著作。"利群书社"表示拥护无产阶级专政，拥护无产阶级在革命中的领导权，拥护苏维埃，赞成组

---

① 中国革命博物馆、湖南省博物馆：《新民学会资料》，人民出版社1980年版，第251—252页。

织新式的党——布尔什维克式的党，并提议把要组织的团体叫作"波社"（波尔什维克）。这些团体活动对湖南地区的知识青年发生了广泛的影响，成为马克思主义唯物史观在这一地区传播的重要阵地。在全国其他地方，还有周恩来、邓颖超、郭隆真等于1919年9月16日在天津发起和组织成立的"觉悟社"，袁玉冰、方志敏、黄道等人于1921年1月1日在江西发起和组织成立的"改造社"，王右木等于1920年在成都组织成立的"马克思主义读书会"及在此基础上成立的中国社会主义青年团四川支部，王尽美等于1920年11月在济南成立的"励新学会"，等等。具有初步共产主义思想的知识分子在各地通过建立各种社团、研究会等对马克思主义学说进行宣传，扩大了马克思主义唯物史观在知识青年中的影响，为各地共产主义小组的成立及中国共产党的成立奠定了组织、思想基础。

（三）通过思想交锋传播唯物史观

唯物史观首先在中国得以广泛传播，思想领域的论战发挥了有力地推动作用。十月革命的促动，五四运动带来的思想解放，在中国引发了社会主义传播热潮，各种社会主义理论，如基尔特社会主义、国家社会主义、无政府主义、空想社会主义等蜂拥而入。对于"什么是社会主义"，人们是"隔着纱窗看晓雾"。如何依据马克思主义唯物史观阐释科学社会主义理论，划清真假社会主义的界限，成为早期马克思主义者面临的迫在眉睫的理论和实践任务，在问题与主义论战、社会主义论战、科玄论战中，早期马克思主义者，如李大钊、李达、陈独秀、瞿秋白等运用刚刚学到唯物史观理论，借助报刊等媒介，撰写文章积极参与论战，与胡适的实用主义、科学派、玄学派等进行思想交锋，通过论战，唯物史观的真理性、实践性得以彰显，扩大了唯物史观的影响。

四、唯物史观早期传播的内容和特点

纵观五四运动前后具有不同政治立场的中国先进分子传播唯物史观的历程，他们传播的主要内容包括以下几方面：

（一）译介马克思、恩格斯关于唯物史观的有关论述

"五四"前后唯物史观的传播者们利用从不同渠道获得的马克思主义文本资源，主要是节译了马克思、恩格斯的原著《神圣家族》、《哲学的贫困》、《共产党宣言》、《雇佣劳动与资本》（当时译为《赁银劳动与资本》）、《路易·波拿巴的雾月十八日》（当时译为《法兰西政变论文》）、《〈政治经济学批判〉序言》（当时译为《〈经济学批评〉序文》）、《资本论》第一卷附注、《资本论》第三卷以及恩格斯1889年致布洛赫、1894年致瓦博尔吉乌斯的关于历史唯物主义的通信，其中很多译文是首次译成中文，这些节译本为唯物史观在中国广泛传播提供了较完整的原始资料，也为中国人初步接受、理解唯物史观提供了最好的教材。直到1925年2月中国青年社出版"唯物史观"丛书，在援引原著方面仍未超出这个范围。①

（二）阐明唯物史观在马克思主义思想体系中的地位及学术价值

五四运动前后唯物史观的传播者们一致阐明了唯物史观在马克思主义思想体系中的地位。李大钊认为唯物史观是马克思主义思想体系的理论基础，"离了他的特有的史观，去考他的社会主义，简直

---

① 参见李其驹、王炯华：《唯物史观在中国的最初传播》，载《东岳论丛》，1983年第5期。

的是不可能"①。《晨报》1919年7月译载的日本《社会主义》杂志的文章《马氏唯物史观概要》，对马克思主义哲学唯物主义、辩证法和历史唯物主义的关系做了相当准确的说明："马克思学说的构成分子，就是当时世上所流行的辩证论思索法和唯物论的观察法"，这个学说的"新特征"就是这两个东西的"结合"，也就是"从黑智儿哲学之中，采了进化的思索法，和唯物论结合起来"，创立唯物史观说和辩证唯物论。认为唯物史观就是主张唯物论的人，把辩证论的思索法应用于"人类社会的历史研究"。这也就是马克思学说的"根据"。

唯物史观传播者们还明确指出了唯物史观产生的历史条件、在历史观上所完成的根本变革及其学术价值。胡汉民指出："唯物史观，实是平民的哲学，劳动阶级的哲学。"他引用考茨基的话表示，马克思、恩格斯若在18世纪决不会创立唯物史观，但是，即使在19世纪40年代，有了马克思恩格斯的天才，有了新科学的准备，如果马克思恩格斯"不是立在平民阶级的地位"上，恐怕也不能发现唯物史观。李大钊在实践中也认识到，唯物史观对于变革中国旧的思维方式，从根本上改造中国社会具有重要意义，高度评价了唯物史观对史学、社会学、文学研究的价值。

（三）介绍与宣传唯物史观基本原理，并初步运用这些原理观察中国社会历史与现实

五四运动前后，唯物史观的传播者们根据马克思恩格斯上述著作中关于唯物史观的论述，对唯物史观基本原理作了简明扼要的解说。一是分析批判了历史上封建的、资产阶级的史观，阐述了新的社会存在决定社会意识的历史的唯物的解释方法。二是阐述了生产力与生产关系、经济基础与上层建筑之间的辩证关系，强调经济因

---

① 《李大钊文集》下，人民出版社1984年版，第50页。

素是考察社会制度变迁的出发点,指出经济因素对于社会以及政治的、法律的等因素具有决定作用,生产力是社会发展的原动力。一致认同马克思主义的唯物史观是经济史观或经济一元论。三是大力宣传阶级斗争学说,尤其强调阶级斗争对社会变革的意义。要么认为阶级斗争是马克思主义的组成部分,不是唯物史观的组成部分,但却与唯物史观有密切的联系,如李大钊。要么认为"唯物史观说和阶级争斗说不但不矛盾,并且可以互相证明"①,如陈独秀。他认为《共产党宣言》"是马克思社会主义最重要的书,这书底精髓,正是根据唯物史观来说明阶级争斗的",其中要义有二,"一切过去社会底历史都是阶级争斗底历史";"阶级之成立和争斗崩坏都是经济发展之必然结果"②。国民党理论家胡汉民、林云陔、戴季陶、朱执信等也在介绍阶级斗争学说方面做出了贡献。他们较为准确地介绍了阶级的定义,并运用阶级斗争理论考察社会和历史,认为阶级斗争作为社会改造的手段,是客观存在的,阶级斗争的根源是资本家对劳动的剥削,要消灭阶级竞争,只要废除阶级。四是宣传了人民群众创造历史的观点,开始将目光转向社会下层民众,从他们身上探寻社会发展的推动力量。李大钊指出:"自马氏与昂格思合布《共产党宣言》,大声疾呼,檄告举世的劳工阶级,促他们联合起来,推到资本主义,大家才知道社会主义的实现,离开人民本身,是万万做不到的,这是马克思主义一个绝大的功绩","无论赞否马氏别的学说的人,对于此点,都该首肯。"③ 李达指出:"劳动者是万物的创造主。地面上所有的东西,没有不由劳动者创造出来的。土地、

---

① 《陈独秀文章选编》中,生活·读书·新知三联书店1984年版,第194页。

② 《陈独秀文章选编》中,生活·读书·新知三联书店1984年版,第195页。

③ 《李大钊文集》下,人民出版社1984年版,第64—65页。

资本、银行、军队、纸币，等等，都是劳动者造的。"① 五是驳斥了对唯物史观的各种非难。这主要是李大钊和胡汉民的贡献。

综上所述，"五四"前后，唯物史观在中国的传播具有以下特点：从源头上看，起点较低，主要是通过片段翻译或摘译第二手的马恩著作，或是翻译国外学者对马克思恩格斯原始文本的阐释性成果的方式，向国内宣传或介绍唯物史观。对马克思主义唯物史观原著接触不多，尚谈不上研究。从传播主体与传播对象的范围来看，传播主体主要是具有留学经历、融学术与政治于一身的进步知识分子，传播对象主要是进步青年学生。从传播内容上看，侧重于唯物史观一般原理的介绍，阶级斗争、社会革命是此期介绍的重点内容；唯物史观的科学价值及对社会改造的指导意义，在先进知识分子中得到了初步认同。从影响上看，在政治和学术两个层面对中国社会产生了广泛影响。但是，正如德里克所说，五四前后马克思主义对于中国政治的影响较其对于中国思想的影响更为显著，中国共产党的建立与成长改变了当时的政治表达语言，相对而言，马克思主义的理论尚处于酝酿之期。② 具有初步共产主义思想的知识分子，在马克思主义唯物史观理论的影响下，实现了由激进民主主义者向马克思主义者的转变，在思想领域高举马克思主义唯物史观的旗帜，以唯物史观的阶级斗争、社会革命、无产阶级专政、无产阶级建党学说、劳工神圣等理论为指导，明确主张以阶级斗争、社会革命作为社会改造的手段，以无产阶级专政作为社会改造的目标，对中国社会问题来一个"根本解决"，掀开了20世纪上半叶中国社会变革的新篇章。而唯物史观学术价值的初步彰显，则体现在对二十年代末至三四十年代中国学术的转向和发展起了启蒙作用。

---

① 《李达文集》第1卷，人民出版社1980年版，第44页。

② 参见［美］阿里夫·德里克：《革命与历史：中国马克思主义历史学的起源，1917—1937》，翁赫凯译，江苏人民出版社2005年版，第17页。

第二节 唯物史观的深入传播及研究运用阶段（1924—1935）

随着中国民主革命形势的发展，以及唯物史观传播的主要渠道和文本资源的变化，唯物史观在中国的传播无论是在广度还是在深度上都有了很大发展。美国学者德里克曾经指出：在1925年到1927年的革命高潮时期参加革命运动的大多数知识分子，包括那些后来的马克思主义史学家，当时对于共产主义的基础理论并没有一个坚实的掌握。以"新兴社会科学"名义出现的对马克思主义社会理论的大量译介反而在革命失败之后。① 中国史料记载的不同政治立场的学者对大革命后唯物史观在当时知识界、学术界的状况的客观描述，反映了唯物史观在当时思想文化领域的广泛而深入的影响。"马克思主义不仅仅作为一种理论，而且作为一种思想方法、行动指南渗透进当时的中国思想理论界，对知识、文化界发生十分重大、深刻的影响"，"1928年至1932年短短的时期中，除了普罗文学的口号外，便是唯物辩证法和唯物史观之介绍。这是新书业的黄金时代，在这时，一个教员或一个学生书架上如没有几本马克思的书总要被人瞧不起了。"② 从日本归来的后期创造社成员彭康曾声称：唯物史观已成了唯一的真正的历史哲学，要它才可以解释历史，改变社会，推进人生。中国先进分子尤其是中国共产党人，在自觉传播唯物史

---

① 参见［美］阿里夫·德里克：《革命与历史：中国马克思主义历史学的起源，1917—1937》，翁赫凯译，江苏人民出版社2005年版，第31页。

② 唐宝林：《马克思主义在中国100年》，人民出版社1998年版，第159页。

观理论的同时，自觉研究唯物史观理论并将其与中国革命实践相结合予以运用。

一、传播渠道以苏联为主

1927年以前，日本和西欧尤其是日本马克思主义者对唯物史观的理解，对中国先进分子产生了直接影响。与此同时，随着赴俄留学知识分子的相继归国，苏俄学者阐释马克思主义的文本开始在中国传播。1927年大革命之后，特别是20世纪30年代以后，马克思传入中国的渠道的主角地位逐渐为来自苏联的马克思主义所取代。苏联哲学（主要是教科书）对中国社会发展产生了持续而久远的影响。20世纪20年代末至30年代初，传入中国的苏联马克思主义研究著作包括：德波林的《唯物辩证法与自然科学》《辩证法唯物论入门》《伊里奇的辩证法》和《哲学与马克思主义》，布哈林的《历史唯物主义理论》《唯物史观与社会学》和《共产主义ABC》等。30年代初中期，影响大的著作主要是米丁的《新哲学大纲》《辩证唯物论与历史唯物论》《辩证法唯物论》《历史唯物论》《辩证法唯物论辞典》和《新兴哲学体系》（均为中译本），罗森塔尔的《新哲学教程》《辩证认识论》《革命辩证法的核心》和《简明哲学辞典》，斯大林的《辩证唯物论与历史唯物论》，即联共党史4章2节。从苏联传入的教科书形态的马克思主义，以其特有的系统性和权威性后来居上，一时间成为中国占"正统"地位的马克思主义。

二、传播主体职能分化

1924—1935年，随着中国民主革命形势和任务的变化，新兴社会科学运动的兴起等，在中国传播唯物史观的主体也随之有了一个明显的变化。如果说五四运动前后唯物史观的传播主体是融学术与政治于一身的知识分子，那么这一阶段唯物史观的传播主体则出现了职能分化，形成了两种不同类型的传播主体，一类是具有不同政治立场的职业学者，如中国共产党身份的学者、自由主义者、国民党身份的学者、普通学者，等等；一类是以革命运动领导者为主体的职业革命家。尽管不同主体的自身素质不同、着眼点不同、传播区域和传播对象不同，但是他们在学术和政治实践中均以唯物史观为理论武器。其中，以唯物史观作为党的哲学根据的中国共产党人成为传播和运用唯物史观的主要主体。

中国共产党的职业革命家，在国民革命实践中始终高举马克思主义大旗，以唯物史观作为理论武器，观察分析中国社会和中国革命性质，在实践中领导工人罢工和农民运动，反对帝国主义和封建军阀的统治，积极探索中国社会向何处去之路。大革命失败后，以毛泽东为代表的中国共产党人，运用唯物史观理论分析国际国内政治和革命形势，逐渐摆脱了苏俄革命模式的束缚，将革命力量由城市转入农村，建立和发展农村革命根据地，探索出了一条农村包围城市，武装夺取政权的中国特色的革命道路。

具有不同政治立场的职业学者，在各自不同的领域内，以不同的方式阐释、运用唯物史观。

在文学领域，一些革命文学工作者在提倡无产阶级文化的过程中，深感需要在革命理论方面求得深入的理解，以便推动无产阶级文学的发展。由此，他们一方面著文译介马克思主义文艺论述以及有关苏联的文艺作品和文艺政策；一方面以相关刊物为阵地，翻译介绍唯物史观相关经典著作。如1928年5月，上海创造社出版部发行了恩格斯的《社会主义从空想到科学的发展》单行本，该书是由朱镜我在日本时根据敦克尔编的《社会主义的发展》翻译的，基于当时严峻的政治形势，中译本书名沿用了《社会主义的发展》。上海泰东图书局出版了由黄思越根据日文本转译的该著作的另一种单行本，书名为《社会主义发展史纲》。创造社还以其编辑出版的刊物

《思想》和《流沙》为阵地，结合当时的情况，发表过一些马克思、恩格斯著作的部分译文和介绍马克思恩格斯传记的文章，如《思想》月刊1928年9—10月第2、3期刊载的李铁声译的《〈哲学底贫困〉底拔萃》，就是译者根据法文翻译的《哲学底贫困》第1、2章，摘录了其中关于唯物辩证法和唯物史观的部分内容编译而成的。①《流沙》1928年5月特刊号上刊登了李一泯为纪念马克思诞辰一百一十周年编译的《唯物史观原文》，收录了马克思《〈政治经济学批判〉序言》《共产党宣言》和《资本论》中有关唯物史观的论述。

在史学领域，20世纪30年代的社会史论战，充分展现了唯物史观在当时引领中国思想文化理论方向的权威地位。具有不同政治立场的学者，如"新生命"派、"新思潮"派、"动力"派、"读书杂志"派等无不奉唯物史观为圭臬，无不自命为"历史唯物论者"。托派学者们如李季、杜畏之等，认为自己的研究和著述是以唯物史观为工具的。王宜昌也曾指出："1927年以来，人们都利用着历史的唯物论研究所得的结论作为根本的指导原理。"他认为当时的许多学者如熊得山、陶希圣、周谷城、朱新繁、任曙、拉狄克、郭沫若等的著述，以及《新生命》《思想》《新思潮》等杂志，"多是依据历史的唯物论这根本的指导原理来的"②。《读书杂志》的主编王礼锡亦指出："在中国社会史的论战里，都是唯物的内部争斗"，论战"各方都是以唯物的辩证法做武器。"③ 20世纪30年代，政治上隶属或倾向于国民党系统的冯友兰、陶希圣，在学术上也曾经一度信从

---

① 参见中央编译局：《马克思恩格斯著作在中国的传播》，人民出版社1983年版，第373、273页。

② 参见李红岩：《20世纪30年代马克思主义思潮兴起之原因探析》，载《文史哲》，2008年第6期。

③ 王礼锡：《中国社会史论战序幕》，载《读书杂志》第1卷4、5期合刊。

过唯物史观。他们以唯物史观为指导研究中国历史、哲学等，被公认为当时引领中国知识界、文化界方向的主要代表人物。有学者曾指出，"近五十年中国思想之第三阶段"——从"北伐成功"至20世纪30年代中期，"以马克思的'唯物史观'为主要思潮"，"这个时代思想人物可以冯芝生（友兰）、张申府、郭沫若、李达为代表"①。冯友兰被时人看作这一时期主要代表人物之一的主要原因是：这一时期，他几乎所有学术著述都是以唯物史观作为研究工具的。其代表作《中国哲学史》，在当时被认为其首要特征就是"很能应用唯物史观"②。在"贞元六书"之一的《新事论》中，冯友兰以唯物史观为研究工具，深入系统地阐发了他对社会、历史、文化的观点。《秦汉的历史哲学》则为他获得了"当代学人中，最懂得唯物史观"的人之一的美誉。与冯友兰一样，陶希圣也被看作"近五十年中国思想之第三阶段"即"唯物史观阶段"的代表人物之一。郭湛波认为，对"中国社会史"的研究，"以郭沫若、陶希圣二氏成绩为最佳"。而"陶氏在近五十年中国思想史之贡献"，"在他用唯物史观的方法来研究'中国社会史'，影响颇大"，"中国近日用新的科学方法——唯物史观，来研究中国社会史，成绩最著，影响最大，就算陶希圣先生了"。③ 以上评述，向我们揭示了一个基本的事实：陶希圣在这一时期，运用唯物史观的方法研究中国社会史，尤其是社会经济史，做出了突出的贡献。事实也是这样，在这一时期，陶希圣主持的新生命书局出版了大量与马克思主义相关的

---

① 郭湛波：《近五十年中国思想史》，山东人民出版社1997年版，第149页。

② 张岱年：《冯著〈中国哲学史〉的内容和读法》，载《出版周刊》第126号，1935年4月。

③ 郭湛波：《近五十年中国思想史》，山东人民出版社1997年版，第179页。

书籍（包括第二国际领袖们的作品），如恩格斯的《家庭、私有制和国家的起源》、山川均的《辩证法与资本制度》、考茨基的《社会革命论》，等等，其中不乏因其"左"倾而遭查禁者。甚至有人认为，北伐以后出版马克思主义书籍最多的，就是国民党所办的新生命书局。① 当然，陶希圣自己在《中国社会到底是什么社会》（1928年8月19日）一文中曾明确表示：他对马列理论的运用，以排除阶级斗争学说为前提。② 冯友兰、陶希圣等主观上不信仰马克思主义的学者，在面对时代提出的重大课题，特别是解答最现实最急迫的社会性质、革命性质等问题时，也以唯物史观为理论工具，这更进一步说明唯物史观在当时论战者中所具有的不容置疑的权威性。

三、传播方式灵活多样

（一）利用报刊、出版社等传播载体，系统翻译出版唯物史观经典著作或阐释性著作

1927年以前，马克思主义哲学经典著作的中文全译本较少，大多是较零散的节译或摘译，通常刊登在中国共产党的刊物和其他进步刊物上。1927年以后，在中国共产党的领导下，开始自觉系统地翻译马克思主义经典著作，涉及唯物史观的马克思主义经典著作开始较多地在中国翻译出版，并且开始出版全译本、单行本等。

1929年12月上海亚东图书馆出版了林超真（即郑超麟）编译的《宗教·哲学·社会主义》一书，该书收录了恩格斯的《原始基督教史论》《空想社会主义与科学社会主义》《费尔巴赫与德国古典

---

① 参见李红岩：《20世纪30年代马克思主义思潮兴起之原因探析》，载《文史哲》，2008年第6期。

② 参见陶希圣：《中国社会到底是什么社会》，载《新生命》，第1卷第10期，1928年10月1日。

哲学的末日》以及马克思的《费尔巴赫论的纲要》。当年的出版介绍中这样写道："这书是恩格斯阐明史的唯物论哲学之唯一巨著，共计十二万言。这样三部巨著的汇印本，现在简直找不出来。现在的译者，费了很大的气力，根据法国马克思主义正统派理论家保罗·拉法格的直译本，转译为中文的。译文的流畅明白，是近年来翻译界所罕见的。所以我们相信这一巨著是研究马克思主义的必要读物。"1928 年 11 月，上海春潮书店出版发行了陆一远翻译的恩格斯的《劳动在从猿到人转变过程中的作用》，当时译名为《马克思主义的人种由来说》。1928 年上海《思潮》月刊第 2—3 期发表了由李铁声翻译的马克思的《哲学的贫困。答蒲鲁东先生的〈贫困的哲学〉》。① 1929 年 6 月，上海新生命书局首次出版了李鹰扬（即杨贤江）根据英文参照日文本翻译的恩格斯的《家庭、私有制和国家的起源》的全译本。1929 年 7 月，上海中外研究会第一次以单行本的形式翻译出版了列宁的《国家与革命》。这两本译本的出版受到了当时正在探索中国向何处去的中国先进分子的热烈欢迎。正如当时革命刊物《新思潮》发表的《两本国家论底介绍》一文中所说："在这荒芜的、毫无科学精神的中国学术界里，居然有两本（指《家庭、私有制和国家的起源》和列宁的《国家与革命》）最正确的科学的国家论的移植，使我们能以本国文字来读这种名著，这真不得不向移植者作感谢，也不得不庆贺。"② 1929 年，恩格斯的《路德维希·费尔巴哈和德国古典哲学的终结》首次被译成中文出版发行，并且同时出版了两种译本，一种是 1929 年 12 月，上海南强书局出版的

---

① 该书在二三十年代还有三种译本出版：1929 年上海水沫书店出版了杜竹君的译本；1932 年北平东亚书局出版了许德珩的译本；1949 年解放社出版了何思敬的译本。

② 中央编译局：《马克思恩格斯著作在中国的传播》，人民出版社 1983 年版，第 274—275 页。

由彭嘉生根据德文原文并参照英译本和日译本翻译的单行本《费尔巴哈论》；另一种是 1929 年 10 月，林超真从法文翻译的，发表在上海沪滨书局出版的《宗教·哲学·社会主义》一书中，译名为《费尔巴赫与德国古典哲学的末日》。① 1929 年 10 月，马克思的《哲学的贫困》第一个中译本由上海水沫书店出版，译者署名杜竹君，是从法文翻译的。② 1930 年 2 月，上海科学研究会出版了李一氓翻译的《马克思论文选译》，此译著以列宁的《卡尔·马克思》一文为代序，收入马克思的《政治经济学批评导言》（即《导言（摘自 1857—1858 年经济学手稿）》）、《法兰西唯物论》（即《神圣家族》第 6 章第 3 节摘译）、《蒲鲁东》（即《神圣家族》第 4 章第 4 节摘译等 10 篇论文）③，其中 7 篇是第一次译成中文。

1930 年 3 月，上海乐群书店出版了刘曼翻译的马克思的《政治经济学批判》（译名为《经济学批判》），这是该作第一次全文译出并以单行本出版。1930 年 4 月，上海江南书店出版了向省吾翻译的《马克思、恩格斯关于唯物论的片断》一书，内容包括《费尔巴哈论》（即《关于费尔巴哈的提纲》）、《"费尔巴哈论"的拾遗》（即《自然辩证法》札记和片断）、《唯物史观论》（即《社会主义从空想到科学的发展》英文版导言）、《法国唯物论史》（即《神圣家族》

---

① 该书在三十年代还有四种译本出版：1930 年 4 月，向省吾译，译名为《费尔巴哈与德国古典哲学的终末》，上海江南书店出版。1932 年 5 月，杨东莼、宁敦伍合译，译名为《机械论唯物论批判》，上海昆仑书店出版。1932 年 11 月，青骊汉译，刘易斯英译的英汉双语本《费尔巴哈论》，上海社会主义研究社出版。1938 年，张仲实翻译的《费尔巴哈论》，上海生活书店出版。

② 参见中央编译局：《马克思恩格斯著作在中国的传播》，人民出版社 1983 年版，第 374、276 页。

③ 参见中央编译局：《马克思恩格斯著作在中国的传播》，人民出版社 1983 年版，第 377 页。

第 6 章)、《马克思的唯物论与辩证法》(即《卡尔·马克思〈政治经济学批判〉》摘译)。1930 年 4 月,程始仁根据河上肇编辑的《马、恩、列三氏关于辩证法的名言》编译而成的《辩证法经典》,由上海亚东图书馆出版,该专题合集收录了马克思和恩格斯的《神圣家族》第 5 章摘译、《关于费尔巴哈的提纲》、《德意志意识形态》第 1 卷摘译、《哲学的贫困》第 2 章摘译、《〈政治经济学批判〉序言》摘译等八篇。① 1930 年 5 月,上海南强书店出版了陈仲涛翻译的马克思的《路易波拿巴的雾月十八日》(译名为《拿破仑第三政变记》)单行本。② 1930 年 5 月,上海新生命书局出版了刘镜园翻译的《革命与反革命》(即恩格斯的《德国革命与反革命》)单行本。1930 年 7 月由上海明日书店出版笛秋、朱铁笆合译的列宁的《唯物论与经验批判论》。1930 年 8 月上海山城书店出版了德特里希编,巴克译的文摘性专题集《社会主义底基础》,内容包括《资本论》《共产党宣言》《哲学的贫困》《剩余价值学说史》《工钱劳动与资本》《工资价格及利润》《法兰西结斗争》《雾月十八日》《福格特氏》《经济学批判》等 20 余种著作中的语句摘译。③ 1930 年 9 月上海泰东书局以《从猿到人》为题出版了成嵩译的恩格斯的《劳动在从猿到人转变过程中的作用》,上海春秋书店出版了吴希岑翻译的恩格斯的《德国农民问题》单行本。1930 年 3 月,上海昆仑书店出版了《资本论》的第一个中译本,即陈启修翻译的马克思的《资本

---

① 参见中央编译局:《马克思恩格斯著作在中国的传播》,人民出版社 1983 年版,第 379 页。

② 参见中央编译局:《马克思恩格斯著作在中国的传播》,人民出版社 1983 年版,第 281、379、378 页。

③ 参见中央编译局:《马克思恩格斯著作在中国的传播》,人民出版社 1983 年版,第 380—381 页。

论》(第 1 卷第 1 篇)。① 1930 年 7 月和 10 月，上海春秋书店以《社会主义的必然》和《社会进化的原理》两种书名先后出版了苏联人编辑的，包括马克思、恩格斯的论述在内的有关唯物主义辩证法和社会主义的言论摘编。1930 年 11 月，恩格斯的《反杜林论》的第一个全译本（吴黎平译）由上海江南书店出版，作者翻译《反杜林论》的意愿是"能够对于马克思主义思想在中国的传播以及实际斗争，有所臂助"。1932 年 8 月，恩格斯的《自然辩证法》（杜畏之译）由上海神州国光社首次全文出版。②

从 1927 年到 1932 年，与唯物史观相关的马克思主义哲学的重要经典著作都有了较完整的中译本，这为中国人民直接地较为深入地学习和掌握马克思主义唯物史观，提供了基本的必要条件。

20 世纪 30 年代，苏联等国研究和介绍马克思主义的最新成果也被迅速地介绍到中国。其中，苏联哲学家的著作被翻译介绍到中国的最多。1930 年前后，苏联著名马克思主义理论家普列汉诺夫、德波林、布哈林等的著作被大量翻译介绍到中国，如普列汉诺夫的著作中译本有《论一元论历史观之发展》《马克思主义的哲学问题》《战斗的唯物论》《近代唯物论史》等，德波林的著作有六部中译本，布哈林的《历史唯物论》在 1930 年有 4 种译本同时出版。1932 年以后，被当时中国知识分子奉为最正统的三本著名的马克思主义哲学教科书，《辩证法唯物论教程》（西洛科夫、爱森堡等合著，李达、雷仲坚译）、《新哲学大纲》（米丁等著，艾思奇、郑易里译）、《辩证唯物论与历史唯物论》（米丁等著，沈志远译），陆续在中国翻译出版。另外还有日本河上肇的《马克思主义之哲学的基础》等。

---

① 参见中央编译局：《马克思恩格斯著作在中国的传播》，人民出版社 1983 年版，第 377 页。

② 参见中央编译局：《马克思恩格斯著作在中国的传播》，人民出版社 1983 年版，第 381、383 页。

对马克思主义哲学的译介，在中国形成了一个声势浩大的唯物辩证法传播运动。

(二) 著述立说传播唯物史观

以毛泽东为代表的职业革命家，在领导中国革命战争实践中，自觉将唯物史观与中国革命实践相结合，运用唯物史观的立场、观点和方法观察分析和解决中国社会所面临的新情况、新问题，撰写并发表了一系列论著，如《中国社会各阶级分析》《湖南农民运动考察报告》《中国的红色政权为什么能够存在?》《井冈山的斗争》《星星之火，可以燎原》《反对本本主义》《中国革命战争的战略问题》等，为制定正确的革命战略和策略提供了理论基础。

瞿秋白、李达、郭沫若、鲁迅、吕振羽、冯友兰、陶希圣、张申府、艾思奇、陈伯达等专业理论家则在各自的领域内，以唯物史观为指导著述立说，如瞿秋白1924年出版了《现代社会学》《社会哲学概论》《社会科学概论》等著作，依据马克思主义经典著作（如《反杜林论》等）中的哲学原理，以及当时苏联哲学界（布哈林等）的见解，力图把历史唯物主义与辩证唯物主义统一起来，最早提出"互辩律的唯物论"的概念，对唯物史观的对象、社会发展的客观规律、社会历史的辩证法、社会现象的偶然性与必然性、社会基本矛盾和阶级与阶级斗争等问题做了论述，指出互辩律的哲学是一切社会科学的方法论。李达1926年出版的《现代社会学》，利用大量资料，尤其是马列原著中的观点和资料，如《共产党宣言》、《〈政治经济学批判〉序言》、《资本论》第一卷、《家庭、私有制和国家的起源》、《帝国主义论》等，比较全面系统地论述了社会之本质、社会之构造、社会起源、社会动力、社会变革、社会基本矛盾、社会意识以及阶级、阶级斗争和国家等问题，对马克思的某些思想、概念，如"社会""社会意识""阶级""国家"等，做了既符合马克思主义基本思想，又富有作者自身特色，既唯物又辩证的阐释。

被誉为"第一次国内革命战争时期历史唯物主义理论的集大成者"，"中国现代唯物史观史上一个重要里程碑"。① 另外，蔡和森的《社会进化史》、郭沫若的《中国古代社会研究》、艾思奇的《大众哲学》，等等，对唯物史观的传播和运用做出了巨大贡献。

由上可见，这一时期不仅涉及唯物史观文章和著作的翻译出版数量大，并有不少全译本，而且各类学者著书立说中加以运用，说明唯物史观由传播层面发展到运用层面。

(三) 以社团组织、学术研究会等方式传播

20世纪30年代，为进一步领导和推动新兴社会科学运动的深入发展，在中国共产党的领导和支持下，上海的文化界在反对国民党文化围剿的斗争中，先后成立了左翼作家联盟、"马克思主义文艺理论研究会"、中国社会科学家联盟、左翼戏剧家、美术家联盟等，宣传马克思主义。其中，中国社会科学家联盟以传播马克思主义哲学、政治经济学、科学社会主义为基本内容，广泛地开展了各种活动，如创办刊物，翻译编著马克思主义哲学书籍，建立基层群众组织开展哲学社会科学理论的学习和研究，指导和帮助青年正确地学习研究马克思主义哲学。1930年冬，中国社会科学研究会（简称"社研"）成立，组织翻译出版了大量马克思主义哲学著作，为青年的学习和研究提供了方便还利用讲坛传授马克思主义哲学社会科学。中国社会科学家联盟从1930年成立，到1936年解散，通过各种活动，采取多种方法，培养了一大批有造诣的马克思主义哲学社会科学工作者，使许多青年走上了革命道路。

史学领域唯物史观派学者们继续以唯物史观为理论工具，在思想文化领域辛勤耕耘。如创立于1934年，以清华大学历史系和北

---

① 吕希晨、何敬文：《中国现代唯物史观史》，天津人民出版社2003年版，第8页。

平社会调查所（后更名为中央研究院社会科学研究所）成员为主体的"史学研究会"，以社会经济史为研究重心。其成员之一的汤象龙曾明确指出，当时大家虽然说不上熟悉马克思主义的理论，但都仍以唯物史观的社会和经济分析原则为指导。1933年成立的国立师范大学研究院历史科学研究会（又改名北平历史科学研究会）则表示，他们的主导思想是倾向以历史的唯物主义为指导，留心史料的时代价值，以新的科学对历史发展本身作深入的探究，从而阐明历史，充实历史。这一时期各种社团对唯物史观兼有传播与研究的二重性。

（四）利用大学讲坛，在青年学子中传播唯物史观

20世纪30年代前期，唯物史观作为一种社会科学理论（主要是社会学、经济学）被不少大学列入了课程表，受到青年学生的欢迎。一批对马克思主义研究有素的教授、学者，利用大学讲坛，开设和讲授相关课程，唯物史观得以在青年学生中深入传播。

在以"研究高深学术培养专门人才"为宗旨的国立北平大学（正式组建于1928年）[①]法学院，李达同时开设社会学、西洋政治思想史、社会问题、社会进化史、社会科学方法论五门课程，其中社会学就是唯物史观的社会历史理论。侯外庐开设经济学、现代经济学说等课程。许德珩开设了社会学说研究、社会主义发展史。陈启修开设经济学、政治学、社会学研究方法论、经济名著选读等七门课程。在以"研究高深学术养成专门人才沟通中西文化并注重实习致力应用"[②]为宗旨的中法大学，张友渔以马克思的社会学说和经济学说为指针讲授经济学课程，开设了社会政策和商业政策两门课。王思华则以《资本论》为蓝本开设社会经济学，同时开设

---

① 吴惠龄：《北京高等教育史料》，北京师范学院1992年版，第251页。
② 吴惠龄：《北京高等教育史料》，北京师范学院1992年版，第139页。

经济名著选读课，其"经济名著选读"所列经济学家名单，展示了马克思主义经济学的发展历程，以马克思、恩格斯和卢森堡、拉法格为西方经济学的归宿，表明了其态度和立场。此外，侯外庐在北平师范大学公开讲授唯物史观，李达在朝阳大学讲授社会学，何干之在广州的国民大学讲授社会科学和中国经济，系统介绍了马克思主义哲学和经济学。嵇文甫在河南大学讲授中国社会史和中国思想史，也贯穿着马克思主义的理论方法。作为马克思主义发源地的北京大学，也开设了一些有关马克思主义的课程，介绍马克思主义的相关学说。当时，在学术上倾向于唯物史观的陶希圣，曾在北京大学开设中国社会史、中国政治思想史课程。唯物史观进入大学课堂，这是以前少有的现象，说明唯物史观传播的深入，并成为社会科学的一个门类。

四、传播内容更加深化

在中国先进分子以唯物史观为指导，观察分析中国社会问题，进行学术研究的同时，随着中国社会革命形势的变化，文本资源的转换与丰富，以及苏联哲学论争等的影响，唯物史观传播的内容更加深化。对唯物史观的宣传在重视经济因素的同时，更加注重唯物辩证法。从思想方法论的角度宣传、研究唯物史观成为这一时期唯物史观传播的着力点。

1928年前后，唯物辩证法开始风行国内。以1929年为例，时人称这一年是"社会科学的出版物风行一时的年头……新兴社会科学类的马克思主义唯物辩证法、政治经济学书籍占绝大多数"①。在当时出版的各类马克思主义哲学书籍中，阐述和介绍唯物辩证法的占

---

① 君素：《一九二九年中国关于社会科学的翻译界》，载《新思潮》第2、3合刊，1930年1月。

绝大多数，就是马克思主义哲学的反对者也不得不承认"这几年来坊间出版了不少关于唯物辩证法的书。无论赞成与反对，而唯物辩证法闯入哲学界总可以说是一个事实"①。

1931年开始的"唯物辩证法论战"，展现了此阶段唯物辩证法对各种不同政治立场的学者的影响。以张东荪为首的新康德主义者，在鼓吹唯心主义架构论和多元主义认识论的同时，以《大公报》的"现代思想"栏目和《再生》杂志为阵地，发表《我亦谈谈辩证的唯物论》《辩证法的各种问题》《动的逻辑是可能的么？》以及《唯物辩证法之总检讨》等文章，宣传自己新哲学的观点，反对唯物论特别是辩证法。张东荪认为，辩证现象并不是天下万物共有的，在自然界、人类社会和思维领域，辩证法的规律根本不存在。辩证法本质上只是一些形式逻辑名词，一些逻辑的假设，不具有实际的意义。张东荪还质疑历史发展的辩证性质，极力反对马克思主义唯物史观。他把唯物史观曲解为"经济一元论"，认为历史的发展是多元的，政治、法律、道德、教育和经济等，没有因果联系，只有函数关系，否认经济基础决定上层建筑这一唯物史观基本原理，反对阶级、阶级斗争和社会革命学说，认为马克思主义在中国不适用，中国政治不能托命于无产阶级，社会主义与共产主义亦决不能实行于中国。

以叶青为代表的新机械主义者，以《二十世纪》《研究与批判》为阵地，打着批判张东荪，捍卫新唯物论和辩证法的旗号，宣传"哲学消灭论"和唯心主义的"思维科学论"。叶青撰写了《张东荪哲学批判》《与再生记者谈谈哲学》《科学玄学的论战与唯物唯心的论战》《动的逻辑是可能的！》《黑格尔——其生平其哲学及其影响》《颠倒黑格尔哲学的真解》等论著，以"心物综合论"驳斥张东荪

---

① 张东荪：《唯物辩证法论战》上卷，北平民友书局1934年版，第135页。

的唯心主义观点，并就张东荪对动的逻辑、马克思和黑格尔的辩证法的认识提出不同意见。叶青等认为辩证法"就是一种进化论"，取消矛盾的斗争性，推崇外因论与静止论的形而上学。在社会历史领域，叶青等认为：在社会方面，思维决定存在具有正确性，反对唯物史观关于社会存在决定社会意识的观点。在生产力与生产关系问题上，提出所谓"生产工具论"，认为生产工具决定生产关系，极力否认人在生产要素中的重要作用。

针对张东荪、叶青等对辩证法的曲解及其唯心史观，艾思奇、邓拓、陈伯达、沈志远等马克思主义者和进步理论家发表了一系列批判文章，如邓拓的《形式逻辑还是唯物辩证法？》、陈伯达的《腐败哲学的没落》、姜琦的《辩证法的几个难题之解决》以及艾思奇于1935—1936年在《读书生活》《新中华》杂志先后发表的《论黑格尔哲学的"颠倒"》《关于形式逻辑与辩证逻辑》《关于内因论和外因论》等，此外还有杨伯恺的《哲学与科学》（《研究与批判》第2卷第4期）和《哲学消灭论的检讨》（《研究与批判》第2卷第7期），王宜昌的《叶青哲学的三变》（《思想月刊》第1卷第1期），等等。马克思主义者和进步理论家通过对张东荪和叶青等的批判，系统阐述了马克思主义的物质观、矛盾观和唯物辩证法的基本规律；在历史观方面，强调社会运动是第一位的，社会静止是第二位的，社会发展的内因具有"第一义的决定作用"；强调生产工具不能代替生产力的全部，生产力决定生产关系，生产关系对生产力具有反作用，但作用与反作用并不是完全平行的。不能说哪一方面是最后的原因，但两者中却有一方是基础方面。通过论战，一方面澄清了被混淆的理论问题，捍卫了马克思主义唯物史观及唯物辩证法，另一方面，通过论战，使唯物辩证法——唯物史观在方法论上的具体体现——得到普及，唯物辩证法作为一种方法论，一种"动的逻辑"，为越来越多的人所自觉掌握和运用。

20世纪30年代初开始的关于中国社会性质的论战、中国古代社会分期的论战以及社会史论战,更为我们展现了马克思主义唯物史观及其唯物辩证的方法论对中国学者的深远影响。正如艾思奇本人所描述的,一般学者都公认唯物辩证法是"一切任何学问的基础","不论研究社会学,经济学,考古学,或从事文艺理论者,都在这哲学基础中看见了新的曙光,许许多多旧的文学者及研究家都一天一天地'转变'起来"①。何干之也曾谈到,"1928年以后,中国在政治上打出了一条新的道路,在文化上又出现了新社会科学运动。那时以新哲学(指马克思主义哲学——编者注)为中心,一方面介绍哲学的经典,一方面又介绍哲学的入门书。最值得大书特书的是以新的观点来重新估量中国社会的性质。这一尝试不只使人们相信新哲学是世界的最准确的反映,而且使人相信,只有应用这方法,方才可以解剖谜的古国。这种认识是不平凡的。对于现代社会,对于社会史的再评价,不过是第一次的尝试……但这次尝试,已有了光辉的成绩。现在稍肯运用思想的人,莫不公认它是'理性的尺度'。然而所谓尺度并不叫人们背诵几个公式,主要是把它与现实的生活融成一体。在那时候,思想界出现了清一色现象。甚至原来敌视新哲学的人,也不能不以它为幌子,企图在幌子之下,达到招摇撞骗的目的。在这点上,新哲学的威力也就可想而知了。"② 这些论述表明中国知识分子对唯物史观的认识已经达到一个新的高度,即由开始只是将唯物史观看作一门科学,到将唯物史观看作世界观和方法论。他们已认识到唯物史观自身所蕴含的唯物辩证的方法论价值;认识到唯物主义历史观及其在现代的无产阶级和资产阶级之间的阶级斗争上的特别应用,只有借助于辩证法才有可能。

综括这一阶段唯物史观的传播状况,与前两个阶段相比具有以下几个突出特点:从理论源头上看,苏俄特色的关于马克思主义的

---

① 《艾思奇文集》第1卷,人民出版社1981年版,第66页。
② 《何干之文集》,中国人民大学出版社1989年版,第397页。

阐释，尤其是苏联教科书式的马克思主义哲学体系，对中国知识分子产生了重要影响。从传播主体看，不仅表现为多元性而且出现职能分化。从传播区域、受众范围看呈现出扩大化趋势。从传播方式上看，更加注重翻译唯物史观的相关经典原著，翻译数量、质量与前一阶段相比有所提高。除此之外，充分利用多样化的传播载体，如报刊、出版业等媒体、学术论战、理论研究著述、创办学术团体、高校讲坛等。从传播内容上看，革命者们强调唯物史观的实践指导意义，开始注重将唯物史观与中国革命实践相结合，具体运用唯物史观的立场、观点和方法来分析中国革命形势和任务，制定适合中国情况的革命发展战略步骤和革命路线、方针、政策，总结实践中的经验教训，形成中国特色的革命道路。专业理论工作者则更多地侧重于唯物史观的学术性应用，注重弘扬唯物史观中蕴含的理性精神和方法论价值，以唯物史观为指导构建中国的人文社会科学。而且，这一时期唯物史观的传播增加了辩证法的内容，传播的内容更加丰富，这是其发展的显著标志，也是笔者将其划为一个阶段的缘由。

第三节　唯物史观的系统传播及创造性运用阶段（1936—1949）

九·一八事变之后，日益严峻的国内国际形势，迫使以民族救亡为己任的中国先进分子从社会科学中去寻找认识世界和改造世界的理论和方法，中华民族掀起了追寻民族精神、探索革命真理的热潮。抗日战争爆发后，国内政治形势更加错综复杂。但是，关心国家命运和前途的革命者、社会科学工作者不但没有放松对社会科学的研究，相反，却掀起了一个自觉研究社会科学，尤其是马克思主义哲学的高潮。这一热潮不仅推动了唯物史观的系统传播，以毛泽东为代表的中国共产党人及进步知识分子还将唯物史观创造性运用于中国社会政治革命、思想学术领域，形成了马克思主义大众化、民族化、中国化形态。

一、唯物史观经典著作的传播范围空前扩大

在这一阶段，基于中国革命形势发展的需要，为了唤起广大民众的阶级觉悟和民族意识，帮助他们掌握救国的理论武器，在中国共产党人的推动下，思想文化学术领域里掀起了唯物史观传播研究的热潮。以毛泽东为代表的中国共产党人，在强调全党系统学习研究唯物史观理论的同时，推动唯物史观经典著作在革命根据地、沦陷区、国统区等更加广泛的区域系统传播。

抗战时期，以毛泽东为核心的党中央在以延安为中心的陕甘宁根据地，总结革命经验教训，强调深入系统地学习马克思列宁主义，以中国社会历史和革命实际为着眼点，将马克思列宁主义与中国革命实际相结合，运用马克思主义的立场、观点和方法解决中国问题，在根据地掀起了唯物史观学习热潮。

（一）向全党发起马克思主义理论学习运动，注重用马列主义理论武装头脑

1938年10月14日，毛泽东在《中国共产党在民族战争中的地位》一文中向全党发出了学习马克思列宁主义的任务。"一般地说，一切有相当研究能力的共产党员，都要研究马克思、恩格斯、列宁、斯大林的理论，都要研究我们民族的历史，都要研究当前运动的情况和趋势；并经过他们去教育那些文化水准较低的党员。特殊地说，干部应当着重地研究这些，中央委员和高级干部尤其应当加紧研究。指导一个伟大的革命运动的政党，如果没有革命理论，没有历史知

识,没有对于实际运动的深刻的了解,要取得胜利是不可能的。"
"马克思、恩格斯、列宁、斯大林的理论,是'放之四海而皆准'的理论。不应当把他们的理论当作教条看待,而应当看作行动的指南。不应当只学习马克思列宁主义的词句,而应当把它当成革命的科学来学习。不但应当了解马克思、恩格斯、列宁、斯大林他们研究广泛的真实生活和革命经验所得出的关于一般规律的结论,而且应当学习他们观察问题和解决问题的立场和方法。"① "我们党的马克思列宁主义的修养,现在已较过去有了一些进步,但是还很不普遍,很不深入……普遍地深入地研究马克思列宁主义的理论的任务,对于我们,是一个亟待解决并须着重地致力才能解决的大问题。我希望从我们这次中央全会之后,来一个全党的学习竞赛,看谁真正地学到了一点东西,看谁学的更多一点,更好一点。在担负主要领导责任的观点上说,如果我们党有一百个至二百个系统地而不是零碎地、实际地而不是空洞地学会了马克思列宁主义的同志,就会大大地提高我们党的战斗力量,并加速我们战胜日本帝国主义的工作。"② 在这种思想的指导下,党中央利用抗战相持阶段根据地相对安定的时期,在根据地建立干部教育部,专门负责在职干部的学习;建立干部学校,如中国人民抗日军政大学、马列学院、鲁迅艺术文学院、陕北公学、军事学院、中国女子大学、行政学院、自然科学院等;掀起了提高文化、刻苦攻读马列经典著作和毛泽东著作的热潮。

为了彻底清除党内的主观主义、宗派主义、党八股等现象,1942年开始延安整风运动,目的是通过在全党发起马克思主义理论学习运动,帮助干部、战士掌握马恩列斯科学共产主义的思想方法论,以整顿党的学风、党风、文风,提高党员干部的素质,进而达

---

① 《毛泽东选集》第2卷,人民出版社1991年版,第532—533页。
② 《毛泽东选集》第2卷,人民出版社1991年版,第533页。

到全党思想上的统一，为中国革命胜利奠定基础。在整风运动中，新华书店和冀鲁豫书店发行了整风文件，除毛泽东的《整顿党的作风》和《反对党八股》以及列宁、斯大林的著作外，还编辑出版了《马恩列斯思想方法论》，对干部战士进行思想方法论教育。

(二) 翻译出版了一大批各种类型的唯物史观经典著作

延安时期，党中央更加重视用马列主义理论武装干部战士的头脑。成立于1938年5月5日的马列学院编译部，是中国共产党历史上第一个编译马列主义经典著作的专门机构，专门负责马列著作的编辑和翻译工作，并由党的出版社在自己的根据地出版发行。1939年5月，中央书记处关于宣传教育工作的指示中说："坚持公开宣传马列主义、出版翻印各种关于马列主义刊物书籍、组织各种社会科学的研究会与读书会等。各级党委应经常注意与检查党的发行工作，在运用公开发行的一切可能之外应即建立党内的秘密发行。宣传部应与发行部发生密切关系。"[①] 为适应广大干部学习的需要，更好地开展出版工作，党中央在延安建立了中共中央出版发行部，统一领导党的出版发行工作，出版发行部既是出版发行领导机关，又是一个出版发行工作部门。它一方面派人到敌后抗日根据地检查出版发行工作，从敌后抽调干部开办训练班，同时又担负着出版、印刷、发行的具体工作任务。以解放社的名义出版马恩列斯著作和毛泽东著作。

1938年至1942年，延安解放社以"马克思恩格斯丛书"的形式，出版了一系列马克思恩格斯的重要著作：《社会主义从空想到科学的发展》（丛书第三种，1938年6月）、《共产党宣言》（丛书第四种，1938年8月）、《法兰西内战》（丛书第五种，1938年11月）、

---

① 参见中央编译局：《马克思恩格斯著作在中国的传播》，人民出版社1983年版，第298—299页。

《政治经济学论丛》(丛书第六种，1939年3月)、《马恩通信选集》(丛书第七种，1939年6月)、《德国的革命和反革命》(丛书第八种1939年4月)、《〈资本论〉提纲》(丛书第九种，1939年11月)、《哥达纲领批判》(丛书第十种，1939年12月)、《拿破仑第三政变记》(丛书第十一种，1940年8月)、《法兰西阶级斗争》(丛书第十二种，1942年7月)。① 另外，解放社还曾出版过"抗日战争参考丛书"以及《列宁选集》和《斯大林选集》。1938年，解放社在延安出版了《马克思恩格斯论中国》(译者方乃宜)，这是第一本中文版的马恩关于中国的论文集，该论文集包括关于古代东方与中国的马恩著作摘译、《鸦片战争》等在内的十七篇有关中国的论文、关于世界贸易与中国的摘录三部分，既是指导中国革命的理论著作，也是指导殖民地半殖民地人民革命运动的重要文献。②

延安整风时期，毛泽东特别重视马列主义著作的翻译工作，曾建议成立一个大的翻译部，大批翻译马恩列斯的著作和苏联书籍。鉴于过去一般的翻译质量不能令人满意的状况，为了提高马列主义著作译文的质量，中共中央决定对高级干部应读的马恩列斯的译文进行校订。中央书记处讨论确定了《关于一九四三年翻译工作的决定》，决定指出要成立由专人组成的翻译校阅委员会，把翻译校阅工作当作对党最负责并必须按时完成的业务之一部分。据张仲实回忆，针对延安整风以后至抗战胜利期间，翻译出版马恩著作减少的现象以及有些同志对翻译工作不安心的问题，毛泽东在第七次代表大会期间曾两次谈到，翻译的同志很重要，不要认为翻译工作不好，我们现在要大大翻译……我们党内能直接看外国书报的很少，凡能直

---

① 参见中央编译局：《马克思恩格斯著作在中国的传播》，人民出版社1983年版，第300页。

② 参见中央编译局：《马克思恩格斯著作在中国的传播》，人民出版社1983年版，第299页。

接看外国书的,首先要翻译马、恩、列、斯的著作。苏联先进的东西,各国马克思主义者的东西,还有历史上许多东西,虽然不是马列主义但有进步意义的东西,还有一些民主主义者的东西,我们都要翻译。

解放战争时期,为了更有效地提高全党的政治理论水平,提高干部理论修养,各解放区陆续出版了许多干部读物。1949年2月,党中央重新编审了一套干部必读书目,由毛泽东审批送交西柏坡举行的七届二中全会,共计十二种:《社会发展简史》《政治经济学》《共产党宣言》《社会主义从空想到科学的发展》《帝国主义论》《国家与革命》《左派幼稚病》《列宁主义基础》《苏联共产党历史简要读本》《列宁斯大林论社会主义建设》《列宁斯大林论中国》《思想方法论》。其中,《共产党宣言》和《社会主义从空想到科学的发展》是马恩著作的完整文本,《社会发展简史》和《思想方法论》中有马恩的言论摘编。1949年,解放社出版了何思敬翻译的马克思的《哲学的贫困》,1948年莫斯科外文出版局出版的中文版《共产党宣言》百周年纪念版,包括马克思、恩格斯为《共产党宣言》各种版本所写的全部七篇序言,编者对1848年以后德文各版所作的更改、恩格斯在1888年英文版上所作的补充的加注说明,于1949年中华人民共和国成立之日传入中国。

中国共产党不仅在根据地大力出版马列著作,而且在沦陷区和国民党统治区,通过党的地下组织,用尽一切办法,领导进步出版界出版发行革命书籍报刊。①

在上海沦陷区,郭沫若在20年代末就已译出送交神州国光社的《德意志意识形态》一书,并在1938年11月由言行社出版,这部根据1924年德文版《马克思恩格斯文库》第一卷译出的著作,包括

---

① 参见中央编译局:《马克思恩格斯著作在中国的传播》,人民出版社1983年版,第308页。

《费尔巴哈论纲》（即《关于费尔巴哈的提纲》），《德意志观念体系序文之初稿》（即《〈德意志意识形态〉第 1 卷序言》），《费尔巴哈——唯物论与唯心论的见解之对立》（即《德意志意识形态》第 1 卷中《费尔巴哈。唯物主义观点和唯心主义观点之对立》的片断）。① 1940 年，言行社重新排印恩格斯的《自然辩证法》。② 1938 年 11 月，上海珠林书店出版的《中国问题评论集》③，从内容来看与《马克思恩格斯论中国》一书的第二章相同，即马克思恩格斯在《纽约每日论坛报》上发表的关于中国的十七篇论文。1941 年 7 月，该书店又出版了克士译的《德意志观念体系》④，即周建人译的《德意志意识形态》的开头部分。1939 年 4 月，上海海潮社出版郭和译的《法兰西内战》，该书除《法兰西内战》、国际工人协会总委员会关于普法战争的两篇宣言以外，在附录部分中还收录了马克思 1871 年 4 月 12 日和 17 日写给库格曼的两封信和《巴黎公社的宣言》等

---

① 参见中央编译局：《马克思恩格斯著作在中国的传播》，人民出版社 1983 年版，第 391 页。

② 新排本的序言中说，这一哲学巨著在中国的最早版本是 1932 年出版的，译者杜畏之。到这次重印时不仅没有出版第二种译本，而且也难于马上找到一个合适的新译者。

③ 内容包括：《中国和欧洲的革命》（即《中国革命和欧洲革命》）、《国会关于对华军事行动的讨论》（即《议会关于对华军事行动的辩论》）、《英人在华的暴行》（即《英人在华的残暴行动》）、《英人对华的新侵略》（即《英人对华的新远征》）、《波斯与中国》（即《波斯和中国》）、《鸦片贸易》（即《鸦片贸易史》）、《中英条约》（即《英中条约》）、《俄国在远东之成功》（即《俄国在远东的成功》）、《新的对华战争》（即《新的对华战争》）、《对华贸易》（即《对华贸易》）、《中国事件》（即《中国纪事》）。

④ 《费尔巴哈。唯物观与唯心观的对立》（即《德意志意识形态》第 1 卷中的序言和《费尔巴哈。唯物主义观点和唯心主义观点的对立》），附录部分收录了：《费尔巴哈论纲原稿》（即《关于费尔巴哈的提纲》）。

有关巴黎公社的内容。① 这些译著的出版对在沦陷区宣传唯物主义历史观起到了一定的历史作用。

在南京、武汉、重庆等国统区，中国共产党先后建立八路军办事处，利用办事处这一公开合法机关，在抗战初期通过创办的《新华日报》《群众》周刊等公开出版的机关刊物，冲破重重困难，想方设法向广大人民群众宣传党的方针政策，传播马列著作和毛泽东著作②，推动各界爱国人士参加抗日斗争。八路军办事处《新华日报》的印刷厂不仅负责按时印刷出版报纸和杂志，还直接出版马克思、恩格斯、列宁和斯大林的著作，如1939年2月新华日报馆重印吴黎平、刘云合译的《法兰西内战》③（1938年11月在延安出版）以及《列宁选集》六卷本等。《群众》周刊也经常登载介绍马列主义思想的文章和马列著作介绍等，如1940年12月出版的《群众》第5卷第13、14期合刊，为纪念恩格斯一百二十周年诞辰，专门辟特辑专栏，包括：葆荃编译的《恩格斯的生平、著作及其事业》、梓年写的专论《近代社会主义底创立者》、华西园写的《恩格斯论民族问题》、曾芜明译的《恩格斯〈费尔巴哈论〉一书的介绍》和葆荃编的《恩格斯著作中译编目》。1941年4月第6卷第3、4期合刊

---

① 参见中央编译局：《马克思恩格斯著作在中国的传播》，人民出版社1983年版，第315页。

② 参见中央编译局：《马克思恩格斯著作在中国的传播》，人民出版社1983年版，第320—321页。

③ 内容包括：《恩格斯的引言》（即《卡·马克思〈法兰西内战〉一书导言》）、《国际工人联合会总委员会为普法战争告欧美各分会全体会员第一书》（即《国际工人联合会总委员会关于普法战争的第一篇宣言》）、《国际工人联合会总委员会为普法战争告欧美各分会全体会员第二书》（即《国际工人联合会总委员会关于普法战争的第二篇宣言》）、《国际工人联合会总委员会为法兰西内战告欧美各分会全体会员书》（即《法兰西内战》）、《马克思致顾格曼论巴黎公社的信》（即《马克思致库格曼（1871年4月12日和17日）》）。

还直接发表了恩格斯1890年9月写给布洛赫的信。① 除了直接出版书籍报刊以外，八路军办事处还在国统区的出版界作了大量工作，如到生活书店作报告，对国统区从事出版发行工作的同志进行形势政策教育等，动员生活、读书、新知等书店到延安、华北等敌后根据地搞发行业务，指导国统区出版工作人员如何适应新的斗争环境需要等。② 在国统区进行秘密工作的中共长江局在汉口的出版机构——新知书店亦翻译出版马恩著作。③

另外，在这一时期，马克思恩格斯有关唯物史观的经典著作得到了较为系统的传播。方乃宜翻译的《马·恩论中国》于1938年3月由武汉中国出版社出版。彭汉文编译的《马克斯主义的基础》于1938年5月由上海社会科学研究所刊行，主要包括《共产主义原理》、《共产党宣言》以及《共产党宣言》的1872年、1883年、1890年德文版序言等内容。1938年6月明华出版社出版《家庭、私有制和国家的起源》。艾思奇翻译的《马克思恩格斯关于唯物史观的书信》，由《解放》周刊分别于1938年9月18、30日、10月15日和11月7日第52—54、56期刊行，内容主要是对马克思恩格斯关于唯物史观的九封信的摘译。④ 吴黎平、石巍译的《马克思墓前演说》由延安《解放》周刊于1939年3月8日第66期刊行。柯柏年、艾思奇、景林等译的《马恩通信选集》于1939年6月由延安解放社刊

---

① 参见中央编译局：《马克思恩格斯著作在中国的传播》，人民出版社1983年版，第321页。

② 参见中央编译局：《马克思恩格斯著作在中国的传播》，人民出版社1983年版，第321—323页。

③ 参见中央编译局：《马克思恩格斯著作在中国的传播》，人民出版社1983年版，第387、316—317页。

④ 参见中央编译局：《马克思恩格斯著作在中国的传播》，人民出版社1983年版，第387—391页。

行。丁宗恩编译的《论弱小民族》于 1940 年 5 月由上海北社出版。周扬编校，曹葆华、天蓝译的《马克思恩格斯列宁论艺术》，于 1940 年 6 月由延安鲁迅艺术文学院出版。吴黎平译的《反杜林论》于 1940 年 8 月由抗战书店刊行。张申府译注的《论辩证法》（即《〈反杜林论〉旧序。论辩证法》）由重庆《中国教育》于 1941 年 2 月 10 日第 1 卷第 7 期刊行。解放社编的《论马恩列斯》于 1941 年 5 月由解放社出版。曹汀译、何思敬校的《1870—1871 年普法战争》于 1941 年 9 月由延安八路军军政杂志社出版。《思想方法论》于 1942 年 4 月由解放社出版，收有马克思、恩格斯、列宁、斯大林的有关论述摘编。柯柏年译的《法兰西阶级斗争》于 1942 年 7 月由解放社出版，内容主要包括《法兰西阶级斗争》（即《1848 年至 1850 年的法兰西阶级斗争》）、《〈1848 年至 1850 年的法兰西阶级斗争〉一书导言》。周扬编的《马克思主义与文艺》于 1944 年 5 月由延安解放社出版，收有马克思、恩格斯、普列汉诺夫、列宁、斯大林、高尔基、鲁迅的有关论述。林超真译的《马克思致顾格曼的信》于 1947 年 5 月由上海亚东图书馆，收有 1862—1874 年的六十九封书信。何思敬译的《哲学底贫困》于 1949 年 9 月由解放社刊行。张仲实译的《费尔巴哈与德国古典哲学的终结》于 1949 年 9 月由北平解放社出版。林超真译的《马克思恩格斯书信选》于 1949 年 9 月由上海亚东图书馆，收有 1846—1895 年的书信 98 封。[①]

二、唯物史观传播的大众化

（一）通过与历史唯心主义的论战传播唯物史观

1936 年至 1949 年，各种历史唯心主义思潮非常活跃，主要有：

[①] 参见中央编译局：《马克思恩格斯著作在中国的传播》，人民出版社 1983 年版，第 393—404 页。

以陈立夫为代表的国民党官方哲学建构的唯生论与民生史观思想体系，鼓吹直觉主义，反对经验、理性的作用，反对马克思主义关于阶级、阶级斗争学说，把阶级斗争说成是人类道德的"堕落"；以冯友兰为代表的新理学，在社会历史观方面极力宣扬抽象的道德论与唯心主义天才论，否认政治变革、社会实践的作用；以贺麟为代表的新心学，强调"心为主宰"的主观唯心主义；以陈铨为代表的战国策派，鼓吹唯心主义的天才论和英雄史观，主张社会的进展要靠少数超群绝类的天才，而不是靠千万庸碌的群众，人类意志是历史演进的中心，英雄是人类意志的中心，英雄与群众的关系就像牧羊人与羊群的关系。以胡绳为代表的马克思主义理论家，以唯物史观为理论武器，与各种历史唯心主义思潮展开论战。通过论战，唯物史观关于阶级和阶级斗争的学说、人民群众是社会历史的创造者及个人在历史发展的作用等基本原理得到广泛宣传，帮助人们澄清了理论上的一些模糊认识，进一步提高了唯物史观在受众中的影响力。同时，论战还锻炼和发展了马克思主义理论家的辩证思维水平，促使中国唯物史观解读水平不断成熟。

（二）以大众化宣传、理论著述等方式传播和发展唯物史观

以毛泽东、艾思奇、陈伯达为代表的马克思主义者，发表了一系列关于历史唯物主义的著作，在大众中宣传唯物史观思想。例如，艾思奇与吴黎平《唯物史观》（1939年出版）一书，结合中国社会实际对历史唯物主义理论进行了全面系统的论述，作为当时历史唯物主义理论的一项重要成果，《唯物史观》曾被指定为延安整风学习中的干部必读书目，在对广大党员、干部进行马克思主义哲学教育中发挥了重要作用。[①] 在《辩证法唯物论怎样应用于社会历史研究》

---

① 参见吕希晨、何敬文：《中国现代唯物史观史》，天津人民出版社2003年版，第22页。

(1941年)一文中，艾思奇从坚持辩证唯物主义与历史唯物主义的统一的视角，强调必须要用唯物论的观点来理解社会历史现象，用辩证法的方法研究社会历史发展规律。毛泽东作为中国共产党人唯物史观思想的集大成者，创作了《实践论》《矛盾论》《战争和战略问题》《中国革命和中国共产党》《新民主主义论》《论联合政府》《论人民民主专政》等著作。这些论著，对坚持将唯物史观基本原理与中国社会实践相结合，运用唯物史观的立场、观点和方法指导中国革命实践做出了重要贡献。

综括这一阶段唯物史观在中国的传播和发展状况，有以下突出特点：传播区域和受众范围空前扩大。不仅在根据地和解放区，而且在国统区和沦陷区都进行了广泛的宣传，充分发挥唯物史观这一先进文化在统一人们思想方面的作用。传播受众由原来局限于知识分子和青年学生，开始注意面向广大群众，注重唤起广大群众的阶级觉悟和民族意识，使其参与到抗战和解放战争中。传播方式多样化、大众化。在全面系统翻译唯物史观原著的同时，翻译苏联马克思主义者教科书形态的著述。国内马克思主义学者不仅注重学术研究，还纷纷著述教科书形态的马克思主义读本，向普通群众宣传马克思主义哲学等。传播内容注重唯物史观的方法化和实践效应，从方法论与认识论相统一的角度阐释唯物史观。针对中国革命实践中面临的严峻形势，以及人们思想领域的教条主义、主观主义倾向，马克思主义理论家更加强调唯物史观与中国实际相结合，理论与实践相结合，强调要以理论与实践的具体的历史的统一、历史与逻辑相统一等方法，观察、分析中国社会，充分发挥唯物史观的方法论功能，并将其具体化为革命实践中的方法论原则及具体的思想方法、工作方法。

通过对唯物史观在中国传播历程的历史考察，我们不难得出以下结论：唯物史观在中国的传播，经历了一个由自发到自觉，由零散、支离破碎的介绍到深入系统的介绍，再到大众化宣传这样一个循序渐进、动态的曲折发展过程。与中西文化、国际国内政治经济形势的复杂性、发展性交相呼应，唯物史观在中国的传播历程也从传播环境、文本资源、传播主体、传播内容、传播方式等方面体现出了复杂性和发展性的特征，从而具有了鲜明的中国特色。唯物史观在中国的传播历程，体现了历史发展、人的认识发展和理论逻辑发展的高度统一，体现了不同思想文化之间交流、会通、发展的一般规律。

第三章　唯物史观的中国化解读

　　与唯物史观在中国传播的曲折历程相呼应，中国先进分子对唯物史观的解读也随着国际政治形势的变化、中国革命实践的发展、文本资源的丰富与转换等，呈现出递次演进的态势。正如列宁所言，在理论上把注意力主要放在某一方面，这不取决于主观愿望，而取决于一切历史条件，尤其是取决于这个国家对理论需要的程度。在中国革命历史进程中，"因为具体的社会政治经济形势改变了，迫切的直接行动的任务也有了极大的改变，因此，马克思主义这一活的学说的各个不同方面也就不能不分别提到首要地位"①。客观地说，1919—1949年，中国先进分子对唯物史观的解读，基本上抓住了马克思主义唯物史观理论的基本内容和价值旨向。但是，受当时社会历史条件、文本资源以及主体自身知识结构等多种因素的影响，中国先进分子对唯物史观的理解，与马克思恩格斯经典著作的原意及当代中国学者对唯物史观的理解相比仍有较大差异。那么，在当时的时代背景和社会历史条件下，面对社会各种实践问题的挑战和理论领域对唯物史观的诘责，中国先进分子是如何在应对中逐步深化对唯物史观的解读的？他们从唯物史观文本资源中解读出了什么内

---

① 《列宁选集》第2卷，人民出版社1995年版，第279页。

容？唯物史观的中国解读有何特点？厘清并深入研究上述一系列问题，既有助于我们更加清晰地认识唯物史观在中国的传播历程及内容，又有助于我们客观公正地评析当时中国先进分子对唯物史观的解读，同时，也有益于我们深刻认识唯物史观对中国社会的发展所产生的重大影响。

第一节 唯物史观的中国化解读的历程

自唯物史观在中国广泛传播开始，中国先进分子在实践中随着对"中国向何处去"这一历史主题的不断追寻与探索，对唯物史观的接受与解读经历了一个曲折的发展过程。中国先进分子对唯物史观的内涵与外延的解读的发展，进一步反映出唯物史观在中国传播的独特性、复杂性和发展性。

一、经济史观与唯物史观的关系

在唯物史观的广泛传播阶段，受日本、西欧唯物史观阐释性文本的影响，中国先进分子最初将唯物史观解读为经济史观。陶履恭（陶孟和）在《经济史观》译序中曾写道："最近，我国有胡汉民从经济方面研究思想上的反映，（建设第一卷三四两号）戴季陶从经济上考察中国的乱原，（建设第一卷第二号）都是就着经济的要素发现他的影响。胡氏的文章虽然对古代经济没有渊博的研究，这个研究须有多数学者穷年累月的精力总可以有成绩，戴氏的文章虽然似乎将经济的要素归纳到一个极简单的事项，外国制造品输入之外，如人口统计，劳动生产力，生活程度，皆须有较为精密之调查，为相

第三章　唯物史观的中国化解读

关联的研究,却都是有价值的讨论,可以开中国历史的经济观的先河。"① 1920年,李大钊在《唯物史观在现代史学上的价值》一文中指出:自唯物史观问世以来,有四种名称在学者中通用,即"历史之唯物的概念""历史的唯物主义""历史之经济的解释"以及"经济的决定论"。李大钊认为,"比较起来,还是称马克思说为'经济的历史观'妥当些。Seligman 曾有此主张,我亦认为合理,只以'唯物史观'一语,年来在论坛上流用较熟,而本讲范围,亦不限于马氏的经济的历史观,故用之"②。将唯物史观解读为经济史观,虽然把握了马克思恩格斯唯物史观理论考察社会历史的切入点,但是,将唯物史观等同于经济史观,显然与唯物史观经典原著有明显的偏差。那么,为什么当时的中国先进分子将唯物史观解读为经济史观?透过当时中国先进分子解读唯物史观的范本,我们可以发现其中的渊源。

塞利格曼的《历史的经济说明——新史观》,是20世纪初具有相当影响的解读马克思的唯物史观的著作。1920年陈石孚在其翻译出版的此书(译名为《经济史观》)的译者缀语中特地指出:"关于经济史观的学说,我国向无专书。年来各杂志报章间有论及之者,然复以片碎不全为憾,爰译是书,以为研究哲学,历史,经济诸学者一助焉。"③ 恰如陈石孚所言,作为中国第一本专门介绍马克思主义唯物史观的书,塞利格曼关于唯物史观的解读,对20世纪20年代的中国人理解唯物史观发挥了重要作用,无论是宣传唯物史观者还是反对唯物史观者都视其为范本。在《经济史观》中,塞利格曼

---

① [美]塞利格曼:《经济史观》,陈石孚译、陶履恭校,商务印书馆1920年版,第7页。

② 《李大钊文集》下,人民出版社1984年版,第359—360页。

③ [美]塞利格曼:《经济史观》,陈石孚译、陶履恭校,商务印书馆1920年版,第7—8页。

对唯物史观的解读主要有以下几方面：第一，他将马克思的历史哲学解读为经济史观，并说明了之所以如此解读的理由。塞利格曼认为马克思的历史哲学在研究社会发达的原因、人类思想和社会生活进步及变迁的原因时，强调经济生活是一切生活的基本条件。这与唯物论用物质的原因解释所有变迁是不同的。后者的解释过于宽泛，以至于生物史观、气候的影响以及动植物性质影响社会生活变迁的情况也可以称作唯物的，这显然不是马克思的主张。马克思的学说不仅是唯物的，更是经济的。称马克思的历史哲学为唯物史观或历史的唯物论，不如称之为经济史观。第二，他认为经济史观并非如有学者指责的是宿命论的学说，而是在强调经济决定作用的同时，也注意到了人的意志的作用。第三，他否认经济史观与社会主义的关系，认为承认经济因素在社会发展中的重要性与阶级斗争，都推导不出社会主义。① 第四，他按时间顺序罗列了马克思著作中关于经济史观的相关著作，即1844年的《德法年鉴》，1845年的《神圣家族》，1847年的《哲学的贫困》，1848年的《共产党宣言》，1849年的《工资、劳动、资本》，1850年的《法国1848至1850年间的阶级斗争》，1852年的《路易·波拿巴的二月十八日》，1859年的《〈政治经济学批判〉序言》，1863年的《资本论》第一卷附注及第二卷第二编。塞利格曼节译了其中的片段，这既为中国先进分子解读唯物史观提供了重要原始资料，同时，塞利格曼对唯物史观的经济史观解读，直接影响了中国先进分子对唯物史观的理解。

作为对中国早期马克思主义研究和宣传影响最大的日本马克思主义学者，河上肇对唯物史观的解读，对中国先进分子接受和理解唯物史观产生了更直接的影响。对西方经济学的情有独钟导引河上肇关注马克思的唯物史观。因为对经济史的研究触及历史观问题，

---

① [美]塞利格曼：《经济史观》，陈石孚译、陶履恭校，商务印书馆1920年版，第19页。

因此，河上肇对马克思主义的研究亦主要是唯物史观。而塞利格曼的《经济史观》充当了河上肇解读马克思唯物史观的中介。1905年，河上肇将塞利格曼的《历史的经济说明——新史观》译成日文，以《新史观》为名出版，成为日本出版的第一部有关马克思唯物史观的著作。河上肇接受了塞利格曼对马克思唯物史观的解释，亦把唯物史观解读为"经济史观"。在其著的《马克思的唯物史观》（渊泉译，《新青年》六卷五号，1919年5月1日）中，对唯物史观的解读主要集中在以下几点：第一，认为马克思的唯物史观是以经济一元论为基础的经济史观。"马克思的历史观……普通称他为唯物史观，我想称他为经济史观。何以有唯物史观的名称呢？因为他说明社会上历史的变迁，注重在社会上物质的条件的变化。何以我又想称他为经济史观呢？因为他说明社会上历史的变迁，注重在社会上经济条件的变化。总而言之，观察社会的变迁，以物质的条件，再适切说起来，以经济的事情为中心，这就是马克思的历史观的特征了"，"马克思的历史观，可以称为社会组织进化论。……这种社会组织的变迁，所由来的根本原因，都在经济事情的变动，这是马克思的主张"，"那么再进一步说甚么是社会上经济事情变迁的问题？依我看来，种种经济事情之中，马克思所视为根本的重要的东西，就是'社会的生产力'。他认社会上生产东西的力即生产力的变化，是社会组织变动的根本原因"，"所以，马克思的经济史观，毕竟是关于社会组织与社会生产力的一个学说"。总之，河上肇认为：马克思的唯物史观是以经济一元论为基础的，即以生产、生产力为基础。所谓生产、生产力仅指生产资料的产生和由此所必需的工具的产出，不包括"人类的生产力，即种类的繁殖"。第二，将马克思《〈政治经济学批判〉序言》译成日文并进行解读，提出了唯物史观公式，并对唯物史观公式的两大部分分别作了理论上的阐述，唯物史观公式的第一部分的内容是：生产力和生产关系相互关系理论。生产关系是适应社会物质的生产力的发展程度而发生的一定的、必然的、和自己意志独立的关系，生产力决定生产关系，生产关系随着生产力的发展而发展，当生产关系与生产力相适合时促进生产力的发展，当生产关系与生产力不相适合时阻碍生产力的发展。在阶级社会里，生产关系的变革是通过社会革命实现的。唯物史观公式的第二部分的内容是："这种生产关系的总和。构成社会上经济的构造，就是社会真正的基础，这是构造法制上政治上的建筑物的真正基础，又是适应社会的意识形态的真正基础。""物质生活资料的生产方法，可以决定社会的政治的及精神的一切生活的过程。人类的意识不能决定人类的生活，人类的社会的生活倒可以决定人类的意识"，"因为经济的基础，发生变动，所以在这基础上面的建筑物，也要徐徐或是急速革起来了"。河上肇还进一步阐述了马克思关于旧制度灭亡、新制度产生的种种必要条件，即"两个决不会"的思想，"一个社会的组织，如果他的生产力，在这组织内，还有发展的余地。那么非等到他的生产力发展到极点的时候，决不能颠覆的。新的高级的生产关系，在旧社会的母胎内，未卵化以前，决不会发生出来的"，"所以人类都是以自己能够解决的问题为问题。何以故呢？大凡解决一个问题的必要的物质条件，或是已经存在，或是正在成立，然后这个问题才可以发生。就大体说来，我们可以亚细亚的，古代的，封建的，以及现代资本家的生产方法，为社会的，经济的，进化的阶段。但是这里头，资本家的生产关系，是社会的生产方法的最后敌对形态。……而在资本家社会的母胎内，所发展出来的生产力，同时就是造成解决这种敌对，必要的物质条件"。第三，指出阶级的发展有一个由不自觉到自觉的过程，其标志是阶级意识的产生。第四，主张对社会经济改造不能只见物不见心或是只见心不见物，而应心物并重。河上肇认为：马克思唯物史观的特征是，认物质的文明为社会组织进化的根本动力，其反面就是说社会组织变动的根本动力，决不是个人的思想感情意见。物质文明是因，精神文明是果，"要求社会一般道德向上发展，必定先要使人人有恒产才可以的。如果没有恒产，那就不能责他为善了。然而，一般道德能够改善，社会的经济也可以随之进步。精神的文明本来也可以左右物质的文明，这是马克思也承认的，但是他认物质的文明为根本的动力而已"，"所以，依他的意见说来，要对人人作道德的说教以救济社会组织的缺点，必定是无效的。……我们要想改革社会，必定是要组织一个没有做坏事必要的社会出来，为最快的路径，最好的方法。不然是绝对无效的。……所以，他一面反对个人主义经济学，一面又反对人道主义经济学——以改造个人的道德为直接目的——一面主张社会主义经济学——以改造社会组织为直接目的"。第五，阐述了他对唯物史观与俄罗斯革命的关系的看法，认为唯物史观与俄罗斯革命并不矛盾。河上肇在《马克思的唯物史观》中关于唯物史观的经济史观解读，被渊泉（陈博贤）翻译并发表于1919年5—8月《晨报》副刊上，因是国内第一篇系统阐释唯物史观的文章，先后被《新青年》、《学灯》、《时事新报》副刊、《民国日报》副刊等转载，成为当时中国学者接受、理解唯物史观的基础文本。河上肇关于唯物史观及唯物史观公式的解读，直接为20世纪20年代前后中国先进分子所接受。

由于受到塞利格曼和河上肇等唯物史观阐释性文本的影响，五四运动前后，尽管在中国传播唯物史观的主体比较复杂，但无论是信仰马克思主义的学者还是不信仰马克思主义的学者，无论是信奉、同情唯物史观学说的，还是批评唯物史观学说的，他们几乎无一例外地将唯物史观理解为经济史观或经济一元论。

由此可见，五四运动前后中国先进分子接受的唯物史观，并不是直接来源于马克思恩格斯唯物史观经典原著。之所以出现这种现象，一是马克思恩格斯没有系统地阐述唯物史观理论的专著，他们有关唯物史观的思想散见于不同时期针对不同问题的著述中。这在一定程度上增加了中国先进分子直接从马克思那里接受唯物史观思想的难度。对此，费觉天曾指出："如今我们最感痛苦的，就是马克思氏对于他底唯物哲学,未曾著本专书,遂至常常有人误解","这个经济的唯物史观,是马克思和恩格斯发见的,他们的话散见群书上很多……"① 二是五四运动前后,唯物史观相关经典原著翻译非常有限,除1920年8月陈望道翻译的第一部《共产党宣言》全译本外,中国先进分子对唯物史观的接受和理解,主要是借助转译、摘译、节译日本、西欧以及苏俄的马克思主义学者,如河上肇、塞利格曼、郭泰、考茨基等关于马克思恩格斯著作的介绍、阐释性著作。这虽然便于中国先进分子快速抓住唯物史观的基本要点,但是由于对唯物史观的接受和理解不是直接基于对原著的解读,难免烙上国外马克思主义者解读唯物史观思想的印记。

李大钊在《我的马克思主义观》中指出:"我们对于'马克思主义'的研究,虽然极其贫弱,而自一九一八年马克思诞生百年纪念以来,各国学者研究它的兴味复活,批评介绍他的很多。我们把这些零碎的资料,稍加整理,乘本志出'马克思研究号'的机会,把他转介绍于读者,使这为世界改造原动的学说,在我们的思辨中,有点正确的解释,吾信这也不是绝无裨益的事。"② 在《史学要论》中,李大钊谈了他对唯物史观的理解,"马克思的历史观,普通称为唯物史观,又称为经济的历史观。唯物史观的名称,乃是马克思的朋友恩格斯(Engles)在一八七七年开始用的。在一八四八年的《共产党宣言》里,和在一八六七年出版的《资本论》第一卷里,都含着唯物史观的根本原理;而公式的发表出来,乃在一八五九年的《〈经济学批评〉的序文》。在此《序文》里,马克思似把历史和社会对照着想。他固然未用历史这个名词,但他所用社会一语,似欲以表示二种概念:按他的意思,社会的变革便是历史。换言之,

---

① 费觉天:《驳马克思底唯物史观》,载《评论之评论》,一卷一号,1920年12月15日。

② 《李大钊文集》下,人民出版社1984年版,第47页。

把人类横着看就是社会，纵着看就是历史。譬之建筑，社会亦有基址与上层：社会的基址，便是经济的构造（即是经济关系），马克思称之为物质的，或人类的社会的存在；社会的上层，便是法制、政治、宗教、伦理、哲学、艺术等，马克思称之为观念的形态，或人类的意识。基址有了变动，上层亦跟着变动，去适应他们的基址。从来的史学家，欲单从社会的上层说明社会的变革（历史），而不顾社会的基址；那样的方法，不能真正理解历史。社会上层，全随经济的基址的变动而变动，故历史非从经济关系上说明不可。这是马克思的历史观的大体。他认横着去看人类，便是社会；纵着去看人类，便是历史。历史就是社会的变动。以经济为中心纵着考察社会变革的，为历史学；对于历史学，横着考察社会的，推马克思的意思，那便是经济学，同时亦是社会学"①。胡汉民在《唯物史观批评之批评》一文中，首先摘译了马克思的八本著作中包含唯物史观主要内容的部分，接着对欧美学者对唯物史观的七种非难一一进行了批评，其中多次提到了河上肇、塞利格曼、考茨基解读唯物史观的相关观点。作者最后提到了恩格斯关于唯物史观的解释的几封信，即1890年和1894年的书信，分析得出唯物史观是经济一元论的结论。"故此我以为马克思资本论第三卷的话和因格斯书简的话，不过补足经济学批评序文的意思。而唯物史观经济一元论的论据、并不因此动摇。"李大钊、胡汉民将唯物史观解读为经济史观的有关论述，从一个侧面说明了当时中国进步分子关于唯物史观的认知基础及认知情况。

---

① 《李大钊文集》下，人民出版社1984年版，第714—715页。

二、阶级斗争学说与唯物史观的关系

随着实践的发展和文本资源的逐渐丰富，中国先进分子对唯物史观的内涵与外延的认识也逐渐深入。这首先通过他们对唯物史观与阶级斗争学说的关系的解读反映出来，即由对唯物史观与阶级斗争学说关系的理解存在意见分歧，到逐渐将阶级斗争学说纳入唯物史观体系，实现对立统一。

（一）对唯物史观与阶级斗争学说关系的不同认识

塞利格曼在《经济史观》一书中指出，经济史观并非如有学者指责的是宿命论的学说，而是在强调经济决定作用的同时，也注意到了人的意志的作用。"正确的经济史观一点也不能否认或缩减历史上伦理的和精神的势力的重要。经济史观只注重伦理势力在某某特别时候能够得着成功的范围"，"经济史观只想表明在已往的事情里，人类的道德进步尝与其社会的和经济的进步有密切的关系，并且只是社会的伦理观念才能够使文化有持久的进步，而这些伦理观念却是建于物质兴盛的坚固基础之上，并且由于物质兴盛的坚固基础才可以实现"。① 应该说，塞利格曼对唯物史观经典原著关于经济决定作用与人的意志的作用的理解是辩证的。河上肇在以《经济史观》为中介解读唯物史观的过程中，却对二者之间的关系作了形而上学的解读，在《马克思的唯物史观》中，河上肇指出，马克思经济的史观唯物史观的特征是：认物质的文明为社会组织进化的根本动力，其反面就是说社会组织变动的根本动力，决不是个人的思想感情意见。

---

① 参见［美］塞利格曼：《经济史观》下卷，陈石孚译、陶履恭校，商务印书馆1920年版，第36、40—41、43页。

塞利格曼与河上肇对马克思唯物史观的内容的不同解读，直接影响着中国先进分子对唯物史观与阶级斗争学说的关系的理解。当时即使是信奉唯物史观的不少学者，也将唯物史观与阶级斗争学说看作马克思主义内容体系的独立组成部分，认为唯物史观与阶级斗争学说是矛盾冲突的。换言之，他们并没有将阶级斗争学说看成唯物史观理论体系的有机组成部分。当然，也有些学者认为唯物史观与阶级斗争学说不矛盾，认为阶级斗争学说属于唯物史观理论体系的内容，且是核心内容。①

历史事实为我们证明：当时未将阶级斗争学说纳入唯物史观理论体系之中的，有迹可循。1919年5月渊泉翻译的河上肇的《马克思的唯物史观》一文，开宗明义指出："马克思的社会主义，在学问上，有两大根柢。其一是历史观，其一是经济论。现在我要谈的，是他的历史观，普通所谓'唯物史观'就是了。"译文摘录了《共产党宣言》第一节"有产者和无产者"的主要内容，提及"一切过去的历史，是阶级争斗的历史……"但是，作者在译文中指出，说出宣言书第一节的大要的目的，是说明宣言书与历史观的关系，"是应用经济的史观，来说明批评现代的社会"，并没有专门论述阶级斗争。李大钊在《我的马克思主义观》中曾经指出：马氏社会主义理论大体分为三部分，即"历史论"——"社会组织进化论"、"经济论"——"资本主义的经济论"和"政策论"——"社会主义运动

---

① 关于阶级斗争到底是否为唯物史观理论体系的内容，当前理论界亦出现意见分歧。冯天瑜在《唯物史观在中国早期的传播及其遭遇》（《中国社会科学》2008年第1期）一文中指出，"当年信从唯物史观的许多论者多以为阶级斗争是唯物史观的核心内容"。王贵仁在《20世纪早期中国学者对唯物史观的阐释及其演变》（《史学理论研究》2010年第3期）一文中则认为冯的判断与历史事实不相符，指出"阶级斗争学说被并列为马克思主义三大组成部分之一，并没有被当时中国学者纳入唯物史观理论体系之内"。

论","他的学说是完全自成一个有机的有系统的组织，都有不能分离不容割裂的关系"，其中"他的特有的史观"是他解剖分析资本主义经济组织，创立社会主义理论的基础，"而阶级竞争说恰如一条金线，把这三大原理从根本上联络起来"①，"与他的唯物史观很有密切关系的，还有那阶级竞争说。"② 可见，李大钊认为唯物史观与阶级竞争说是各自独立的，他并没有将阶级斗争学说看作唯物史观理论体系的组成部分。在评论马克思的学说并阐发自己的看法时，李大钊曾指出："马氏学说受人非难的地方很多，这唯物史观与阶级竞争说的矛盾冲突，算是一个最重要的点。盖马氏一方既确认历史——马氏主张无变化即无历史——的原动为生产力；一方又说从来的历史都是阶级竞争的历史，就是说阶级竞争是历史的终极法则，造成历史的就是阶级竞争。一方否认阶级的活动，无论是直接在经济现象本身上的活动，是间接由财产法或一般法制上的限制，常可以有些决定经济行程的效力；一方又说阶级竞争的活动，可以产出历史上根本的事实，决定社会进化全体的方向。……不过这个明显的矛盾，在马氏学说中，也有自圆的说法。……这样看来，马氏实把阶级的活动归在经济行程自然的变化以内。但虽是如此说法，终觉有些牵强矛盾的地方。"③ 杨匏安于1919年11月至12月广东《新中华报》发表的《马克思主义——一称科学社会主义》一文中写道：马克思学说实"以唯物的史观为经，以革命思想为纬，加之以在英法观察经济状态之所得，遂构成一种以经济的内容为主的世界观"④，明确将马克思学说分成三个部分：唯物的历史观、阶级竞争

---

① 《李大钊文集》下，人民出版社1984年版，第50页。
② 《李大钊文集》下，人民出版社1984年版，第60页。
③ 《李大钊文集》下，人民出版社1984年版，第63—64页。
④ 林代昭、潘国华：《马克思主义在中国——从影响的传入到传播》，清华大学出版社1983年版，第68页。

说、经济学说。从渊泉、李大钊、杨匏安关于唯物史观与阶级斗争之间的关系的阐述，可以看出，他们认为唯物史观与阶级斗争学说是各自独立的，且存在矛盾。

认为阶级斗争学说属于唯物史观理论体系的内容，且是核心内容的，也可觅其踪迹。胡汉民在《唯物史观批评之批评》一文中，曾对认为唯物史观与阶级斗争说矛盾而非难唯物史观者的观点进行了批评，"这因为马克思在经济学批评等著作上，既确认社会之生产力为历史的原动力而在共产宣言上又说从来的历史是阶级斗争的历史。一眼看去、很像自相矛盾。然而仔细考求，他的学说却是一贯联络的。他说'自从土地共有制崩坏以来社会经济的构造，建设住阶级对立之上'。所谓阶级，是指经济上利害相反的经济阶级。大抵一方是经济上压服掠夺他人的一方是被人压服掠夺的。虽依于时代、其对立之形式不同。但过去之历史，总不外为阶级对立之历史。而马克思所以更进一步说是阶级争斗的历史。正所以说明他的唯物史观（社会组织随于生产变动而变动）的法则。社会是多数人集合所造成所维持的。社会组织改造，也要借多数人之手。当变革的时候，必有担其事业之主动者、为一定之动作、其运动之基础的势力、总是属于当时社会组织下居不利益的地位之一阶级。这阶级既在不利的条件之下、当然赞成改造。同时与他对立的阶级却正在有利条件之下、必然反对改造。故社会组织之改造常依阶级斗争的形式而行。以上本河上肇的解说——阶级对立阶级斗争都是经济行程自然的变化。故此在一方可以说社会生产力为历史之原动力。在他一方可以说从来的历史，是阶级斗争的历史。阶级斗争，即由社会生产力变化而来"。"要之，阶级斗争、为共产制没落以后不能免之事实。其所以不能免，是因社会组织要随着生产力变动而变动的缘故。阶级斗争最后的解决，也是因这个缘故。马克思的话，实在没有矛盾。"

（二）对唯物史观和阶级斗争学说关系的解读由对立走向统一

中国先进分子在解读唯物史观的过程中对唯物史观阐释性文本的质疑，思想领域的论战，社会变革实践提出的挑战，促使他们在社会实践中更加深入地思考唯物史观到底是什么，唯物史观与阶级斗争学说之间到底是什么关系。理论和实践的互动，促使中国先进分子对唯物史观与阶级斗争学说关系的理解逐渐清晰，对唯物史观内涵与外延的解读逐渐深入。

对唯物史观与阶级斗争学说关系的进一步解读，是基于对唯物史观的价值旨向和现实指向的解读展开的。

在马克思恩格斯那里，唯物史观的价值旨向是人的自由全面发展，其社会形式即是共产主义社会。塞利格曼在《经济史观》中，否认经济史观与社会主义的关系，认为马克思的历史哲学与他的社会主义是各自独立的。经济史观和社会主义显然彼此都没有关系。①河上肇则认为唯物史观与俄罗斯革命并不矛盾。郭泰在《唯物史观解说》中将唯物史观看作一种哲学，赋予唯物史观以宇宙观、方法论的内涵，使之与社会主义实践联系起来，尤其强调它对于指导劳动阶级的社会主义实践所具有的世界观、方法论意义。郭泰认为："社会主义，不单是要靠政治运动即掌握国家政权，来把生产机关的私有，即自然力、器械及土地的私有制度变为公有制度。换句话说，社会主义不单是有政治战争及经济战争的意思，实在还有最深的意思，就是对于绅士阀即富力阶级行哲学上的思想战争。"这就需要一种考察事物的方法，观察世界的方法，一种哲学。这种哲学和资本家所要劳动者相信的精神支配物质相反，它强调不是精神决定社会

---

① 参见[美]塞利格曼：《经济史观》上、下卷，陈石孚译、陶履恭校，商务印书馆1920年版。

生活，而是社会生活决定精神。① 唯物史观则承担了为劳动阶级提供这种观察世界的方法的任务，"引导着我们达到一种宇宙的概念。这种概念尤其不是纯粹器械的，不是基督教的，乃是一种特别的社会主义的新宇宙观，唯物史观自身虽不就是这宇宙观，而与进化论，自然科学，马克思资本论，狄更认识论等相同，是达到这宇宙观的一个方法，一个手段"②。

郭泰关于唯物史观与社会主义关系的解读，为实践中思考"中国向何处去"的中国先进分子提供了新的思想资源，促使中国先进分子从意识形态和方法论的角度来理解唯物史观对于中国社会变革的现实意义，将唯物史观看作一种社会改造学说。以唯物史观为指导对中国社会进行"根本解决"，实现社会大同，即实现社会主义，成为当时具有不同政治诉求的先进分子对唯物史观价值旨向和现实指向的比较一致的认识。唯物史观作为一种社会改造学说，从一开始就遭遇到了来自理论和实践上的诘责与挑战。也正是在应对这些理论诘责和实践挑战的过程中，中国先进分子，尤其是马克思主义者对唯物史观做出了中国特色的解读。

第一，唯物史观对中国社会发展方向和变革手段的指导意义。具有不同政治诉求的先进分子比较一致地认同中国社会的发展走向是社会主义，主张对社会问题来一个"根本解决"。然而，在如何对社会进行"根本解决"问题上产生了分歧。当时对社会进行"根本解决"的方法大体有两种：一是主张以唯物史观为理论指导，以阶级斗争、社会革命的方法实现社会主义。"要改造中国社会，只有实行社会主义；要实行社会主义，只有遵守唯物史观"；二是主张以极

---

① 参见［荷］郭泰：《唯物史观解说》，李达译，上海中华书局1926年版，第1—2页。

② ［荷］郭泰：《唯物史观解说》，李达译，上海中华书局1926年版，第6页。

和平极稳妥的改良主义的方法实现社会主义。分歧的关键是如何理解唯物史观与社会主义的关系。围绕实践中面临的如何对中国社会进行"根本解决"的问题，中国先进分子在理论上展开了争论。

1919年问题与主义的争论，胡适针对当时知识界热衷各种新思想，尤其是社会主义的潮流非常不满意，提出不要空谈和盲从主义，不要被马克思主义（唯物史观）牵着鼻子走，主张改造中国必须从研究和解决具体问题入手。李大钊等不赞成胡适的观点，认为中国的改造的确必须从解决一个个具体问题入手，但是解决具体问题离不开思想的指导。他指出，主义就像一面旗帜，有了旗帜，解决实际问题才会有方向。问题与主义的论战，从救国方策的角度指出了马克思主义（唯物史观）对于改造中国社会的现实价值。

1920年开始的关于社会主义的论战，则直接涉及了唯物史观与中国社会之间的差异以及以何种方法来解决的问题。梁启超、张东荪等正是以早期唯物史观的"经济史观"阐释为依据，在理论上赞成社会主义，赞同俄国学说，赞成对中国社会问题来一个"根本解决"，在方法上却反对阶级斗争、社会革命、无产阶级专政。他们尽管认识到了社会主义、社会革命是世界历史发展的大趋势，然而，他们认为，"为思想研究之助"，"输入俄国学说"，是应当不成问题的，"若曰对症求药也，则吾之所见，稍有异同"。① 也就是说，他们只是赞成对社会主义作思想研究，不赞成以俄国学说作为改造中国的手段。基于以上立场，他们抓住唯物史观强调经济因素在社会发展中的决定作用这一点，在实践中只强调社会主义与发展实业的关系。在1920年11月5日发表于《时事新报》的《由内地旅行而得之又一教训》一文中，张东荪指出，中国的唯一病症是贫乏，当

---

① 原文见《解放与改造》第六号，1919年11月15日。转引自《社会主义思想在中国的传播（资料选辑之一）》上，中共中央党校科研办公室（内部发行）1985年版，第45页。

务之急是救穷,救中国只有一条路,就是增加富力,开发实业,先让人们都过上"人的生活"。① 在社会问题根本解决的方法问题上,主张温和的改良主义的方法,即调和苏维埃政治与代议政治,使资本家与劳动阶级联合一致;主张用革命手段推翻军阀统治,通过社会立法的手段,改善劳动者的地位,矫正资本家的行为,增强国家财富,创造各方面条件促进资本主义顺利发展,为最终实行社会主义做准备。针对张东荪等的观点,李大钊、陈独秀、瞿秋白、李达、恽代英等纷纷撰文从不同角度予以驳斥,指出,问题不在于是否应该增加"富力",开发实业,而在于采取什么方法,中国实业之振兴,必在社会主义之实行。同时,他们也认为,谈社会主义无法回避阶级斗争、无产阶级专政等马克思主义基本理论,不推翻帝国主义和封建势力的统治,中国不可能有发展社会主义的条件。针对反对者提出的中国尚处于农业时代,没有资产阶级,也没有无产阶级,因而社会主义运动无从谈起,马克思主义者指出,于资本制度在中国还没有坚固的基础之前实行社会主义,可以免于长期的斗争和巨大的牺牲。针对反对者提出的中国的第一问题是有业无业的问题,而不是增加工资、减少工时的问题,更不是宣传社会主义的问题,马克思主义者指出,中国平民间接受资本主义世界经济组织的压迫,较各国直接受资本主义压迫的劳动阶级更为苦痛,所以不能坐而等待资本主义的缓慢发展,延长工人阶级和劳动人民的痛苦。② 马克思主义者一再重申"千万不要忘记唯物史观",同时又强调,马克思主义不是一个"死板板"的模型,重要的是遵守它的根本原则,而不必拘泥于"枝叶

---

① 参见《中国现代哲学史教学资料选辑》上册,北京大学出版社1988年版,第228页。

② 参见陈独秀等:《社会主义讨论集》,新青年社1922年版。

政策"①，以至于把革命推迟到无限的将来。

受郭泰关于唯物史观与社会主义之间关系的观点的启发，李达先后发表了《社会革命底商榷》和《马克思还原》等文章，尝试用唯物史观理论阐释和指导当时中国的社会革命问题。他指出社会发展的变革，从根本上讲主要根源于社会生产方式的矛盾运动。当社会生产力发展到一定程度，而要求必须变革生产关系时，便必然发生社会革命。社会主义的发生，决不是从理论中演绎出来的，而是从社会的客观运动中产生的。社会革命形势一旦出现，必须推动革命发展，因为"革命为进化之母，社会无革命，则社会无进化，此历史之公例也"②。

总之，通过论战，唯物史观的支持者尤其是马克思主义者，进一步明确了唯物史观的理论旨向，一部分先进分子由此坚定了对唯物史观的信仰，高举马克思主义旗帜，强调用阶级斗争、社会革命的手段对中国社会进行根本改造，以实现社会主义。

第二，对阶级、阶级斗争的中国解读，是实现唯物史观与阶级斗争学说统一的桥梁。主张以唯物史观为理论武器，运用阶级斗争的方法对中国社会进行根本改造，在实践中遭遇到的问题之一，就是阶级斗争学说是否适应于中国？中国是否存在阶级和阶级斗争？这是中国先进分子在中国社会变革实践中必须回答的问题。

自20世纪初马克思主义在中国传播开始，现代意义上的阶级和阶级斗争观点就被具有不同政治诉求的中国先进分子所接受并广泛传播。然而，阶级和阶级斗争学说毕竟是一种不同于中国传统文化的异质文化，其在中国的适应性问题难免遭到时人的质疑和指责。因为主张阶级斗争是一件事，认识社会阶级的存在是另一件事。当时对阶级和阶级斗争的质疑主要有两种：一是认为阶级斗争是西方

---

① 施存统：《马克思底共产主义》，载《新青年》，9卷4号。
② 李达：《李达文集》第1卷，人民出版社1980年版，第267页。

历史的产物，中国与西方不同，就中国历史而言与此论调不符，中国历史上有阶级斗争，但自古至今都是官民之争。李达认为，"马克思《共产党宣言》开口即谓人类社会之历史，一阶级斗争之历史也。此盖征之西洋历史，如希腊之屡次革命，为贫富两阶级之争，罗马有贵族平民之争，自由人与奴隶之争，法国革命为特权阶级与中产阶级，及中产阶级与无产阶级之争，最近乃有劳资两阶级之争，此固信而有征也。然反观吾国之历史，则又不能吻合"①，我国历史与他国不同，"盖吾国秦以前为贵族自相斗争。自秦以后，历代乱事，皆与阶级无关，未闻有经几次战乱而划除一种阶级者。故马克思之说，于东方可谓无验。然谓吾国竟无阶级，竟无阶级斗争。则又不然，历史上异姓之际，无不由于民变。民变无不由于吏治不良，迫压已甚。人民铤而走险所致。故谓吾国之斗争，自古至今，皆为官民斗争，亦无不可"，"……故数千年吾国民所受之痛苦，皆直接受之于官吏。可见官吏实与人民立于对待地位，而为不并立之阶级也"。② 二是认为阶级斗争使两大阶级成为生死冤家，调和的方法归为无用。

要承认中国有西方式的阶级、阶级斗争的事实，必须将中国纳入世界历史发展进程中，承认中国历史的发展是循着世界历史的发展进程而前进的，中国历史与西方历史只有古今不同而不是中外之别，也就是说要承认阶级斗争具有普遍性。但是，中国的国情与历史与西方毕竟存在很大差别，中国是小农国家，没有西方意义上的大工业与大生产，也就不存在资产阶级和无产阶级，中国的阶级与阶级斗争又有其自身的特殊性。应对实践中的指责和质疑，必须从回答阶级斗争的普遍性和中国阶级斗争的特殊性的关系问题上入手。早期马克思主义者在质疑和指责中抓住了把阶级斗争理论应用于中

---

① 李达：《李达文集》第1卷，人民出版社1980年版，第267页。
② 景藏：《吾国之阶级斗争》，载《东方杂志》，十七卷九号，1920年5月10日。

国的最为基本的问题，以中国传统文化为底色，将中国社会放在世界历史发展的背景中，从中国社会存在剥削与被剥削的事实和世界社会主义运动的角度，认为中国社会存在阶级斗争，阶级斗争的存在是中国社会历史发展的必然，也是推动中国社会历史发展的必要手段，从而对来自西方的阶级和阶级斗争学说做了富有中国特色的解读。

那么到底什么是阶级？什么是阶级斗争？阶级斗争的根源在哪里？对此，中国先进分子也做出了自己的解释。李大钊指出："马氏所说的阶级，就是经济上利害相反的阶级，就是有土地或资本等生产手段的有产阶级，与没有土地或资本等生产手段的无产阶级的区别：一方是压服他人，掠夺他人的，一方是受人压服，被人掠夺的。"① 李大钊认为各殊异阶级间的竞争全由于他们自己特殊经济上的动机。② "历史的唯物论者，既把种种社会现象不同的原因，总约为经济的原因，更依社会学上竞争的法则，认许多组成历史明显的社会事实，只是那直接，间接，或多，或少，各殊异阶级间团体竞争所表现的结果。他们所以牵入这竞争中的缘故，全由于他们自己特殊经济上的动机。由历史的唯物论者的眼光去看……这类的政治变动，由马克思解释，其根本原因都在殊异经济阶级间的竞争。我们看那马克思与昂格思的《共产党宣言》中'从来的历史都是阶级竞争的历史'的话，马克思在他的《经济学批评》序文中，也说'从来的历史尽是在阶级对立——固然在种种时代呈种种形式——中进行的'，就可以证明他的阶级竞争说，与他的唯物史观有密切关系了。"③

除了马克思主义者之外，国民党理论家、无政府主义者等也对

---

① 《李大钊文集》下，人民出版社1984年版，第62页。
② 《李大钊文集》下，人民出版社1984年版，第60页。
③ 《李大钊文集》下，人民出版社1984年版，第60—61页。

阶级、阶级斗争谈了自己的看法。总之，中国先进分子大都以唯物史观为基础，将唯物史观的经济因素等同于个人利益或个人利害关系，以财产为基础，认为阶级仅仅与经济利益相关联，或者从贫富关系，或者从压迫与被压迫、掠夺与被掠夺关系等方面理解阶级、阶级斗争。在阶级、阶级斗争的含义、产生原因等方面基本上达成了共识。他们大都认为：阶级就是经济上利害相反的社会集团；阶级产生的原因是掠夺关系的成立，即生产力的发展导致的剩余劳动和生产手段的独占；阶级斗争就是经济利益上利害相反的两个阶级间的对立和冲突，对经济利益的欲望是阶级斗争的主要原因；阶级斗争作为社会改造的手段，是历史发展的必然趋势，是不可避免的；阶级斗争的根源是掠夺关系的存在，要消灭阶级斗争，只要废除阶级。中国先进分子对阶级和阶级斗争的中国特色的解读，为解决唯物史观与阶级斗争之间的关系架起了桥梁。

第三，意志论与阶级斗争的结合是实现唯物史观与阶级斗争的统一的关键。经济因素与人的意志、理想等精神因素在社会历史发展中的地位和作用问题，则是中国先进分子在社会变革实践中遭遇的又一个必须解决的理论难题。在唯物史观的经济史观解读中，过分强调经济因素在社会历史发展中的决定作用，认为社会革命的发生是经济因素发生变化的必然结果。对人这一社会历史主体在社会发展中的作用，如人的主观能动性对物质的反作用，人的意志等精神因素在社会历史变迁中的作用等，几乎没有提及或是认识不够，具有浓厚的机械决定论色彩。因而遭到一些非马克思主义者的批评和质疑。

常乃德曾撰文指出："马克思的功劳不小"，但"若说全部历史的发展，是完全依靠经济进化才能解释，这是大错"[1]。费觉天也曾

---

[1] 常乃德：《马克思历史的唯物主义》，载《国民》，第2卷第2号，1920年6月。

批评马克思的唯物史观是机械的经济一元论,不注重人的作用。"马克思知道旧式唯物论错了,不当把人类的头脑活动,一概抹杀;知道黑智尔错了,不当把理智看做万能,他自家却主张人类的思想纯由物质反射不能离物质而独立,经济基础一经变动,人类思想就跟着变动。"他认为物质不过是人类思想的材料,而思想之所以成为思想纯是主观的作用。"人类思想既是由物质界反射,那么物质界有什么现象,人类就会有什么思想,而实事上恰恰相反……自有人类以来,物质界里本就有这种现象,却到万年后,今日才有这种思想","且照马克思主张物质一经变动,思想也就跟着变动,而事实上却大不然"①。继之,费觉天指出,将唯物史观理解为经济一元论是错误的,经济因素并非人类社会发展的决定因素,因为人类生活不只一元,人类动机并不起于经济。"唯物史观既是个经济一元论又是大错特错……经济一元论既能支配一切,何独不能支配马克思底心。甚至今日文化运动家……难道是为经济而运动吗?……我们人不能离开经济,犹之不能离婚姻,道德等等","不是人类动机没有经济,是人类动机并不起于经济","所谓经济一元论底经济是指生产,生产的虽是人,生产关系却与人的意志分离,而同物质发展阶段相适应。究竟生产关系是否离人的意志而独立,暂不论;但生产关系总是为生产力所造成,这却无疑,有什么生产力就有什么生产关系。生产关系是否依人底意志而决定,固然是个问题,但生产力为人所支配,确是无疑","即退步说,照马克思底意见,社会发展由于经济,经济发展由于生产力,那么中国五千年来,为什么不发生大机械底生产……且照马克思底意见,生产关系会自家发达,自家衰败,人丝毫不能支配,那么我们今日所谓文化运动就毫无意

---

① 费觉天:《驳马克思底唯物史观》,载《评论之评论》,一卷一号,1920年12月15日。

义了，就是马克思自家所提倡的国际工人协会也是件无意识举动。"① 总之，批评者们无一例外地把矛头指向"经济决定论"，强调人的精神或意志在历史发展中的作用。

早期马克思主义者从批评者、反对者的观点中已经意识到：将唯物史观解读为经济史观，强调经济因素在社会发展中的决定作用，忽视人的意志等精神因素的作用，具有明显的机械性，不仅学理上难以自圆其说，还会导致社会变革实践中放弃社会革命的严重后果。"依唯物史观所说，新社会的组织，是旧社会组织中各种固有势力发展的结果。资本制度发达至于一定程度的时候，必然发生一种'自身解体的物质上的动因'，资本制度自己掘自己的坟坑"，"……若说资本制度的解体是资本集中的结果，则由旧社会推移到新社会的途径，完全可以离却人的精神的要素和意识的行动，马克思的唯物史观就变为机械的史观了。若是这样解释，社会党无须干社会革命，只听资本主义自然发展好了。社会主义者也无须鼓吹革命，只努力去开发实业好了，国家当然可以利用，阶级当然可以调和了。因为资本集中的结果，自然要发生革命的。所以照这样说，马克思一面运动革命，一面唱这种机械史观的宿命论，不是自相矛盾吗？这是使人易生疑窦的地方，马克思派主义者的变态，未始不从这种怀疑点出发的"。② 为此，马克思主义者在坚持唯物史观公式的前提下，开始对唯物史观理论进行反思，先后发表了一系列讨论唯物史观和阶级斗争学说的文章，试图阐释唯物史观及其与中国社会革命、阶级斗争的关系。

那么，经济因素和人的意志等精神因素在人类社会历史发展过程中作用如何？唯物史观与阶级斗争之间到底是什么关系？马克思

---

① 费觉天：《驳马克思底唯物史观》，载《评论之评论》，一卷一号，1920年12月15日。

② 《李达文集》第1卷，人民出版社1980年版，第35页。

主义者针对实践中对唯物史观的质疑，在进一步解读唯物史观和阶级斗争学说的过程中，指出唯物史观注重经济因素的作用，并不忽视人的意志的作用。阶级斗争作为经济利益根本对立的两大阶级间的对立和冲突，离不开人的意志、理想等精神因素的作用，强调"人们的主观努力"对社会变革的作用。这为解决唯物史观与阶级斗争学说的关系问题打通了通道。

1921年2月，蔡和森在致陈独秀的信中，提出了他的一个著名论点，即"综合革命说与进化说"。他指出，人类社会是一个自然的、依着自己的规律进化的客观过程，革命是一种在人的主观意志指挥下发生的社会行为，主观的行为必须建立在客观规律之上。马克思主义之所以立于不败之地，就是因为在进行革命运动时，注意处理主观意志与客观实际的关系，既不脱离实际，盲动蛮干，又不致在条件成熟时，消极等待，丧失时机。施存统则明确强调人们的主观努力对社会变革的作用，指出革命既靠"经济的必然"，又靠"人们底努力"。"社会革命没有'人们底努力'是决不会成功的。但是单有'人们底努力'，也决不会成功的。所以马克思一面证明社会主义是必然到来的命运，一面却又极力主张革命。"① 蔡和森、施存统等在承认经济作用的同时，将人的意志、"人们底努力"等精神因素在社会变革中的作用凸显出来。

人的意志、"人们底努力"在社会变革中通过什么表现出来呢？对此，李汉俊的回答是阶级斗争。"生产力与社会组织底变化之间有人类意志的媒介的。社会组织变革是要人底意志——或为其表现的阶级斗争——来实现的……我们离开了人类底意志来观察人类底进化，人类底进化就要成为不可思议，我们离开阶级斗争这说来解释

---

① 施存统:《我们要怎样干社会革命?》，载《共产党》第5号，1921年5月16日。

唯物史观，唯物史观就要变为机械论。"①

第四，强调"实行"的重要性，使阶级斗争学说融入唯物史观。李达在《社会革命底商榷》一文中指出：直接行动"可以称为社会革命的唯一手段"，"直接行动是什么呢？这是一种最有效力的手段……阶级斗争的手段，以最普遍最猛烈最有力量的为好。……我很主张无产阶级为突发的群众运动。……中国政治上经济上的混乱恐慌，达到极点，社会上的大缺陷，随时暴露出来，可乘的机会很多。所以我主张我们要在各大都会，结合工人农民兵士及他种属于无产阶级的人，组织一个大团体，利用机会，猛然的干起大规模的运动来，把那地方的政治力，夺在我们手中，凭着政治上的势力，实行我们社会主义的建设，完全管理社会中经济的事业"，"照社会主义的原则说，社会革命在资本制度发达到一定的程度的时候，自然要实现的；然而也可以用他种人为势力——非妥协的阶级斗争——促进他的速度……所以我国在中国运动社会革命的人，不必专受理论上的拘束，要努力在实行上去做"。②

总之，马克思主义者通过强调"人们底努力"即人的意志等精神因素以及"实行"或"直接行动"在社会变革中的重要性，把阶级斗争看作人的意志在社会变革中的表现，将人的意志与阶级斗争联系起来，进而将阶级斗争纳入唯物史观内容体系中，实现了唯物史观与阶级斗争学说的统一。

20世纪20年代中期，由于中国社会革命实践的需要，对唯物史观的解读随之由强调经济的决定作用转向强调人的意志或阶级斗争、社会革命在社会变革中的作用。阶级斗争、社会革命学说成为当时唯物史观解读的核心内容之一。阶级分析的方法开始流行，并与经

---

① 李汉俊：《我们如何使中国底混乱赶快终止》，载《民国日报》，1922年1月1日。

② 《李达文集》第1卷，人民出版社1980年版，第46—56页。

济分析方法相结合，成为马克思主义者进行社会分析的基本工具，对中国社会发展产生了深远影响。对此李泽厚先生曾论述道："马克思主义在中国，主要是以其唯物史观（历史唯物论）中的阶级斗争学说而被接受、理解和奉行的"，"阶级斗争并不就是唯物史观，唯物史观也远不止是阶级斗争，但阶级斗争作为唯物史观的一个重要的基本内容，数十年来对中国的革命知识分子来说，具有关键性的意义。共产主义作为唯物史观的未来图景，提供的只是革命的信念和理想，阶级斗争作为唯物史观的现实描述，才既是革命的依据，又是革命的手段和途径。于是它就成了马克思主义在中国最根本的理论学说和基本观念。"① 李泽厚先生的这段阐述，既谈了他对唯物史观与阶级斗争学说的关系的看法，也谈到了唯物史观和阶级斗争学说，尤其是阶级斗争学说对中国先进知识分子的意义，虽说得有些绝对，但也不无道理。事实上，中国先进分子尤其是马克思主义者确有从中国社会政治革命的视角去接受、解读、宣传唯物史观和阶级斗争理论的一面，阶级斗争作为中国社会改造的方法、手段不仅在革命时期发挥了重要的作用，在革命胜利后的很长时间里，影响仍然存在。

　　综上所述，借助来自日本、西欧的唯物史观阐释性文本资源，结合中国社会实际，中国先进分子对唯物史观的解读，由强调经济因素的决定作用，到在承认经济因素的决定作用的同时，强调人的意志在社会变革中的作用，再将阶级斗争纳入唯物史观理论体系，这既显示了中国先进分子对唯物史观的解读在内涵与外延上的深化，也为20世纪20年代中后期中国先进分子，尤其是中国共产党人不断深化对唯物史观的认识奠定了基础。应该说，此阶段中国先进分子对唯物史观的解读还只是局限于将唯物史观理解为一种具有实证

---

　　① 李泽厚：《中国思想史论纲》下，安徽文艺出版社1999年版，第973—974页。

性的科学，一种社会改造学说，更多的是强调唯物史观的科学性、实践性。

三、唯物辩证法与唯物史观的关系

伴随唯物史观阐释性文本资源由以日本、西欧为主向以苏联为主的转换，文本资源的日益丰富，社会革命实践中新问题、新情况的不断出现，以及主体文化意识的觉醒，解决中国革命现实问题的迫切需求，促使中国先进分子对唯物史观理论展开了进一步的反思、解读和研究。在处理唯物史观与阶级斗争学说的关系，尤其是在处理阶级斗争学说与中国的适应性问题上，中国先进分子已经意识到中国国情与西欧、俄国不同，认识到要以唯物史观为指导变革中国社会，不能生搬硬套地运用唯物史观理论来分析中国历史与现实，必须正确处理一般与个别、普遍与特殊的关系问题。唯物辩证法作为一种科学的思维方法，逐渐纳入中国先进分子的视野，并成为唯物史观深入传播与初步运用阶段中国先进分子解读的着力点，唯物史观的辩证本性得以彰显，唯物史观的解读进一步深化。

中国先进分子对唯物史观的解读的着力点转向唯物辩证法，与20世纪20年代中期传入中国的唯物史观文本资源由以日本、西欧为主，逐渐转向以苏联文本为主密切相关。与西欧马克思主义学者结合本民族文化、工人阶级革命实际，从经济出发解读马克思主义唯物史观，重视经济因素在社会历史发展中的作用，将唯物史观解读为经济决定论，视唯物史观为指导社会主义的方法，试图使唯物史观理论化、经验化的传统不同。苏俄马克思主义者，如列宁、普列汉诺夫等，则基于俄国的国情，从世界观的高度将马克思主义解读为辩证唯物主义，认为唯物史观作为一种历史观和科学方法论，是辩证唯物主义的一个组成部分，是辩证唯物主义在社会历史领域的应用。在辩证唯物主义体系中，普列汉诺夫更重视理论，重视唯物史观部分；而列宁在领导俄国革命过程中，基于俄国经济落后的国情，更强调实践对于解决辩证法和认识论问题的重要性，强调要根据变化了的实践灵活运用马克思主义。列宁在全俄东部各民族共产党组织第二次代表大会上所作的目前形势问题的报告上强调，东部各被压迫殖民地民族共产党组织，在领导民族独立和民族解放的革命运动中，"必须以共产主义的一般理论和实践为依据，适应欧洲各国所没有的特殊条件，善于把这种理论和实践用于主要群众是农民、需要解决的斗争任务不是反对资本而是反对中世纪残余这样的条件"①。

20世纪20年代，随着赴俄留学知识分子的相继回国，苏俄学者解读马克思主义的文本开始在中国传播。瞿秋白在以唯物史观为指导探寻救国之路的过程中，觉察到将马克思主义仅限于唯物史观及其经济学说是不完全的。他在赴俄留学过程中，接受了苏俄学者对唯物史观的解读方向，认为唯物史观是辩证唯物主义在历史领域的应用。回国后，瞿秋白致力于从辩证唯物主义的角度解读唯物史观。在《马克思主义之意义》一文中，瞿秋白指出："中国对于马克思主义理论上的研究，至今还是异常的贫乏，对于唯物史观的介绍往往不大确切和明了。通常对于唯物史观及马克思主义的译名，即如'唯物史观'一词都嫌疏陋，马克思的哲学学说决不能以唯物史观概括得了。所以，必须知道马克思主义的真切的意义。"② 在1924年出版的《现代社会学》《社会哲学概论》《社会科学概论》等著作中，瞿秋白力图把历史唯物主义与辩证唯物主义统一起来，最早提出"互辩律的唯物论"的概念，对唯物史观的对象、社会发展的客观规律、社会历史的辩证法、社会现象的偶然性与必然性、社会基本矛盾和阶级与阶级斗争等问题作了论述，指出互辩律的哲学是"一切

---

① 《列宁选集》第4卷，人民出版社1995年版，第79页。
② 《瞿秋白文集：政治理论编》第4卷，人民出版社1993年版，第21页。

社会科学的方法论"①。应该指出的是，受当时社会历史条件和主体认知因素等的限制，瞿秋白关于互辩律的唯物论的解释并未引起足够的重视。1926年李达在《现代社会学》中，总结前人对唯物史观的解读成果，以唯物史观为根据，运用唯物辩证的方法论，对社会的本质、社会的起源、社会的结构、社会的变革、社会意识、唯物史观与中国社会问题等进行了全面系统又富有中国特色的阐述，成为当时中国进步知识分子解读唯物史观的典范。

大革命失败后，作为革命指导思想的唯物史观非但没有在人们思想中销声匿迹，相反却以星火燎原之势在青年中得到越来越广泛的传播、理解和支持。20年代末到30年代中期，中国思想文化领域兴起了第二次唯物史观热潮，唯物辩证法作为一种解释社会历史的科学方法论被人们认同并在实践中广泛运用。艾思奇当时的言论说明了这一点，"唯物辩证法风靡了全国。……学者都公认这是一切任何学问的基础，不论研究社会学、经济学、考古学或从事文艺理论者，都在这哲学基础中看见了新的曙光，许许多多旧的文学者及研究家都一天一天的'转变'起来。人道主义者的鲁迅先生抛弃了人道主义，李石岑先生撇开了尼采，朱谦之先生听说也一时地成为辩证法唯物论者。任何顽固的旧学者，只要不是甘心没落，都不能不拭目一观马克思主义的典籍，任何能于独创的敏锐的思想家也不得不向《资本论》求助"②。强调以唯物辩证的科学方法阐释唯物史观并将其与中国社会实践相结合，成为这一时期的主要特点。郭湛波曾指出："近五十年中国思想之第三阶段，以马克思的'唯物史观'为主要思潮，以辩证法为方法，以辩证唯物论为基础，以中国社会

---

① 《瞿秋白文集：政治理论编》第2卷，人民出版社1988年版，第334页。
② 《艾思奇文集》第1卷，人民出版社1981年版，第66页。

史为解决中国问题的锁钥。"①

20世纪20年代末到30年代中期,中国先进分子对唯物史观的解读之所以转向唯物辩证法,是历史和逻辑、理论和实践发展的必然。

(一)大革命失败后的国际国内环境为以唯物辩证的方法深入解读唯物史观提供了条件

1929—1933年,资本主义世界经济危机的全面爆发,深刻暴露了资本主义经济制度的弊端,印证了马克思对资本主义制度批判的正确性,显示了马克思主义唯物史观的理论威力。同时,经济危机的爆发让人们觉得世界性革命即将开始,全世界无产阶级要通过世界革命获得解放,必须做好思想和理论准备。这为马克思主义的世界性传播提供了深厚的社会基础与绝佳契机。20世纪30年代前后的中国,就处在这样一种世界历史大背景之中,这决定着马克思主义理论在中国新的走向和发展。从当时国内情况看,国民党统治的薄弱环节及革命形势的潮落潮起、暗流涌动的实际情况为唯物辩证的历史观思潮的兴起提供了相对宽松的政治环境和思想文化氛围。1927年至1930年年底,国民党因忙于内战和内部派系整合,系统的特务组织还没有建立起来,对社会的控制还不严密。经济多元化、文教与科学艺术发展、社会思想转型以及政府软弱、政党控制力有限等客观因素,为思想领域留下了较大的自由空间。当时出现了一个非常耐人寻味的现象,即关押共产党人的监狱禁止阅读《水浒》《三国》一类鼓励造反的书籍,却不禁止阅读马列著作,导致一些共

---

① 郭湛波:《近五十年中国思想史》,山东人民出版社1997年版,第149页。

产党人在监狱中提升了理论水平。① 同时，由于书报业已经成为一个颇具规模的产业，且均为民营性质，所以要打破产业链，实行一党独裁，并非易事。大革命惯性的延续为唯物辩证法的兴起提供了理论土壤。大革命的失败，不但通过社会革命对中国社会进行根本变革的思想没有丧失，唯物史观没有从人们思想中消失，相反，却促使进步的中国人开始对唯物史观进行理论反思，开始从理论上研究唯物史观。这使得唯物史观在大革命失败后不但没有消失反而能够逆势发展并成为时尚。

（二）日本、苏联的哲学论争为以唯物辩证的方法解读唯物史观提供了理论资源

20世纪20年代初，以河上肇为代表的日本马克思主义学者受塞利格曼等西欧学者的影响，将唯物史观解读为经济史观，对唯物史观作了机械的理解。1924年，从欧美归来的福本和夫在《马克思主义》杂志上以"北条一雄"的笔名发表了《关于统一无产者的马克思原理》等一系列论文，第一次明确地把辩证唯物论和历史唯物论作为马克思主义的哲学基础，并撰文批评河上肇的唯物史观是抽掉唯物辩证法的唯物史观，第一次在日本思想界展开了关于马克思主义哲学的论争，辩证唯物论和唯物辩证法开始引起日本理论界的重视。在福本和夫的主要著作《社会进化论》（施存统译，1930年出版）中，福本和夫从唯物辩证法出发来解读唯物史观，认为在唯物辩证法和唯物史观之间，唯物辩证法具有逻辑的先在性，具有本体论意义，而唯物史观只是唯物辩证法在社会历史领域的运用，唯物辩证法具有认识论、方法论意义。由此，福本和夫批评河上肇对唯物史观存在两个基本误解：一是把1859年马克思的《〈政治经济学

---

① 参见《彭真年谱（1902—1997）》上卷，中央文献出版社2002年版，第57页。

批判〉序言》里关于唯物史观的论述当作唯物史观底公式，在论述唯物史观时，常以该公式为出发点作教条化、机械化解释；二是将唯物史观解读为经济史观，遮蔽了唯物史观的生成过程。他声称要用唯物辩证法这个新的科学方法来解说唯物史观。河上肇认同了福本和夫用唯物辩证的方法解读唯物史观的方向，并对自己以往的相关研究做了自我修正和批判。日本学界关于马克思主义哲学的论争，开创了唯物史观解读史上一个新的转向，即用唯物辩证的方法解读唯物史观。施存统在《社会进化论》译序中指出，福本和夫对于马克思主义的解释，在1925—1927年几乎支配日本的思想界。这种影响也迅速通过留日知识分子传到国内。1927年10月，朱镜我、彭康、冯乃超、李初梨、李铁声等留日青年作家回到上海，为打破大革命失败后中国文坛的沉闷现状，于1928年1月创办《文化批判》，在文化界和思想界首先介绍辩证唯物论和唯物辩证法，倡导无产阶级革命文学。

苏联哲学界的论战掀起运用唯物辩证法研究唯物史观的热潮。1923年至1930年，苏联哲学界发生了斯捷潘诺夫的"机械论"与德波林的"辩证论"的论战。以德波林为代表的"辩证论"派，反对机械论者将科学与哲学分离开来，强调"纯"研究的自主性的观点，认为辩证唯物主义哲学与科学理论是不可分离的，如果承认没有渗透价值的哲学假说的科学的存在，将势必破坏马克思主义辩证法的完整性，导致实际上更有害的实证主义哲学取代马克思主义辩证法。德波林的"辩证论"派主张矛盾和斗争是所有存在形式的特点，两个互相矛盾的因素不是势均力敌的，因其适应了当时苏联国内斗争形势的需要，在论战中暂时获胜，被中国学者当作哲学研究的指导。1927年的新文化运动，马克思主义经典著作，如恩格斯的《反杜林论》、列宁的《唯物论与经验批判论》等的全译本相继在中国翻译出版。与此同时，布哈林的机械论，斯捷潘诺夫的机械论与经验批判论等与普列汉诺夫、德波林、伊里奇的哲学毫无分辨地输入了中国,如德波林的《唯物辩证法与自然科学》、果林斯坦的《自然科学新论》、乌兰诺夫斯基的《新哲学与自然科学》、格森的《牛顿原理批判》等,对中国学者尤其是中国共产党人产生了直接影响。这种影响主要表现为方法论问题上机械论与辩证法之争。但是,在机械论批判之后,哲学又停滞于普列汉诺夫和德波林的形式主义。进入30年代以后,德波林自己却使辩证法哲学脱离了社会政治而成为空洞的书本学问。于是,1931—1932年苏联哲学界又对德波林理论脱离实际的倾向展开了批判。受此影响,中国自1933年开始也展开了对德波林主义的清算,并从苏联系统地引进了辩证唯物主义学说。

(三)社会革命实践和思想文化领域中提出的新问题,迫切需要正确的方法论指导

大革命失败后,社会革命转入低潮。中国社会的性质是否改变了?中国民族民主革命是否结束了?中国将往何处去?成为当时亟须解决的社会问题。马克思曾经说过:"唯物主义历史观及其在现代的无产阶级和资产阶级之间的阶级斗争上的特别应用,只有借助于辩证法才有可能。"① 王礼锡在《中国社会史的论战序言》中的一段话也印证了这一点,"现在已不是单纯的陈胜、吴广揭竿而起式的农民暴动可以夺取统治权的时代。同时现在也不是……独夫专暴式的统治可以镇压革命的时代。现在是盲目的革命已经碰壁,而革命的潜力又不可以消泯于暴力的镇压之下,正需要正确的革命理论指导正确的革命的新途径的时候。'没有革命的理论,就没有革命的行动'……要探索革命的正确前途,有一个先决问题应当解答:'中国社会已经走上了一个什么阶段?'……","1926—1927年使许多人

---

① 《马克思恩格斯全集》第19卷,人民出版社1963年版,第346—347页。

失望的国民革命的失败，使列宁的名言'没有革命的理论，就没有革命的实践'更加可信。"① 要回答实践中提出的这些新问题，首先要认清中国当时的社会性质。由于对中国社会性质的认识与社会发展的基本理论密切相关，因此用新的理论、新的方法来研究、探讨中国社会史、经济史，重新审视估价中国社会、思想文化，寻找"中国向何处去"之路成为迫切需要解决的问题。从20世纪20年代末到30年代，围绕着经济基础和上层建筑等多方面的问题，学术界开展了关于中国社会性质问题、中国农村性质问题、社会史问题等的论战。从方法论的角度看，实质是如何处理一般与个别、普遍与特殊的问题。唯物辩证法作为一种科学的方法论被引入社会历史领域，以唯物辩证的方法观察分析中国社会历史成为当时的主导思潮。"1928论战的方法和主题可说是马克思主义的。参战者希望能使中国历史和社会符合社会的辩证发展规律，使之融于广阔的世界具有宇宙意义。参战者都认为自己是社会科学家，并制定出一套解释中国历史的方法论。"② 论战中涌现出的一大批书籍和文章，充分反映出寻找精确可信的思想指导是当时的迫切需要。

党内教条主义的盛行迫切需要新的方法论指导。思想方法论的不足，造成了共产党人在较长一段时期内在应用唯物史观指导中国社会革命时，明显地带有机械僵硬的毛病，无法理性地面对革命实践中出现的新问题。1927年大革命失败后，中国革命开始向农村深入发展。实践中提出了新问题：一小块红色政权在四周白色政权的包围中能否存在和发展？中国革命的道路到底在何方？革命者亟须找到一种科学的方法论，以科学地分析中国革命运动中相互联结的

---

① [美] 郭颖颐：《中国现代思想中的唯科学主义（1900—1950）》，雷颐译，江苏人民出版社2010年版，第118—120页。

② [美] 郭颖颐：《中国现代思想中的唯科学主义（1900—1950）》，雷颐译，江苏人民出版社2010年版，第118页。

诸矛盾及其变化的规律，寻找中国革命发展的特殊道路。唯物辩证法理论适应了这一需要。到30年代前期，当中国革命再次受挫后，中国共产党人更加强烈地要求从世界观和方法论的角度去总结革命教训，解决党内长期存在而没有彻底解决的思想路线问题。可以说，辩证唯物主义思潮的兴起正是中国革命全面展开、深入发展的必然结果。

（四）中国先进分子的主体自觉是唯物史观热潮再次兴起的催化器

20世纪20年代末至30年代中期，中国先进分子对唯物史观经典著作的自觉译介、研究与运用，促使思想学术领域兴起了以唯物辩证的方法研究唯物史观的热潮。郭湛波对近五十年中国思想史之第三阶段的主要代表人物，如冯友兰、张申府、李达、郭沫若、陶希圣等对唯物史观在中国的传播与运用所做贡献的肯定，可以使我们清楚地看到当时的知识分子对唯物史观传播与运用的主体自觉。郭湛波高度评价了李达对唯物辩证的历史观之兴起的贡献，"今日辩证唯物论之所以澎湃于中国社会，固因时代潮流之所趋，非人力之所能左右，然李先生一番介绍翻译的工作，在近五十年思想史之功绩不可忘记"[①]，"……冯先生对于中国近年史学趋势的见解，实则是冯先生唯物辩证法研究学术的应用，由此可见冯先生的治学方法及近日思想之转变"，郭湛波将冯友兰看作这个"风雨如晦"的时代的"一个思想的领导者"[②]。关于张申府，郭湛波评价道，"先生虽为研究罗素专家，同时并深究辩证法及唯物史观，观其所著《所思》一书，及所编《世界思潮》即可明了……他的方法，一面是科学的客观法，一面是唯物的辩证法"，张先生对于辩证法的贡献在于

---

① 郭湛波：《近五十年中国思想史》，山东人民出版社1997年版，第179页。
② 郭湛波：《近五十年中国思想史》，山东人民出版社1997年版，第169页。

承认"宇宙是一个矛盾,一切事物现象当然也是矛盾;这是辩证法的效用。宇宙是动的,变化的,一切事物现象当然也是动的,变移的,这是辩证法的公式。但宇宙是整个的,互相关联的……一切事物之发展,由于自身矛盾,'自动',是'相反者之转成',事物的转变,由于量到质的变化。辩证法是事物的反映,所以客观的辩证法是绝对的,辩证法自身是相对的……现在的时代是变的,所以辩证法也被人重视"。郭湛波认为辩证法是张申府思想的来源,而辩证法又来自马克思的唯物史观。① 关于郭沫若,郭湛波评价道:"郭先生是用唯物史观研究中国社会史最有成绩的人,也是研究甲骨文最有成绩的人。不只开中国史学界的新纪元,在中国近五十年思想史上也有莫大的贡献。"② 对于陶希圣,郭湛波指出:"中国近日用新的科学方法——唯物史观,来研究中国社会史,成绩最著,影响最大,就算陶希圣先生了……陶氏在近五十年中国思想史之贡献,就在他用唯物史观的方法来研究'中国社会史'。"③ 1930—1936年的唯物辩证法论战,廓清了关于唯物辩证法方面的一些模糊认识,使得唯物辩证法这种"动的逻辑"成为中国思想领域的主导方法。

四、唯物史观与认识论的关系

中国先进分子对唯物史观的解读,始终是围绕着回答"中国向何处去"这一历史主题而展开和发展的。20世纪30年代中期,民族危机的日益加深,促使中国先进分子在强调运用唯物辩证法研究唯物史观的基础上,将唯物史观的解读重点转向认识论,强调实践对

---

① 参见郭湛波:《近五十年中国思想史》,山东人民出版社1997年版,第169、172—173页。
② 郭湛波:《近五十年中国思想史》,山东人民出版社1997年版,第178页。
③ 郭湛波:《近五十年中国思想史》,山东人民出版社1997年版,第179页。

认识的决定作用，认识即改造，不仅要在实践中改造客观世界，还要在实践中改造主观世界，认识和实践的关系，就是理论与实践、主观与客观的关系。

（一）对"中国向何处去"的追寻，凸显出知与行的关系问题

"九·一八"事变后，日本帝国主义的入侵将中华民族推向了亡国灭种的生死关头，"中国向何处去"的问题又摆到了中国人面前。尽管中国进步知识分子在1925—1927年的新社会科学运动中，通过中国社会性质的论战、中国农村社会性质的论战、中国社会史论战、大众语问题的讨论等文化交锋，一定程度上意识到要通过文化运动来提高国民的觉悟，以反对帝国主义的侵略和阻碍民族自觉的封建主义，并努力以唯物史观为指导认识现实境遇，解决现实问题。但是他们并没有真正完成号召全民来反对帝国主义、封建主义的任务。"社会史论战只是一场混战，大众语的问题也在刊物上讨论完毕时自动结束了，'救亡图存'的口号是喊出来了，但不曾有更具体、更周密的讨论，新的方法论虽是占了优势，但是公式主义的套袭和理论与实际之隔离这种情形是无可否认地存在着。"①

"一二·九"运动使中国人民看到了自己的力量，看到了只有汇集国内一切力量才能真正抵抗侵略，拯救自己。实现全民族的大联合以挽救民族危亡成为国人，尤其是有各种倾向的文化人的共识。"我们现在需要组织全民族的抵抗，来挽救民族大破灭的危机。我们必须唤起全民族自我的觉醒……我们要和一切忠心祖国的分子，一切爱国主义者，一切自由主义民主主义者，一切理性主义者，一切自然科学家……最广泛地联合起来。"② 以陈伯达为代表的马克思主

---

① 《胡绳全书》第1卷上，人民出版社1988年版，第44页。
② 《胡绳全书》第1卷上，人民出版社1988年版，第47—48页。

义理论家在文化界发起新启蒙运动，充分发挥科学理论的凝聚、激励、导向作用，一方面在动的方法论，即唯物辩证法的基础上，进行了对于从1928年后遗传下来的公式主义和宗派主义的清算；另一方面，联合自由主义者和民主主义者扩大新文化阵营。新文化运动因此获得了较广泛的群众基础。然而，全国人民的四分之三以上仍旧沉沦在文盲与封建传统思想下面更是铁一样的事实。① 这使他们意识到，要号召更广大的群众，就必须采取特殊的教育方式，使文化运动与大众联系起来，使大多数群众有接受教育的可能，以提高国民素质和全民族的民族意识。"所以许多人都主张教育的对象应当扩大到学校之外，普及到工厂、农村一切方面，教育的方式也更要有一新的改变——'生活即教育，教育即生活'，而且教育不但靠书本；演剧、演讲、闲说、唱歌，无不是设施国难教育的机会……"② 国难教育和通俗化运动由此在实践中展开。

应该说，新文化运动尤其是通俗化运动在科学文化普及大众方面取得了很大成功。然而社会科学界仍有极显著的缺点，即公式主义、理论落后于实践的倾向仍然存在。柳湜曾经在《清一色的公式主义》一文中指出，在我们这里，我们的作家对于今日的世界尤其是中国的变动还有"不尽了然"之处，大家只认识了抽象的世界与中国，只把握住了一个大阶段（这还是就进步的说法）在每一个阶段内，关于每一事变之内的联结的理解，那复杂错综的矛盾的斗争与推移都不能"尽了然"。因此，一个写作者，在自己研究的领域，也不能更深刻、更具体，发出来的言论也不免只会说些原则的话了。而民族危机则给社会科学界提出了新的要求，即理论研究要与民族自救的抗战实践相结合，以动员一切阶层力量投入到抗战中去。"一切研究不应该只是分析客观的现在的社会诸关系和各社会层的配置，

---

① 参见《胡绳全书》第1卷上，人民出版社1988年版，第57页。
② 《胡绳全书》第1卷上，人民出版社1988年版，第49页。

而且要积极地研究如何通过这一切社会关系而开展民族自救的抗战，如何动员一切阶层的力量到抗战前线去"①，因为，理论一旦掌握群众，就会变成巨大的物质力量。民族危机将知与行、理论与实践的关系问题凸显出来。

(二) 彻底清算教条主义等主观主义错误倾向，需要树立辩证唯物论

中国共产党党内以及文化领域，尽管已经开始在努力医治公式主义、教条主义、经验主义等主观主义错误倾向，但这些倾向在实践中仍不可否认地存在着。艾思奇在《反对主观主义》一文中，对理论脱离实际的倾向进行了分析："我们有许多同志，对于书本的研究曾用了相当大的力量，然而在处理实际问题的时候，却表现没有能力。尽管有人读过《资本论》，或者熟读了经济学的一般理论，然而对于中国的经济发展规律却茫然无知，甚至于对于边区、延安的经济变化，也没有能力加以说明，尽管有人把列宁主义的战略策略的原则条文背得烂熟，而一谈到中国当前政治斗争在一定时候一定地方应采取的策略问题，却毫无解决的头绪。尽管能够在文字上记诵辩证法唯物论的各个特征，仍然要提出这样的疑问：'究竟辩证法是怎样个用法？'仍然不能解决这疑问，仍然不懂得怎样在唯物论和辩证法的立场和方法上来分析中国的一切事变发展，仍只是死记一些空洞的辩证法的词句。这就是证明，我们还没有正确地掌握了马克思列宁主义的理论。"② 之所以如此，艾思奇认为是由于在学习中曾严重地犯了主观主义唯心论的毛病。"在我们接受马克思主义理论的时候，就曾经把它当作脱离实际的空理论来接受的，中国没有直接产生系统的马克思列宁主义，我们最初是依自己的需要，从先进

---

① 《胡绳全书》第 1 卷上，人民出版社 1988 年版，第 52—53 页。
② 《艾思奇文集》第 1 卷，人民出版社 1981 年版，第 587 页。

的国家学取这种思想。"① 凡事有利便有弊，这样做，尽管我们可以不费很大力气，就能学习到人类最先进的思想理论。但是，我们的学习也因此容易被外国的书本知识所束缚，而忘记了在中国的具体应用。老是跟着外国跑，失去了自我创新的能力。"抗战以前我们的马克思列宁主义理论的研究固然总是限于介绍和通俗化的范围，抗战以后我们的学习也没有超出概论知识的圈子，但仅仅从外国学来的原理知识，在外国的条件下无论怎样正确，拿到中国来时，如果不与中国的具体环境相结合，则无论在它的基本原则上是怎样正确，实际上仍是会变成错误的。例如在哲学上，我们曾经跟着读布哈林的'唯物史观'，我们也曾经跟着苏联反对机械论，我们亦曾跟着反对德波林，反对德波林的唯心论，这自然是需要的，然而当我们跟着反对苏联的德波林，而对于中国自己的唯心论主观主义却毫不注意或一声不响时，我们自己也就会变成德波林主义者了！因为德波林之所以是唯心论，并不是它没有使用了唯物论的理论词句，而是它使理论的研究脱离实际的革命任务。我们丢开了中国的实际革命运动中的主观主义错误不管，来反对苏联的德波林，也仍然是一样的脱离实际。"② 理论研究与实际相脱离的危害可见一斑。

这种主观主义的错误倾向，过去虽然也及时地予以批判，但是往往还不能给予他们致命的打击，使他们全面地崩溃。要彻底清算这些错误倾向，必须从认识论根源入手予以批判。主观主义、教条主义从认识论根源上看都是唯心论和机械唯物论，其特征是主观和客观相分裂，认识和实践相脱离。运用唯物史观来指导中国革命，必须解决主观与客观、理论与实践的关系这一认识论的基本问题。

---

① 《艾思奇文集》第1卷，人民出版社1981年版，第589页。
② 《艾思奇文集》第1卷，人民出版社1981年版，第589—590页。

(三) 实现马克思主义中国化、现实化，需要掌握科学的认识论

哲学是时代精神的精华，是民族文化的灵魂。"正确的哲学运动如果做得好，它可以从思想方面的基础上帮助我们的团结，防止自己的分裂，使我们抗敌的力量迅速地坚强起来。"① 在民族生死存亡之际，充分发挥哲学这一意识形态的凝聚、激励、导向功能，迫切需要在已有通俗化运动的基础上，来一个哲学的中国化、现实化运动。这一运动的中心就是对新哲学、辩证法唯物论的研究。"辩证法唯物论是人类哲学史最高的总结……最重要的还是实践，辩证法唯物论是最和实践一致的哲学，在今日的中国，它是一切以抗战的实践为依归，而绝对排斥学院式的空洞的争论。"② 辩证法唯物论是研究世界（包括社会及人类意识）的总法则的学问，因此它所研究的不但是客观世界的法则，也是人类思想发展的法则。它主张认识是实践基础上主观和客观的不断的矛盾和不断的统一的过程。辩证法唯物论从发生、发展及没落的过程上来把握世界上的一切事物，在这一点上，辩证法的理论，就是历史的理论。辩证法是反映世界发展的总法则，同时也是理论的和认识的法则，辩证法、论理学、认识论三者具有同一性。③

---

① 《中国现代哲学史教学资料选辑》下册，北京大学出版社1988年版，第845—846页。

② 《中国现代哲学史教学资料选辑》下册，北京大学出版社1988年版，第846—847页。

③ 参见《中国现代哲学史教学资料选辑》下册，北京大学出版社1988年版，第852—853页。

（四）关于中国思想界存在的问题的讨论，要求解决认识与实践的关系问题

抗战时期，为了号召广大民众投入到救亡图存大潮中，思想问题引起了各方面的重视。进步知识分子对当时中国思想界存在的问题各抒己见。有人认为，现在中国思想界的危机在于没有"信仰"、没有"思想"，褊狭的、独断的，政治的信仰代替了"根据事实与逻辑而辛苦探讨"的思想。有人认为，现在中国思想界的危机在于左与右的各派思想的分歧，主张"政府是应当以最良好的方法消除人民思想的纷争"①。对此，胡绳谈了他的看法，尽管当时的思想界存在着门户、派别的分歧和对立，如观念论和唯物论的对立、形式逻辑和动的逻辑的对立以及其他方面的对立，等等。但是，这种思想的对立与分歧本身并非就是危机。他既不赞成盲目的政治信仰，也反对以政治力量或武力来消泯思想上的对峙。认为"思想的各种各样并不是危机，倘若任何一派思想要靠政治力量和武力来强迫地灌输到民众中去，使他们盲目地信仰，那才是危机"②。思想是统一于真理旗帜下的，而不是统一于政治力量或武力之下的。真理不是自封的，只有在实践中实现了或是接近实现了主观与客观、理论与实践的具体的历史的统一的，才称得上是真理。也就是说，实践，尤其是千百万人们的革命实践，才是检验思想是否是真理或接近于真理的标准。理不辩不明，只有在各种思想的比较和斗争中，在实践中，才能鉴别真理和谬误。要在救亡图存中实现统一思想之目的，思想界的任何一派思想，首先要做的：就是将理论与具体的客观情势相结合，在与其他学派的论争中，既敢于为自己辩护，又勇于取人之长，与时俱进，充实、发展自己的理论，发挥理论对实践的指导作用。总之，中国思想界基于救亡图存的共同目标而展开的关于

---

① 《胡绳全书》第1卷上，人民出版社1988年版，第25—26页。

② 《胡绳全书》第1卷上，人民出版社1988年版，第28页。

思想领域存在的问题的讨论，亦提出了必须解决知与行、认识与实践的关系这一认识论基本问题。

（五）马克思主义理论家的理性自觉，是实现唯物史观解读的认识论转向的关键

瞿秋白、李达、艾思奇、毛泽东等马克思主义理论家在实践中对辩证法唯物论的自觉研究，最终实现了唯物史观解读的认识论转向，形成了历史观、方法论、认识论三者统一的中国特色的唯物史观解读理路。

20世纪30年代，李达、艾思奇等对马克思主义哲学本体论作了深入的探讨，凸显了"实践"概念在马克思主义哲学中的地位和意义。在《大众哲学》一书中，艾思奇把唯物辩证法分为本体论、认识论、方法论三个部分，认为这三个部分是相互联系的，其中，本体论是最根本的。他强调，"实践是辩证法唯物论的理论之核心"，唯物辩证法与旧唯物主义的根本区别，就在于它看重实践对认识、理论的决定作用，"而别的哲学者所最不能了解的也就是实践"。[①] 艾思奇继承了苏联学者对马克思主义哲学的解读路向，将唯物辩证法看作马克思主义哲学的基本形态，从本体论、认识论、方法论三者统一的视角解读马克思主义哲学，突出实践的地位和意义。李达在《社会学大纲》中，进一步把马克思主义哲学解读为"实践的唯物论"，以实践为基础来解读马克思主义哲学，说明马克思主义哲学的各个部分及其相互关系，阐发马克思主义哲学的本体论。"唯物辩证法是唯物辩证法的历史观与自然观的统一，两者统一的基础是社会的实践。"[②] "唯物辩证法，当作哲学的科学看，原是认识论，它

---

① 《艾思奇文集》第1卷，人民出版社1981年版，第44页。
② 《李达文集》第2卷，人民出版社1981年版，第60页。

的更进的具体化，是唯物辩证法的历史观与自然观。"① 李达认为，唯物辩证法首先是一种认识论，唯物辩证的历史观与自然观是认识论的具体化，社会实践是唯物辩证的历史观与自然观的统一的基础。在李达看来，社会历史实践是唯物辩证法生成和发展的基础；唯物辩证法，当作理论来看，它是一切先行的学说、思想和知识之辩证法的综合；唯物辩证法是在吸收自然科学和社会科学发展的一切积极成果，继承德国古典哲学中的优秀成分——辩证法，以唯物论为基础对其进行改造而形成的。因此，当作哲学来看，唯物辩证法是把人类的知识史——特别是哲学史——中一切积极的成果，当作遗产继承下来并使其发展的东西，是人类知识史的综合。李达从社会实践出发，唯物辩证的规定和解释了作为唯物辩证法出发点的哲学基本问题，认为唯物辩证法既是世界观，又是以实践为基础的认识的方法论，是辩证法、认识论、论理学三者的统一。在此基础上，进一步研究了当作科学看的历史唯物论等相关内容，构建起一种"实践的唯物论"。

在艾思奇、李达以实践为基础做出的对马克思主义哲学的解读的基础上，毛泽东则以回答"中国向何处去"问题为出发点和落脚点，将唯物史观与中国革命实践、中国传统文化相结合，进一步从认识论和方法论的视角予以解读，最终形成了历史观、认识论、方法论三者统一的具有中国特色的唯物史观思想。

毛泽东在《新民主主义论》中，在阐述中华民族要建立怎样的新文化时，首先指出阐述这个问题应坚持的基本观点，"一定的文化（当作观念形态的文化）是一定社会的政治和经济的反映，又给予伟大的影响和作用于一定社会的政治和经济；而经济是基础，政治则是经济的集中的表现。这是我们对于文化和政治、经济的关系及政治和经济的关系的基本观点。……马克思说：'不是人们的意识决定

---

① 《李达文集》第 2 卷，人民出版社 1981 年版，第 61 页。

人们的存在，而是人们的社会存在决定人们的意识。'他又说：'从来的哲学家只是各式各样地说明世界，但是重要的乃在于改造世界。'这是自有人类历史以来第一次正确地解决意识和存在关系问题的科学的规定，而为后来列宁所深刻地发挥了的能动的革命的反映论之基本观点。我们讨论中国文化问题，不能忘记这个基本观点。"① 也就是说，毛泽东把列宁提出的能动的革命的反映论的观点作为阐述新文化应坚持的基本观点。这表明他继承了列宁的基本观点，并且是运用能动的革命的反映论来分析当时中国社会的文化和政治、经济的关系以及政治和经济的关系的。他认为：既然社会存在决定社会意识，社会意识是社会存在的反映；那么，经济与政治、文化之间的关系就是：经济是基础，政治是经济的集中表现，一定的文化（作为观念形态的文化）则是一定社会经济和政治的反映。文化的冲突应该从社会经济基础来解释，而要对社会经济进行根本变革，首先就要进行政治革命。因此，中国的前途，首先必须通过政治革命来实现社会变革，通过观念形态的文化反映政治和经济革命的要求，并转过来为它们服务。可以说，毛泽东是以能动的革命的反映论的基本观点为指导来认识中国革命实践中各种社会关系的。这同时也是在运用唯物史观的基本原理来回答"中国向何处去"的问题。

用唯物史观来回答"中国向何处去"的问题，实质就是一个唯物史观与中国革命具体实践相结合的问题，是以唯物史观理论为指导，认识中国社会，形成适合中国国情的革命理论，来指导革命实践的问题。唯物史观理论与中国革命相结合的过程，同时也是一个与"左"的或右的教条主义、经验主义等错误倾向作斗争的过程。这些错误倾向从认识论根源上看实质上是唯心论和机械唯物论，其基本特征都是主观与客观、认识与实践的脱离。要坚决反对这些错

---

① 《毛泽东选集》第2卷，人民出版社1991年版，第663—664页。

误倾向，以马克思主义的立场、观点和方法来指导中国实践，首先就要解决意识和存在、社会意识和社会存在的关系问题，以求达到主观和客观、理论和实践的具体的历史的统一。

　　以毛泽东为代表的中国共产党人在运用唯物史观理论来回答"中国向何处去"的革命过程中，正是在与各种思想流派的一系列论战过程中，在克服革命阵营内外"左"的和右的宗派主义、主观主义等错误倾向的过程中，逐渐认识到：马克思唯物史观所实现的现代哲学史上的伟大变革的意义，即以社会实践为基础，把社会历史活动、人的认识活动、革命实践联系起来，实现了唯物论与辩证法、自然观与历史观的统一。认识到马克思主义是"发展着的理论，而不是必须背得烂熟并机械地加以重复的教条"①，马克思主义的"本本"是要学习的，但是必须同我们的实际情况相结合。我们需要"本本"，但是一定要纠正脱离实际情况的本本主义②，"我们的结论是主观和客观、理论和实践、知和行的具体的历史的统一，反对一切离开具体历史的'左'的或右的错误思想"③。毛泽东的《实践论》等哲学著作，在吸收了苏联和国内其他学者的成果的基础上，以实践为基础，将唯物史观贯彻到认识论，同时将认识论贯彻到历史观，从社会和人的历史发展以及人的社会性的角度去观察认识问题，以中国社会革命实践为出发点和落脚点，将客观过程的反映、人的主观能动性的作用、革命实践有机结合起来。实事求是思想路线的提出，就是三者有机结合的体现。毛泽东从认识论的角度对唯物史观的解读，不仅是对列宁能动的革命的反映论的继承，同时，也因其是与中国革命实践和传统文化相结合的产物而具有了中国性格。

---

① 《马克思恩格斯选集》第4卷，人民出版社1995年版，第681页。
② 参见《毛泽东选集》第1卷，人民出版社1991年版，第111—112页。
③ 《毛泽东选集》第1卷，人民出版社1991年版，第296页。

第二节　唯物史观的中国化解读的内容

自五四运动前后唯物史观在中国广泛传播开始，中国先进分子以他们所接受的唯物史观文本资源为基础，在主体与文本、理论与实践的互动中解读出了以下内容。

一、劳工神圣：创造历史的新主体

人类历史究竟是由谁创造的？是英雄人物？还是人民群众？这是唯物史观和唯心史观的分水岭。唯物史观诞生以前，在人类思想史上一直是英雄史观占统治地位，一部人类社会史就是一部神意史、英雄史、帝王史。马克思恩格斯从现实的人的物质生活、生产过程出发，指出人类社会的历史首先是劳动发展史，劳动是理解人类社会历史的一把钥匙。而物质生活、生产过程中最基本的力量是劳动群众，社会历史是劳动群众创造的。"历史上的活动和思想都是'群众'的思想和活动"，"历史活动是群众的事业，随着历史活动的深入，必将是群众队伍的扩大"。①

在社会历史领域，唯物史观传入中国以前，旧历史观认为历史是神造的，是天命的，天生圣人则世运昌明，天降鞠凶则丧乱无已。在旧历史观指导下，人们以为历史的发展是靠天，靠圣贤豪杰。一部中国历史，就是一部皇帝王公侯伯世爵等特权阶级的政治事功史，决找不到劳动群众自己。虽然中国自古以来就有重民思想，但那只

---

① 《马克思恩格斯全集》第 2 卷，人民出版社 1957 年版，第 103—104 页。

是统治阶级为了维护自己的政治统治，缓和阶级矛盾而采取的一种统治之术。旧历史观把劳动群众的个性，消泯于麻木不仁的状态，无论所受的痛苦残酷到何等地步，也只能感恩颂德，老老实实的任人宰割。因此，如果不见圣贤出来，便要发出"前不见古人，后不见来者，念天地之悠悠，独怆然而涕下"的叹声，悲观、任运、消极、听天由命是旧历史观给时人的一种人生态度。在近代以来的中国社会变革实践中，无论是康有为发起的戊戌维新变法运动，还是孙中山领导的辛亥革命，之所以失败，其中很重要的原因就是没有认识到人民群众的社会历史主体地位，看不到劳动群众在社会变革中的伟大作用。

  唯物史观关于劳动群众是历史创造者的思想，改变了当时中国进步分子对创造历史的主体的认识，发现了劳动群众在创造历史中的伟大作用。"自马克思经济的历史观把古时崇拜英雄圣贤的观念打破了不少，他给了我们一种新的历史观，使我们知道社会的进步不是靠少数的圣贤豪杰的，乃是靠一般人的；而英雄也不过是时代的产物；我们的新时代，全靠我们自己努力去创造。"① 马克思的历史观，"导引我们在历史中发见了我们的世界，发见了我们的自己，使我们自觉我们自己的权威，知道过去的历史，就是我们这样的人人共同创造出来的，现在乃至将来的历史，亦还是如此"②。1918年11月16日，北京大学校长蔡元培在庆祝协约国在第一次世界大战中获胜的演讲中，喊出了"劳工神圣"的口号，指出，以后的世界全是劳工的世界。李大钊在《我的马克思主义观》中指出："从前的经济学，是以资本为本位，以资本家为本位。以后的经济学，要以劳动为本位，以劳动者为本位了。"③ "劳工神圣"口号的提出，以及

---

 ① 《李大钊文集》下，人民出版社1984年版、第644—645页。
 ② 《李大钊文集》下，人民出版社1984年版，第764页。
 ③ 《李大钊文集》下，人民出版社1984年版，第49页。

"五四"前后"劳工神圣"宣传热潮的出现,说明当时的中国先进分子已经认识到:劳动是一切财富的源泉,劳动群众是社会历史的主体,是社会历史的创造者,是历史发展的动力。针对中国农民因受传统思想束缚认识不到自己起来革命可以自救的现状,李大钊指出:要启发和教导劳动群众认识自己的力量,依靠自己的努力去创造新的世界。"我们应该告诉他们,只有工农民众自己团结起来,才是他们得到生活安定的唯一出路,'从来没有什么救世主,不是神仙亦不是皇帝,谁也解放不了我们,只靠自己救自己'。"①

二、经济分析:考察历史的新视角

社会存在和社会意识的辩证关系问题是社会历史观的基本问题,对二者关系的不同回答是区分唯心史观和唯物史观的根本标准。唯物史观创立以前,一切旧史观都坚持从社会意识出发解释社会生活,认为意识决定生活,意见支配世界。马克思恩格斯从现实的人及其物质生活、生产过程出发,指出了旧历史观在考察社会历史的切入点问题上的错误,即从"幻想的联系"、"神秘的天意"、寻找"每个时代的范畴"或是"人类精神的一般发展"来理解历史,忽视社会历史形成的现实基础——现实的人的生活和生产。"迄今为止的一切历史观不是完全忽视了历史这一现实基础,就是把它仅仅看成与历史过程没有任何联系的附带因素。因此,历史总是遵照在它之外的某种尺度来编写的;现实的生活生产被看成是某种非历史的东西,而历史的东西则被看成是某种脱离日常生活的东西,某种处于世界之外和超乎世界之上的东西。"② 他们坚持社会存在决定社会意识的唯物主义立场,以现实的人的日常生活生产过程作为建构唯物史观

---

① 《李大钊文集》下,人民出版社1984年版,第874页。
② 《马克思恩格斯选集》第1卷,人民出版社1995年版,第93页。

理论体系的前提和基础，克服了传统史观只考察人们活动的思想动机，而没有深入考察隐藏在动机背后的深刻物质动因的主要缺陷；主张从现实的人的物质生活实践出发来解释观念，关注他们的需要和利益。

中国先进分子在五四运动前后之所以首先接受、传播和解读唯物史观，一个很重要的原因就是为唯物史观的学理价值所吸引，即唯物史观在考察社会历史的切入点上，为他们提供了一种与传统史观具有根本区别的新视角——经济分析视角。

李大钊从唯物史观与史学的关系的角度对此作了说明，他指出：以往的史学家解释历史的原因或求助于神学，或求助于人类精神、情感，"从来的历史家欲单从上层上说明社会的变革即历史而不顾基址，那样的方法，不能真正理解历史"①。唯物史观主张"以社会基址的经济关系为中心，研究其上层建筑的观念的形态而察其变迁，因为经济关系能如自然科学发见其法则"②，唯物史观解释历史的方法"不求其原因于心的势力，而求之于物的势力，因为心的变动常是为物的环境所支配"③。杨匏安、顾梦宇等也纷纷撰文赞扬唯物史观的学理价值，认为它对于社会科学的意义，就在于为人们提供了一种考察社会历史的新视角。胡适虽然激烈批评唯物史观，但是，他也承认过这一历史观对于治学的意义。"马克斯主义的两个重要部分：一是唯物的历史观，一是阶级竞争说……唯物的历史观，指出物质文明与经济组织在人类进化社会史上的重要，在史学上开一个新纪元，替社会学开无数门径，替政治学说开许多生路。"④

中国先进分子不仅在解读唯物史观的过程中找到了经济分析这

---

① 《李大钊文集》下，人民出版社1984年版，第346页。
② 《李大钊文集》下，人民出版社1984年版，第347页。
③ 《李大钊文集》下，人民出版社1984年版，第362页。
④ 《胡适文存》卷2，上海亚东出版社1924年版，第29页。

种考察社会历史的新视角，还在实践中积极运用经济分析的方法，以社会经济生活为出发点，考察分析中国社会历史与现实问题，从经济根源上来认识中国社会制度的变迁，找到了社会问题产生的根源。例如，李大钊的《物质变动与道德变动》（1919年）、《由经济上解释中国近代思想变动的原因》（1920年），胡汉民的《中国哲学之唯物的研究》（1919年）、《从经济的基础观察家族制度》（1920年），戴季陶的《从经济上观察中国的乱源》（1919年），毛泽东的《中国社会各阶级分析》《湖南农民运动考察报告》《中国革命和中国共产党》《新民主主义论》，等等，都是运用经济分析的方法分析中国社会和历史的名作。经济分析作为一种观察社会历史的新视角，不仅是当时中国先进分子观察分析社会历史的主要视角，也是今天学者们观察分析社会仍采用的重要方法之一。

三、阶级斗争：社会变革的新手段

马克思曾经指出：全部问题在于使现存世界革命化，实际地反对并改变现存的事物①，革命化的基础是实践。而实践只能是"现实的个人"的自身解放运动。社会历史发展过程虽然离不开个体的人的活动，但整体的社会历史并非个体的历史的简单堆砌。"无论历史的结局如何，人们总是通过每一个人追求他自己的、自觉预期的目的来创造他们的历史，而这许多按不同方向活动的愿望及其对外部世界的各种各样作用的合力，就是历史"②。唯物史观从现实的个人及其活动出发，立足于社会物质生产实践，透视社会政治文化乃至自然界，以高屋建瓴的视野和哲学思辨的方式，从整体性视角构建起关于社会历史发展过程及规律的根本观点和看法。指出"社会

---

① 参见《马克思恩格斯选集》第1卷，人民出版1995年版，第55页。
② 《马克思恩格斯选集》第4卷，人民出版1995年版，第248页。

结构和国家总是从一定的个人生活过程中产生的"①。也就是说,唯物史观主张主体的解放实践不仅包括主体自身的解放,还包括社会结构和国家的变革。唯物史观关于阶级和阶级斗争的学说,则为实现个人的自身解放、国家和社会的解放提供了一种有效手段。

中国先进分子在解读《共产党宣言》《阶级斗争》《唯物史观解说》等文本时,接受了唯物史观的阶级斗争学说。在探索"中国向何处去"的实践中,他们逐渐认识到:对中国的现实改造仅仅依靠一点一滴地改良是不行的,社会问题"必须有一个根本解决,才有把一个一个的具体问题都解决了的希望"②。因为,在中国,阶级斗争不仅存在,而且不可避免;要推翻帝国主义、封建主义和官僚资本主义在中国的统治,使劳动群众获得解放,唯一的出路就是以阶级斗争为手段,唤醒劳动阶级的阶级意识,共同起来对中国社会进行根本变革,建立无产阶级专政,实现社会主义。他们一改以往从器物、制度、观念层面自上而下变革社会的观念,强调以社会经济组织为对象,采用阶级斗争的手段对社会问题来一个"根本解决"。这种以阶级斗争为手段对社会进行彻底变革的观念,不仅超越了中国传统的以个人道德修养为社会改良动力的观念,还超越了进化史观主张的自强、自力、物竞天择、适者生存的观念,为中国先进分子提供了一种新的社会变革观念和手段。同时,阶级分析的方法作为一种具有较强解释力的观察社会和阶级结构的方法,逐渐成为中国先进分析社会历史与现实的主要方法之一,并对当时和后来中国社会发展产生了重要影响。

---

① 《马克思恩格斯选集》第 1 卷,人民出版 1995 年版,第 71 页。
② 胡绳:《中国共产党的七十年》,中共党史出版社 1991 年版,第 15—16 页。

四、辩证思维：观察社会的新思维方式

唯物史观将人类社会发展看成一个自然历史过程，主张从既有的事实出发，用整体的、联系的、发展的观点，唯物辩证地考察人类社会的过去、现在和未来。唯物史观在观察分析社会历史时所展现出的复杂多样的、整体的、动态的发展样式，超越了进化论史观所蕴含的单向、孤立、发展的二元对立的思维方式，促使中国先进分子的思维方式发生重大变革，逐渐建立起了整体性、系统性、发展性的思维方式。

五四前后，唯物史观作为一种新的"科学"体系传入中国后，其在观察分析社会历史问题上所具有的不同于以往史观的新范式，唯物史观主张以经济为中心考察社会的变革，"因为经济关系能如自然科学发见因果律。这样则遂把历史学提到科学的地位。一方面把历史与社会打成一气，看作一个整个的；一方面把人类的生活及其产物的文化，亦看作一个整个的；不容以一部分遗其全体或散其全体"。主张历史是活的，"不是些写的纪录的东西，乃是些进展的行动的东西"，"不但这整个的历史是活的东西，就是这些写入纪录的历史的事实，亦是生动的，进步的，与时俱变的"，"与吾人以一个整个的活泼泼的历史的观念。"① 唯物史观展现出的这种以整体的、联系的、发展的观点认识社会历史的思维方式，对中国先进知识分子产生了极大的吸引力，促使他们在中国社会革命实践中，开始以唯物史观所提供的思维方式观察分析社会历史与现实。随着唯物史观在中国解读的进一步深入，尤其是唯物辩证法作为一种世界观、认识论和方法论被广为传播后，中国先进分子在社会变革实践中，通过论战，不仅逐渐掌握了唯物辩证法的基本内容，

---

① 《李大钊文集》下，人民出版社1984年版，第716—717页。

还逐渐明确了唯物辩证法的实质,将唯物辩证法看作一种科学的思维方法,一种观察分析解决社会实际问题的工具和手段,正确解决了全局与局部、普遍与特殊、矛盾同一性与斗争性、理论与实践之间的关系等问题,强调以中国历史和社会实际问题为出发点,将马克思主义理论与中国具体国情相结合,解决中国革命过程中不断出现的新问题。

第三节 唯物史观的中国化解读的特点

纵观唯物史观在中国传播以及中国先进分子解读唯物史观的整个历程,不难看出,唯物史观的中国解读具有以下几个鲜明特征:

一、科学性和现实指向性

通览中国先进分子对唯物史观的整个解读过程,从最初将唯物史观解读为经济史观,到运用唯物辩证的方法解读唯物史观,再到唯物史观的认识论转向,强调实践与认识的统一,贯穿整个解读过程的关节点是对唯物史观科学性的肯认,即将唯物史观看成一门具有实证性的科学,认为唯有唯物史观,才赋予了一切有关社会现象的研究以真正的科学性,并因此增强了他们的学术信心和对社会科学的坚强信念。

李大钊认为唯物史观是具有实证性的历史哲学;陈独秀认为"社会科学是拿研究自然科学的方法,用在一切社会人事的学问上……凡用自然科学方法来研究、说明的都算是科学。这乃是科学的最大效用"①。在科玄论战中,陈独秀明确指出:唯物史观属于社会科学,当然也属于科学的哲学。瞿秋白作为在中国传播辩证唯物主义的第一人,首先提出马克思主义哲学最根本的任务在于"求宇宙根底"②,认为"我"与"非我"、"意识"与"实质"的关系问题是"哲学中的根本问题"③,力主从宇宙观意义上理解马克思主义哲学。但他同时认为这种宇宙观最根本的是唯物主义的自然观,力图用现代科学成果去证明这种自然观和宇宙观,"归根到底,'存在'的根本,始终是电子组成的物质"④,表现出明显的科学化、实证化特征。大革命失败前后,运用唯物辩证法解释唯物史观的热潮的兴起,20世纪30年代中后期唯物史观的认识论转向,究其根源,依然是对科学、规律的效用的笃信。唯物辩证法作为揭示自然、社会、思维发展最一般规律的科学,既是一种世界观,也是一种科学的思维方法、认识方法。以唯物史观为指导,运用唯物辩证的科学方法观察中国历史和社会现实,就能找到中国社会发展应遵循的一般规律,找到中国社会发展的目标和变革中国社会的途径。

中国先进分子之所以将唯物史观看成是具有实证性的科学,与当时中西文化交融与碰撞以及中国思想文化领域的价值信仰相关。20世纪初,伴随西方各国对中国政治经济上的侵略与掠夺,西方近代的各种学说,如实证主义、柏格森主义、理性主义、经验主义等也如潮涌般涌向中国。在黑暗中摸索探寻"中国向何处去"的早期进步知识分子,如饥似渴地遨游于西方各种学说之中,试图通过学习西方先进的思想文化来开拓中国通向现代之路。其中,近代哲学中的科学主义思潮对当时的知识分子产生了重要影响,"科学"以其

---

① 《陈独秀著作选》第2卷,上海人民出版社1993年版,第23页。
② 《瞿秋白文集:政治理论编》第2卷,人民出版社1988年版,第310页。
③ 《瞿秋白文集:政治理论编》第2卷,人民出版社1988年版,第311页。
④ 《瞿秋白文集:政治理论编》第4卷,人民出版社1993年版,第7页。

无可置疑的权威性，填补了因社会意识形态、价值体系断裂而导致的信仰真空，成为中华民族的价值评价标准和信仰支撑。五四运动前后，崇尚科学、理性的观念深入人心。胡适对此现象曾有论述，"这三十年来，有一个名词在国内外几乎做到了无上尊严的地位，无论懂与不懂的人，无论守旧和维新的人，都不敢公然对他表示轻视或戏侮的态度，那个名词就是'科学'"①。因此，也就可以理解中国先进分子何以在探索"中国向何处去"的实践中，以"科学"为价值标准，从众多学说中接受唯物史观这一具有科学性和实践性的理论作为武器，用以观察、分析中国社会历史与现实，拯救中国社会。

在唯物史观的中国解读过程中，具有不同政治诉求的中国先进知识分子与其说是被唯物史观的学理价值所吸引，毋宁说是更看重唯物史观作为一种"社会改造"学说的实践意义，即以唯物史观为指导，观察认识中国社会历史与现实，探寻并解决"中国向何处去"问题，解决中国社会现实问题。从建党前后开始，中国先进分子运用刚刚接受、理解尚浅的唯物史观，参与到思想学术领域发生的问题与主义的论战、社会主义的论战、科玄论战等，30年代的社会史论战、哲学论战，以及与唯心史观的各种论战等，无一不是围绕着"中国向何处去"问题展开的；三四十年代马克思主义大众化、中国化思潮的兴起，同样是实践促动的结果，其目的是将马克思主义与中国国情、民族文化传统等相结合，形成中国化的马克思主义，唤醒群众的民族意识，培养他们的爱国精神，帮助他们掌握抗日救国的理论武器。总之，中国先进分子在解读唯物史观的过程中，具有鲜明的现实指向性。

---

① 胡适：《科学与人生观科学与人生观》上，上海亚东图书馆1923年版，第2—3页。

二、历史局限性

尽管,中国先进分子在解读唯物史观的过程中基本把握了唯物史观的立场、观点和方法,把握了唯物史观的精髓和实质;但是,由于受到历史时代、文本资源以及主体的身份和理论素养等多方面因素的影响,中国先进分子对唯物史观的解读也存在一定的历史局限性。这主要表现在:

(一) 唯物史观术语使用缺乏规范性

对国外马克思主义者所理解的唯物史观术语的直接借用或转用,造成某些概念内涵与外延的不确定性,进而导致对唯物史观理论理解上的偏差。

五四时期,马克思主义唯物史观主要通过留学生,从日本、西欧、俄国等多条途径,采用翻译(主要是转译、选译、节译、摘译)、编译等方式引入中国,译者、译著对唯物史观的早期传播起到了十分重要的中介作用。然而,传入中国的马克思主义唯物史观文本并非原生态的马克思的唯物史观文本,而是经过日本、西欧、俄国的马克思主义者解释过的文本。现代解释学认为:理解者与文本之间,读者与作者之间由于"间距"的存在,只能以"理解"的方式沟通。"文本"是无限敞开的,而"理解"却不是纯然客观的,往往要受到理解者的"前见"(如自身的知识背景、价值观念等)的影响。理解者既不能超越自己的"前见",也不能消弭自身与文本之间的"间距",无法追寻文本的原意,只能根据自己的"前见"理解文本。由于受制于理解者的"前见",对文本的再解释难免打上理解者的印痕。因此,传入中国的马克思主义唯物史观文本实质上已经是经过两次解读的文本,不仅带有深刻的"解读国"的语境特色,还带有中国先进分子基于中国现实情况的主观理解,对唯物史观产生某种认识上的偏差和误读,也就成了不可避免的了。例如,早期中国先进知识分子对阶级的理解中,把资产阶级和无产阶级理解为有产阶级和无产阶级,将资产者等同于有产者,以财产的多少作为划分阶级的标准,消解了阶级与生产力之间的联系,将马克思认为非常复杂的阶级概念做了简单化的理解,还将所有制关系理解为财产关系等。究其根源是受了陈望道所译《共产党宣言》的影响。据日本学者石川祯浩考证,陈望道所译《共产党宣言》所用的底本是由戴季陶提供的,最有可能是日文《社会主义研究》创刊号上幸德秋水和堺利彦所译的《共产党宣言》,只是一些术语采用当时流行的译法,没有用幸德秋水等的旧译语。同时,陈望道翻译《共产党宣言》时并没有参照过英译本的迹象,陈译本也没有恩格斯1888年的序言。① 陈望道所译《共产党宣言》第一章标题是"有产者及无产者",陈专门注解说:"有产者就是有财产的资本家,无产者就是没有财产的劳动家。"② 第二章"无产者和共产党"中,"过去各时代社会的自觉,他那表现虽有种种的形式,却不外一个共通的形式(即概念)这是不足为怪的。那形式(即概念)在阶级对抗没有完全消灭的时期内,不能全然消灭,也不足为怪。共产党的革命,是祖宗传下来的财产关系上最急激的破坏"③。事实上,对于资产阶级和无产阶级,恩格斯在1888年英文版上的加注中作了说明,"资产阶级是指占有社会生产资料并使用雇佣劳动的现代资本家阶级。无产阶级是指没有自己的生产资料,因而不得不靠出卖劳动力来维持生活的现代雇佣工人阶级"④。对于第二章"无产者和共产党人",

---

① 参见[日]石川祯浩:《关于陈望道译〈共产党宣言〉》,赵英译,载《鲁迅研究月刊》,1994年第3期。
② 陈望道译:《共产党宣言》,上海又新印刷所1920年版,第1页。
③ 陈望道译:《共产党宣言》,上海又新印刷所1920年版,第36—37页。
④ 《马克思恩格斯选集》第1卷,人民出版社1995年版,第272页。

我们现在看到的是"毫不奇怪，各个世纪的社会意识，尽管形形色色、千差万别，总是在某些共同的形式中运动的，这些形式，这些意识形式，只有当阶级对立完全消失的时候才会完全消失。共产主义革命就是同传统的所有制关系实行最彻底的决裂"①。这已非马克思、恩格斯的原意，且理解上出现了偏差。再如，早期中国先进知识分子将唯物史观误读为"经济史观""经济一元论"，则是受塞利格曼、河上肇将唯物史观解读为经济史观的影响。诸如此类，唯物史观术语内涵和外延的不确定性，直接影响到当时学术研究领域术语使用的规范性问题，应该说这种影响直到今天仍然存在。

（二）对唯物史观的理解具有机械论、意志论的倾向

20世纪20年代前后，中国马克思主义唯物史观的主要理论来源是日本马克思主义者河上肇对唯物史观的解释。河上肇在坚持经济史观、经济一元论的基础上，把马克思的《〈政治经济学批判〉序言》翻译成日文，并加以解释，认为唯物史观的公式的具体内容包括两部分，即人类之精神文化之经济的说明，社会组织之经济的说明，或称之为社会组织进化论和精神的生活的物质的说明，其中，后一部分是马克思唯物史观更重要的公式。河上肇对唯物史观公式的机械性解释，不仅从思维方式上深深地影响了早期马克思主义者，而且这种思维方式上的机械论倾向在20世纪30年代的社会史论战中亦充分表现出来。正如时人所说："这时期的中国社会史研究者最大的毛病，在乎只知瞎引外国的方法与结论，而并不顾及本国历史上的真正史料。"② 郭沫若对社会史论战时期所用的方法曾这样说

---

① 《马克思恩格斯选集》第1卷，人民出版社1995年版，第292—293页。

② 杜若遗：《介绍食货半月刊》，载《文化建设》，第1卷第4期，1935年1月。

过:"我初期的研究方法,毫无讳言,是犯了公式主义的毛病的。我是差不多死死地把唯物主义的公式,往古代的资料上套,而我所据的资料,又是那么有问题的东西。"① 在对唯物史观的理解中,不仅具有明显的机械论倾向,而且还有意志论的倾向。这突出表现在对阶级斗争的理解中。中国先进分子最早接受的马克思主义的内容之一就是阶级斗争学说。阶级斗争的观念,如阶级斗争不可避免,阶级斗争是社会发展的直接动力等,对国人产生了深远影响。阶级斗争离不开人,对阶级斗争的强调、对人的意志的重视应该说在当时的历史条件下有其合理的一面。正是通过引入意志论,早期马克思主义者将阶级斗争融入唯物史观理论中,实现了二者的统一。中国共产党人在领导中国革命的过程中,正确运用阶级和阶级斗争学说,为自己找到了革命的主力军、同盟军,为不同历史阶段制定正确的革命路线和策略提供了基本依据。但是,对阶级斗争和人的意志的情有独钟,难免会造成对阶级斗争作用的夸大,如将阶级斗争看成社会发展的原动力,强调农民阶级的阶级斗争是推动封建社会历史发展的真正动力,等等。这种对阶级斗争作用的夸大,容易给人们造成阶级斗争是阶级社会发展的唯一动力的错觉,进而影响人们对生产力与生产关系矛盾运动这一社会基本矛盾在社会发展中的基本地位的认识。同时,也为20世纪中后期社会主义建设实践中出现"以阶级斗争为纲"的严重失误埋下了伏笔。

(三) 强调生产关系的变革,一定程度上遮蔽了生产力在社会变迁中的作用

在马克思主义早期传播过程中,中国先进知识分子囿于自身知识结构和历史条件,将马克思主义等同于社会主义或唯物史观,即使是"五四"时期开始从整体上系统理解马克思主义时起,也是特

---

① 郭沫若:《海涛》,新文艺出版社1957年版,第118页。

别重视马克思主义唯物史观和社会主义学说。但是，到底什么是社会主义？人们的理解却仍莫衷一是。尽管中国先进知识分子在对唯物史观的理解中强调了生产力在社会变迁中的地位和作用，指出社会主义具有比资本主义更有利于发展生产力的优越性。但是，他们并没有涉及解放和发展生产力是社会主义的本质要求，只是从生产关系的角度理解社会主义，将社会主义理解为多数人的平等权利、分配关系上的均贫富以及无产阶级专政等。所以，要改变半殖民地半封建社会的现状，就必须以社会革命和无产阶级专政的方式对生产关系进行变革。对社会主义的这种理解可以说贯穿于新民主主义革命始终。虽然，从生产关系的角度理解社会主义与当时"战争与革命"的时代背景有关，我们不能苛求前人，但是，这种单纯从生产关系的角度理解社会主义的思维惯性，对以后的社会主义实践产生了一定程度的负面影响。于是才有了改革开放以后，对什么是社会主义，怎样建设社会主义的问题的思考。

综上所述，中国先进知识分子在理论与实践的互动、文本与主体的互动中对唯物史观的解读，尽管存在一定的历史局限性。但是，总体来说，他们对唯物史观的解读把握了唯物史观的基本立场、观点和方法，掌握了唯物史观的精髓和实质。这为中国先进分子，尤其是中国共产党人在实践中将唯物史观与中国国情和革命实际相结合，运用唯物史观的立场、观点和方法，观察分析中国社会和历史，制定正确的路线、方针、政策，领导中国革命最终走向胜利奠定了理论基础。

第四章　唯物史观在中国的创造性运用

中国先进分子传播、解读唯物史观的目的是变革中国社会。为达此目的，中国先进分子尤其是中国共产党人，以其解读的唯物史观理论为指导，将其与中国社会革命实践、思想学术等相结合，加以创造性运用。一方面，运用唯物史观的立场、观点和方法，从中国革命这个最大的实际出发，回答了为什么要革命，革命是为了什么，怎么革命，革命的目标是什么，革命的保证是什么等问题，创立了新民主主义革命理论体系，最终取得了新民主主义革命的胜利，实现了民族解放、阶级解放和人的解放的目标；另一方面，将唯物史观与中国思想学术相结合，并加以创造性运用，促进了中国一大批马克思主义人文学科的兴起，为中国学术的发展带来了新气象。从主义上的运用与学理上的运用两个方面对唯物史观在中国的创造性运用加以考察，可以帮助我们更全面地认识唯物史观在中国社会、思想学术和人的发展中所起的伟大作用。

第一节 唯物史观与新民主主义革命理论体系的构建

列宁说：没有革命的理论，就没有革命的行动。中国共产党自诞生之日起，就高举马克思主义旗帜，在民主革命过程中，以唯物史观作为改造中国的理论武器，将唯物史观与中国国情和革命实际相结合，围绕"中国向何处去"这一历史主题，从中国革命这个最大的实际出发，以实现民族解放、阶级解放和人的解放，实现社会主义为目标，立足于解决中国最广大的农民的生活实际，以阶级斗争、社会革命为手段，经过艰难曲折地探索，在正确分析世情、国情的基础上，创造性地运用唯物史观的基本立场、观点和方法，正确解决了中国革命的基本问题，创立了新民主主义革命理论体系，最终取得了新民主主义革命的伟大胜利。笔者将试着从唯物史观与中国国情和革命实际相结合的视角，对唯物史观在中国新民主主义革命中的创造性应用，择其要者加以探讨，以求管中窥豹。

一、社会基本矛盾原理与革命根据的探寻

为什么要革命，革命是为了什么？这是近代以来任何政党在领导社会革命过程中首先必须回答的问题。这既是革命的依据，也是衡量政党的阶级性的尺度。唯物史观认为社会革命的根源在于社会基本矛盾，即生产力与生产关系、经济基础与上层建筑之间的矛盾运动。其中，生产力与生产关系之间的矛盾运动对社会发展的推动作用更为根本。从归根结底地意义上看，生产力即人能动的改造物质世界的实践能力是社会发展的最终决定力量，也是社会变革的落

脚点和归宿。也就是说，社会革命的目的是解放和发展生产力，实质上是人的解放和发展。人在生活、生产中的需求推动着生产力的变革与发展；生产力的变革与发展客观上要求与之相适应的、联结生产力中人与物的要素的生产关系也要不断变化，并迟早要发生变革。生产关系作为社会的经济基础，它变革的客观要求，又会引起与之相适应的上层建筑领域的变革。生产力、生产关系、经济基础、上层建筑作为一个相互作用的链条，它们之间复杂的矛盾运动，以生产力为起点，影响到生产关系，进而影响到上层建筑；并且只有变革上层建筑才能实现生产关系的变革，才能解放和发展生产力，进而实现生产力中人的解放与发展。变革不适应生产力发展的上层建筑和生产关系的手段，就是社会革命。正是因为正确理解、把握了唯物史观社会结构理论的基本要点，中国共产党人在民主革命实践中，旗帜鲜明地指出：革命是为了使中华民族得到解放，为了实现人民的统治，为了使人民得到经济的幸福。① 为了实现这一目的，中国共产党人将社会基本矛盾原理与中国国情和革命实际相结合，在正确分析中国社会经济、政治形势的基础上，创造性运用生产力和生产关系理论，回答了在中国进行社会革命的根据，为新民主主义革命理论体系的创立提供了哲学基础。

(一) 新民主主义革命的根本目的是解放生产力

中国共产党自诞生之日起，就以唯物史观为党的哲学基础，以实现民族解放、人民解放，使人民得到经济的幸福为己任。在整个民主革命时期，尤其是20世纪40年代前后，随着革命实践的发展，中国共产党人不断总结革命经验和教训，努力运用马克思主义的立场、观点和方法，分析考察中国社会经济、政治状况，逐步认识到：正是由于帝国主义、封建主义和官僚资本主义生产关系及其上层建

---

① 参见《毛泽东文集》第1卷，人民出版社1993年版，第21页。

筑的剥削、压迫和统治,严重阻碍了中国农村社会生产力和顺应近代中国社会生产力发展要求而产生的民族资本主义经济的正常发展,将近代中国一步一步地变成了半殖民地半封建社会。近代中国社会的基本矛盾,即生产力和生产关系、经济基础和上层建筑的矛盾,在社会关系上主要表现为帝国主义和中华民族的矛盾、封建主义和人民大众的矛盾。而帝国主义和中华民族的矛盾,乃是各种矛盾中的最主要的矛盾。这些矛盾的斗争及其尖锐化,就不能不造成日益发展的革命运动。伟大的近代和现代的中国革命,是在这些基本矛盾的基础之上发生和发展起来的。① 中国革命分两步走,第一步即新民主主义革命的根本目的是解放和发展生产力,为进入社会主义社会做准备。

在《青年运动的方向》《论联合政府》《中国的社会经济形态、阶级关系和人民民主革命》等文中,毛泽东通过阐述中国革命的阶段、新民主主义革命的任务,指明了新民主主义革命的根本目的是解放和发展生产力。毛泽东指出,中国将来一定要发展到社会主义去,这是社会发展的客观规律。但是,新民主主义革命阶段的任务不是实行社会主义,而是破坏帝国主义和封建主义,改变中国现在的这个半殖民地半封建的地位,建立人民民主主义的制度②;因为"只有经过民主主义,才能达到社会主义,这是马克思主义的天经地义"③。在《目前形势和我们的任务》中,毛泽东明确指出,新民主主义革命的任务,"除了取消帝国主义在中国的特权以外,在国内,就是要消灭地主阶级和官僚资产阶级(大资产阶级)的剥削和压迫,改变买办的封建的生产关系,解放被束缚的生产力"④。在《中国的

---

① 参见《毛泽东选集》第2卷,人民出版社1991年版,第631页。
② 参见《毛泽东选集》第2卷,人民出版社1991年版,第563页。
③ 《毛泽东选集》第3卷,人民出版社1991年版,第1060页。
④ 《毛泽东选集》第4卷,人民出版社1991年版,第1254页。

社会经济形态、阶级关系和人民民主革命》中，毛泽东则从生产力发展的客观要求的角度，进一步分析指出："全国一切生产力，除了已经获得解放的地区以外，均被这些反动阶级所控制的反动的退步的落后的生产关系所束缚，日趋衰败，不能发展。而生产力本身的要求，则是用革命方法解除这种旧有生产关系的束缚，推翻这种旧有生产关系，建立新的生产关系，建立新民主主义的生产关系，因而使全国一切积极的生产力获得向上发展的可能，替未来的更进步的更能自由地发展生产力的社会主义社会准备条件。这个生产关系变革的内容，就是废除帝国主义者在中国所强占的特权，废除地主阶级及旧式富农的封建的土地所有权，废除官僚资产阶级的私人垄断的资本所有权。"① 他认为，要完成对中国这些阻碍生产力发展的旧有生产关系的变革，完成民族独立，实行土地改革，没收官僚资本，建立新民主主义的生产关系，借以发展中国的生产力，就必须通过新民主主义革命，推翻外国帝国主义，本国地主阶级、官僚资产阶级及旧式富农所结合在一起的反动的腐朽的国家权力，建立一个各阶级联合专政的民主共和国。为此，首先必须消灭一切反动军队。因为"在阶级社会中，一切生产关系，都是被阶级的国家权力所保护的。什么样的生产关系，就被什么样的阶级的国家权力所保护。而所谓国家权力，首先就是军队的武力"②，而在国民党政府统治之下的中国，一切依赖外国，国民党的财政经济政策是破坏人民的一切经济生活的。如果不实行政治变革，一切生产力，包括农业、工业，都会遭到破坏的命运。"没有一个独立、自由、民主和统一的中国，不可能发展工业。"③ 要想在半殖民地半封建的废墟上建立起社会主义社会来，必须经过一个由共产党领导的新式的资产阶级性

---

① 《毛泽东文集》第5卷，人民出版社1996年版，第61页。
② 《毛泽东文集》第5卷，人民出版社1996年版，第61—62页。
③ 《毛泽东选集》第3卷，人民出版社1991年版，第1080页。

质的彻底的民主革命，解放被旧有生产关系束缚的生产力，赢得民族独立和国家统一，否则，那只是完全的空想。①

由此可见，推翻帝国主义、封建主义和官僚资本主义的统治，变革旧有的生产关系和上层建筑，解放被束缚的生产力，是贯穿新民主主义革命始终的中心线。革命就是解放生产力，这是中国共产党人将生产力和生产关系理论与中国具体国情和革命实际相结合，在不断总结经验教训的基础上得出的科学结论。而武装斗争，走农村包围城市，最后夺取城市的革命道路，成为解放生产力的主要手段。中国共产党领导的其他一切工作，诸如根据地建设、白区工作，等等，则是解放生产力的辅助手段。总之，无论是抗日战争时期还是解放战争时期，革命的中心工作就是解放生产力，其他一切工作都围绕这一中心而开展。

（二）革命不仅是为了解放生产力，更是为了发展生产力

民主革命时期，战争与革命是时代主题。在中国共产党为了解放生产力而展开的各项工作中，革命战争无疑居于第一的地位。但是，这并不意味着党在解放生产力的同时，就不需要做好经济工作，也不意味着战争本身就是革命的目的。事实上，革命战争只是党在这一时期的中心任务。在进行这一中心任务的同时，进行经济建设，发展生产力也是革命的任务之一。毛泽东在土地革命战争时期发表的《必须注意经济工作》《我们的经济政策》，在抗日战争时期发表的《经济问题与财政问题》《关于陕甘宁边区的文化教育问题》《必须做好经济建设工作》等著作、讲话、书信中，反复强调在以夺取国家政权、解放生产力为主的民主革命时期，必须也有可能在根据地搞好经济建设，促进生产力的发展。

在新民主主义革命的长过程中，长期的战争环境中，中国共产

---

① 参见《毛泽东选集》第3卷，人民出版社1991年版，第1060页。

党人直接接触的是解放生产力的主要手段和辅助手段，这就容易导致生产力观念淡薄甚至忽略、忘记革命的根本目的是解放和发展生产力。针对党内存在的这种现象，毛泽东曾经在题为《关于陕甘宁边区的文化教育问题》的讲话中，从革命的根本目的是解放和发展生产力，以及政治与经济的关系的高度，阐明了搞好经济建设、促进生产力发展的极端重要性。他指出，把政治、军事放在第一的位置是对的，因为不把敌人打掉，什么也谈不上。但是，我们搞政治、军事仅仅是为着解放生产力，而最根本的问题是生产力向上发展的问题。这也是我们搞了多少年政治和军事的目的所在。"政治、军事的力量，是为着推翻妨碍生产力发展的力量；推翻妨碍生产力的力量，目的是为着解放生产力，发展经济。经济是政治、军事的基础，政治、军事是上层建筑。地基是经济，根本目的也是发展经济，政治、军事之所以放在第一，是因为如果没有它们，生产力得不到解放，就没有可能谈其他问题。"① 中国共产党人关于政治、军事与解放和发展生产力的关系的认识，一方面充分反映了他们对生产力与生产关系、经济基础与上层建筑、经济与政治之间的辩证关系已有了进一步的科学理解和阐释。这一科学阐释为中国共产党人在革命实践中正确认识和处理军事、政治与经济工作的关系奠定了哲学基础；另一方面，也为中国共产党人20世纪40年代前后领导的革命根据地的经济建设工作提供了理论支持。

　　强调搞好经济建设，促进生产力发展的极端重要性是有条件的。在尚未夺取全国政权的情况下，发展经济，解放和发展生产力，只能是在较为稳定的革命根据地所许可的现有环境下进行。就全国范围来看，革命的主要任务仍然是推翻反动阶级统治、解放生产力。对此，以毛泽东为代表的中国共产党人早在土地革命时期就有清醒的认识。毛泽东曾经指出，在现在的阶段上，革命战争是当前的中

----

① 《毛泽东文集》第3卷，人民出版社1996年版，第108—109页。

心任务,经济建设必须围绕着革命战争这个中心任务,并为它服务;只有在国内战争完结之后,才说得上也才应该说以经济建设为一切任务的中心;在国内战争中企图进行和平的,为将来所应有而现在所不应有的,为将来的环境所许可而现在的环境不许可的那些经济建设工作,只是一种瞎想。①但是,在生产力已经获得解放的根据地内,要发展生产力。对此,毛泽东曾在1944年4月任弼时写的题为《去年边区财经工作的估计与今年边区金融贸易财政政策的基本方针》的讲演稿上加写的两段话中,强调指出,在长期的中国革命过程中,为了满足革命与战争对物质供给的需要,为了满足人民的生活需要,必须做好经济建设工作。②

在根据地进行经济建设,发展生产力,需要从以下途径入手:一是加强对根据地经济建设的领导,从根据地的实际情况出发,制定了一系列促进经济和生产力发展的方针、原则和政策;二是发展农业、工业、贸易等。"为了提高工农劳动群众在抗日和生产中的积极性,减租减息和改善工人、职员待遇的政策,必须充分地执行。解放区的工作人员,必须努力学会做经济工作。必须动员一切可能的力量,大规模地发展解放区的农业、工业和贸易,改善军民生活"③;三是提倡通过在一定时期、一定条件下适当发展私人资本主义的方式,促进生产力的发展。针对有些人认为中国共产党人不赞成发展个性,不赞成发展私人资本主义,不赞成保护私有财产的观点,毛泽东批评指出,这"其实是不对的。民族压迫和封建压迫残酷地束缚着中国人民的个性发展,束缚着私人资本主义的发展和破坏着广大人民的财产。我们主张的新民主主义制度的任务,则正是解除这些束缚和停止这种破坏,保障广大人民能够自由发展其在共

---

① 参见《毛泽东选集》第1卷,人民出版社1991年版,第123页。
② 参见《毛泽东文集》第3卷,人民出版社1996年版,第125、126页。
③ 《毛泽东选集》第3卷,人民出版社1991年版,第1091页。

同生活中的个性，能够自由发展那些不是'操纵国民生计'而是有益于国民生计的私人资本主义经济，保障一切正当的私有财产"①。事实上，在漫长的新民主主义革命过程中，在每一革命阶段上，在革命势力长期占据的较大的局部地区，生产力包括其中最革命、最活跃的因素人，在获得一定解放的同时确实得到了一定的发展，无论是1924年到1927年的大革命时期、土地革命时期或抗日战争时期的根据地，还是解放战争时期的解放区都是如此。

（三）首次提出了判断政党作用好坏、大小的生产力标准思想

在阶级社会里，社会各阶级之间的政治斗争的主要表现为政党之间的斗争。民主革命时期，中国最有影响的政党就是国民党和共产党。除此之外，还有一些有较大影响的、代表民族资产阶级和上层小资产阶级利益的爱国民主党派，如中国民主同盟、第三党等。这些政党通过政纲表达其所代表的阶级、阶层的政治主张，争取群众，从事变革中国社会的政治实践活动。从主观上来说，他们都认为本党的政纲最能代表中华民族的利益，都宣称本党是中华民族利益的代表。

那么，检验和衡量中国一切政党政策及其实践在中国人民中所表现作用的好坏、大小的标准到底是什么？是各个政党的政纲所标榜的？还是客观实践中所产生的实践效果，即半殖民半封建的中国，在民族解放和人民解放实践中发挥的作用？在民族危机日益严重，社会生产力遭到极大破坏，民生凋敝的情况下，答案显然是后者。正如毛泽东在《论联合政府》中所指出的："中国一切政党的政策及其实践在中国人民中所表现的作用的好坏、大小，归根到底，看它对于中国人民的生产力的发展是否有帮助及其帮助之大小，看它

---

① 《毛泽东选集》第3卷，人民出版社1991年版，第1058页。

是束缚生产力的,还是解放生产力的。"① 在这里,以毛泽东为代表的中国共产党人,将真理的实践标准具体运用到中国革命实践中,第一次提出了以是否有利于解放和发展生产力作为衡量中国一切政党政策及其实践的标准,在革命实践中为中国共产党及各进步党派的建设指明了方向,也为社会主义改革时期生产力标准思想的完整提出提供了思想基础。

总之,中国共产党人将社会基本矛盾原理与中国革命实际相结合,对革命根据做出的回答,既为新民主主义革命理论的形成提供了哲学基础,也为党在新中国成立前后适时提出工作重心的转移提供了理论和实践支持。

二、阶级分析与中国革命路线和模式的确立

建立在社会基本矛盾原理基础上的阶级和阶级斗争学说,作为唯物史观的现实描述,既是革命的依据,又是革命的手段和途径,对于领导社会变革的政党具有直接的现实指导意义。正如列宁曾指出的:"马克思主义提供了一条指导性的线索,使我们能在这种看来扑朔迷离、一团混乱的状态中发现规律性。这条线索就是阶级斗争的理论。"② 正是因为这点,自马克思主义传入中国以来,正在探寻"中国向何处去"的先进分子,尤其是早期马克思主义者首先接受了唯物史观的阶级斗争学说,阶级斗争学说成为唯物史观在中国传播的根本学说。20世纪20年代前后关于阶级斗争的讨论,使阶级斗争成为中国先进分子的基本观念,阶级分析的方法成为先进分子观察分析和认识中国社会阶级结构的基本方法。中国共产党自诞生之日起,就以唯物史观为指导,主张通过阶级斗争、社会革命,从根本

---

① 《毛泽东选集》第3卷,人民出版社1991年版,第1079页。
② 《列宁选集》第2卷,人民出版社1995年版,第426页。

上变革中国社会，争取民族独立、人民解放，实现社会主义。在民主革命实践中，他们将阶级和阶级斗争学说与中国革命具体实际相结合，在艰辛的探索中不断总结经验教训，创立了中国特色的革命道路，对中国革命的对象、动力逐渐有了清晰的认识，为新民主主义革命总路线的确立奠定了坚实的基础。

(一) 阶级分析与中国革命路线的确立

中国共产党人在将阶级斗争学说当作一种现实的革命手段，直接运用于探寻中国特色的革命道路的过程中认识到，在半殖民地半封建的中国，要取得民族民主革命的胜利，必须建立各阶级联合的革命战线。为了寻找革命的联盟，他们从当时整个阶级斗争的形势和情况出发，从分析各阶级在当时的经济状况，尤其是在分配、消费中的状况出发，分析他们在政治上可能持有的态度，以此为依据判断谁是革命的敌人，谁是革命的朋友。随着中国共产党人革命实践经验的不断积累，对世情、国情了解把握的逐渐深入，对社会各阶级尤其是资产阶级认识的逐渐清晰，对中国革命的对象、动力和前途逐渐明确，为革命总路线的确立奠定了基础，毛泽东对此做出了主要贡献。

1925年12月，毛泽东在《中国社会各阶级的分析》一文中，开门见山地指出："谁是我们的敌人？谁是我们的朋友？这个问题是革命的首要问题。中国过去一切革命斗争成效甚少，其基本原因就是因为不能团结真正的朋友，以攻击真正的敌人。革命党是群众的向导，在革命中未有革命党领错了路而革命不失败的……我们要分辨真正的敌友，不可不将中国社会各阶级的经济地位及其对于革命的态度，作一个大概的分析。"[①] 通过对中国社会各阶级的经济地位及其对于革命的态度的分析，最后得出："一切勾结帝国主义的军

---

① 《毛泽东文集》第1卷，人民出版社1993年版，第3页。

阀、官僚、买办阶级、大地主阶级以及附属于他们的一部分反动知识界，是我们的敌人。工业无产阶级是我们革命的领导力量。一切半无产阶级、小资产阶级，是我们最接近的朋友。那动摇不定的中产阶级，其右翼可能是我们的敌人，其左翼可能是我们的朋友——但我们要时常提防他们，不要让他们扰乱了我们的阵线。"① 这一分析初步回答了革命的对象和革命的朋友的问题。值得指出的是，在这里，毛泽东不仅发现了半自耕农和贫农是农民阶级中的主力，还发现了中产阶级即民族资产阶级对待中国革命的两面性。代表中国城乡资本主义的生产关系的中产阶级，"主要是指民族资产阶级，他们对于中国革命具有矛盾的态度：他们在受外资打击、军阀压迫感觉痛苦时，需要革命，赞成反帝国主义反军阀的革命运动；但是当着革命在国内有本国无产阶级的勇猛参加，在国外有国际无产阶级的积极援助，对于其欲达到大资产阶级地位的阶级的发展感觉到威胁时，他们又怀疑革命。其政治主张为实现民族资产阶级一阶级统治的国家"②。

1926年1月，毛泽东在《国民党右派分离的原因及其对于革命前途的影响》一文中，在结合近代时局的发展变化和国民党的发展历史，阐述国民党右派分离的原因及其对革命前途的影响的同时，指出了中国革命的对象，并对中产阶级的两面性作了分析。中国革命现在面临的局势"已经到了短兵相接的时候，一面是帝国主义为领袖，统率买办阶级、大地主、官僚、军阀等大资产阶级组织反革命联合战线，站在一边；一面是革命的国民党为领袖，统率小资产阶级（自耕农、小商、手工业主），半无产阶级（半自耕农、佃农、手工业工人、店员、小贩），无产阶级（产业工人、苦力、雇农、游民无产阶级）组织革命联合战线，站在一边。那些站其中间的中产

---

① 《毛泽东选集》第1卷，人民出版社1991年版，第9页。
② 《毛泽东选集》第1卷，人民出版社1991年版，第4页。

阶级（小地主、小银行家及钱庄主、国货商、华资工厂主），其欲望本系欲达到大资产阶级的地位，为了帝国主义、买办阶级、大地主、官僚、军阀的压迫使他们不能发展，故需要革命。然因现在的革命，在国内有本国无产阶级的猛勇参加，在国外有国际无产阶级的积极援助，他们对之不免发生恐惧，又怀疑各阶级合作的革命。中国的中产阶级（除开其左翼即中产阶级中历史和环境都有特别情况的人，可与其余阶级合作革命，但人数不多），到现在还在梦想前代西洋的民主革命，还在梦想国家主义之实现，还在梦想由中产阶级一阶级领袖、不要外援、欺抑工农的'独立'的革命，还在梦想其自身能够于革命成功后发展成壮大的资产阶级，建设一个一阶级独裁的国家"①。毛泽东指出，在20世纪半殖民地半封建内外强力高压的中国，中产阶级作为一个仅有四百万人的阶级，独立革命只是一个梦想。在紧迫的时局下，中产阶级只有两条路，要么向左跑入革命派，要么向右跑入反革命派。

但是，当时的中共中央并没有认识到民族资产阶级的两面性，而是对包括民族资产阶级在内的资产阶级一直持否定态度。随着统一战线内部无产阶级与资产阶级争夺领导权的斗争日益加剧，党对民族资产阶级越来越持否定的态度，特别是"四·一二"反革命政变民族资产阶级背叛革命后，党全面否定了民族资产阶级在民主革命中的作用。中共五大认为，"蒋介石及其部下的行动"，"乃是代表了一个阶级——民族资产阶级"②。当一直被作为小资产阶级代表的汪精卫发动"七·一五"反革命政变后，党则认为"武汉的国民

---

① 《毛泽东选集》第1卷，人民出版社1991年版，第28—29页。
② 中央档案馆编：《中共中央文件选集》第3册，中共中央党校出版社1989年版，第102页。

党中央,国民政府以及所谓革命军的阶级性是地主资产阶级的代表"①。在1927年11月9—10日召开的中央临时政治局扩大会议上,以瞿秋白为代表的党中央开始出现"左"倾盲动错误,表现在阶级关系问题上,就是把民族资产阶级和买办资产阶级等同起来,认为蒋介石国民党的叛变就是整个民族资产阶级的叛变。由此断言:"中国民族资产阶级完完全全投降了外国资本","实际上替帝国主义当走狗","当工具",说中国资产阶级已经成了绝对的反革命势力,认为"中国革命要推翻豪绅地主阶级,便不能不同时推翻资产阶级",看不到上层小资产阶级在国民党新军阀统治下所遭受的压迫,武断地认定他们"由动摇犹豫而终归走入反革命,去当豪绅资产阶级的走狗"②,"在现时亦已不是革命的力量,而是革命的障碍"。主张整个地反对民族资产阶级和上层小资产阶级。党的"六大"接受共产国际意见,正确地指出现阶段的中国革命是资产阶级性质的民权革命,但同时认为"中国现时资产阶级性的民权革命必须反对民族资产阶级方能胜利,革命动力只是工农","因为民族资产阶级是阻碍革命胜利的最危险的敌人之一"③,仍然将民族资产阶级作为反革命联合战线的一部分。对民族资产阶级作用的否定,一直持续到1935年后才逐步得到改善。

1935年12月,毛泽东在《论反对日本帝国主义的策略》一文中,从分析当时的政治形势的特点入手,对中国社会各阶级尤其是民族资产阶级对待革命的态度进行分析,认为在民族危机日益严重

---

① 中央档案馆编:《中共中央文件选集》第3册,中共中央党校出版社1989年版,第215页。

② 《中国共产党历次重要会议集》上,上海人民出版社1982年版,第94页。

③ 中央档案馆编:《中共中央文件选集》第4册,中共中央党校出版社1989年版,第298—300页。

的情况下，民族资产阶级"有些变化的可能性……总的特点是动摇。但在斗争的某些阶段，他们中间的一部分（左翼）是有参加斗争的可能的。其另一部分，则有由动摇而采取中立态度的可能"①。批评了党内那种认为中国民族资产阶级不可能和中国工人农民联合抗日的错误观点，充分说明了民族资产阶级在抗日条件下重新建立统一战线的可能性和重要性，提出建立广泛的民族革命统一战线，指出，革命的动力，基本上依然是工人、农民和城市小资产阶级，可能增加一个民族资产阶级。② 随着抗日革命统一战线的建立，尤其是中国共产党对民族资产阶级性质与地位的认识日益明确，1939年10月，毛泽东在《〈共产党人〉发刊词》中，对中国社会各阶级尤其是民族资产阶级给予了全面的分析，明确了建立和领导革命统一战线的方针、原则，进一步明确了抗战时期革命的动力：工人、农民、城市小资产阶级和民族资产阶级。③

随着中国革命实践的发展，以毛泽东为代表的中国共产党人，敏锐洞察国际国内政治经济形势的变化，对中国社会各阶级，尤其是民族资产阶级的特性的把握日益准确，对中国革命的动力的认识逐渐明确。1939年12月，在《中国革命和中国共产党》一文中，毛泽东全面系统地阐述了中国社会性质、中国革命的对象、任务、动力、性质、前途等问题。指出在殖民地半殖民半封建的中国，革命的对象是帝国主义、封建主义和买办资产阶级、大资产阶级的投降派，这就决定了革命的实质是推翻帝国主义和封建主义的民族民主革命。在分析中国社会性质、中国革命的对象和任务的基础上，依据社会各阶级在社会经济中所占的地位，阐述了中国革命的动力，指出：无产阶级是革命的基本动力；农民、城市小资产阶级分别是

---

① 《毛泽东选集》第1卷，人民出版社1991年版，第145页。
② 参见《毛泽东选集》第1卷，人民出版社1991年版，第160页。
③ 参见《毛泽东选集》第2卷，人民出版社1991年版，第606—608页。

工人阶级的坚固的和可靠的同盟军;民族资产阶级则是在一定时期中和一定程度上的同盟军。中国革命的性质就是在无产阶级领导下的人民大众的反帝反封建的新民主主义革命。抗战结束后,以毛泽东为代表的共产党人,清醒把握国际、国内政治经济形势的变化,及时调整革命战略策略,对革命动力的认识也随着时局的发展做出了适当调整,在《在晋绥干部会议上的讲话》中,毛泽东明确阐述了革命总路线,"无产阶级领导的,人民大众的,反对帝国主义、封建主义和官僚资本主义的革命,这就是中国的新民主主义的革命,这就是中国共产党在当前历史阶段的总路线和总政策"①。

(二) 阶级分析与中国特色革命模式的创立

中国共产党人主张通过阶级斗争和社会革命的方式从根本上改造中国,但是幼年时期的党在领导大革命的过程中,对于革命的性质、任务、动力和方法等的认识都还比较幼稚,党的主体性比较弱。在统一战线内部,尽管党积极地参加了发动工人、农民、青年学生等群体参加大革命,但是并没有在革命过程中掌握领导权。党的"四大"提出了无产阶级领导权问题,但是对于如何掌握领导权并没有明确的主张,没有认识到掌握革命领导权,不仅要掌握工农运动,还要掌握政权和军队。以毛泽东为代表的共产党人,在反对党内外"左"的和右的错误倾向的过程中,运用经济分析和阶级分析的方法,对中国社会各阶级进行分析,找到了民主革命的主力军和同盟军,指出民主革命的基本问题是农民问题。但是,直到党的"五大",由于党的主要负责人陈独秀右倾思想的指导,党一直没有积极去争夺革命的领导权,对于土地革命的怀疑,使党从根本上丢掉了农民这个革命的同盟军,也就放弃了革命的领导权。对国民党的一味妥协退让,导致"四·一二"和"七·一五"反革命政变,大革

---

① 《毛泽东选集》第4卷,人民出版社1991年版,第1316—1317页。

命失败。中国共产党人总结大革命失败的教训,认识到,要夺取中国革命的胜利,必须放手发动农民,彻底解决农民的土地问题;必须充分认识武装斗争的重要性,建立和发展无产阶级领导下的人民武装。

然而,在强大的敌人面前,中国革命的道路到底该如何走?中国革命的重心在哪里?中国革命到底该在哪里积蓄力量不断发展?革命的动力是什么?这对于刚开始独立领导中国革命的共产党来说,是必须面对和回答的重大问题。为此,中国共产党人进行了艰辛的探索。

由于缺乏独立进行革命的经验,共产党人更多地借鉴俄国革命的经验,在城市举行武装起义,走以城市为中心武装夺取政权的道路,结果遭受失败也就在所难免。八七会议后,南昌起义、秋收起义、广州起义的先后失败,中国共产党人开始由城市转移到农村发展革命力量。随着对中国国情、农民在革命中的地位以及敌我力量的分析逐步深刻,中国共产党探索出了农村包围城市、以武装革命反对武装的反革命的革命道路理论。对此,毛泽东做出了突出的贡献。

秋收起义受挫后,毛泽东率领起义部队,当机立断改变向长沙进攻的部署,将起义部队转向国民党统治薄弱的农村和山区,开辟了井冈山革命根据地,在实践上突破了"城市中心论"的革命道路模式,走上了农村包围城市,武装夺取政权的革命道路。当时中共中央曾提出"发展游击战争",形成"割据局面"的主张。毛泽东在1928年到1930年写了《中国的红色政权为什么能够存在?》《井冈山的斗争》《星星之火,可以燎原》等著作,从中国革命实际情况出发,运用经济分析和阶级分析等方法,具体分析了中国红色政权能够存在和发展的政治、经济等客观和主观的条件,强调建立红色政权的必要性和伟大意义,提出了"工农武装割据"这一概念,阐述了工农武装割据的实质,即武装斗争、土地革命和根据地建设三者的有机统一,正确回答了"中国革命根据地和中国红军能否存在和发展"这个中国革命"最基本的问题"①,初步提出了"农村包围城市"的革命新道路,即中国革命只能走"有根据地的,有计划地建设政权的,深入土地革命的,扩大人民武装的"② 革命道路。但这一时期,对党的工作重心是农村革命还是夺取城市这一基本问题并未达成共识,中共中央包括毛泽东在内,虽然肯定工农武装割据的重要性,但认为工作重心还是城市,没有完全冲破城市中心论。

党实现工作重心由城市中心向农村中心的认识转换,是在1930年至1931年下半年,经过对党的工作重点的争论和对李立三城市中心论的克服,并随着红军力量的壮大、农村根据地的发展、几次反"围剿"战争的进行而完成的。③ 以后的革命实践表明,虽然中共中央不再以城市为中心进行革命,但对敌我力量的判断缺乏客观理智的分析,总是坚持一省或数省首先胜利,最终夺取全国政权的战略,农村根据地的发展只是局部战略,还没有上升到整体战略。第五次反"围剿"的失败给中国共产党以深刻的教训,对敌我力量的分析更加符合实际,对中国革命的艰巨性长期性有了更清楚的认识。毛泽东于1936年写的《中国革命战争的战略问题》,在对反"围剿"的军事战略战术进行总结的同时,也对中国革命战争的特点给予了深刻的分析,说明了工农武装割据的可能性及革命的艰巨性,这为农村包围城市的战略奠定了基础。④ 1938年11月,毛泽东在《战争和战略问题》中明确提出了农村包围城市的战略。中国"不是一个独立的民主的国家,而是一个半殖民地的半封建的国家;在内部没

---

① 《毛泽东选集》第1卷,人民出版社1991年版,第188页。
② 《毛泽东选集》第1卷,人民出版社1991年版,第98页。
③ 参见张静如:《中国共产党思想史》,青岛出版社1991年版,第130—134页。
④ 《毛泽东选集》第1卷,人民出版社1991年版,第188—192页。

有民主制度，而受封建制度压迫；在外部没有民族独立，而受帝国主义压迫。因此，无议会可以利用，无组织工人举行罢工的合法权利。在这里，共产党的任务，基本地不是经过长期合法斗争以进入起义和战争，也不是先占城市后取乡村，而是走相反的道路"①。1939年12月，毛泽东在《中国革命和中国共产党》中对农村包围城市战略作了系统的阐述。在殖民地、半殖民地、半封建的中国，中国革命的敌人异常强大，不但有强大的帝国主义，还有强大的封建势力，在一定时期内还有勾结帝国主义和封建势力以与人民为敌的资产阶级的反动派。这就决定了中国革命的主要方法和主要形式，不能是和平的，而必须是武装的。因此，革命的根据地问题也就发生了。因为强大的帝国主义及其在中国的反动同盟军，总是长期地占据着中国的中心城市，革命队伍要准备积蓄和锻炼自己的力量，并避免在力量不够的时候和强大的敌人作决定胜负的战斗，就必须把落后的农村造成先进的巩固的根据地，打造成军事上、政治上、经济上、文化上的伟大的革命阵地，借以反对利用城市进攻农村区域的凶恶敌人，借以在长期战斗中逐步地争取革命的全部胜利。②从此，在土地革命时期形成的农村包围城市的革命道路，成为新民主主义革命时期的根本道路。

三、劳动人民立场与中国革命力量探寻

唯物史观强调人民群众是历史的创造者，是社会变革的决定力量，历史活动是群众的事业，正是广大群众的、整个民族的、整个阶级的行动引起重大历史变迁。马克思恩格斯基于当时西欧资本主义大工业条件下的社会基本矛盾状况，将无产阶级看作人民群众的

---

① 《毛泽东选集》第2卷，人民出版社1991年版，第542页。
② 参见《毛泽东选集》第2卷，人民出版社1991年版，第633—635页。

主体,强调无产阶级领导的社会革命在推翻资本主义制度中的作用。列宁根据俄国的革命实际,在《社会民主党在民主革命中的两种策略》中指出:无产阶级在民主革命中能否取得领导权是民主革命成败的关键。半殖民地半封建的中国的民族民主革命作为世界无产阶级革命的一部分,革命的主力军和同盟军到底是哪个阶级?民主革命究竟应该由无产阶级领导还是由资产阶级领导?马克思主义经典作家不能给共产党人提供现成的答案,只能靠他们在民主革命实践中以唯物史观为指导,运用经济分析和阶级分析方法,在发展着的中国革命实践中探寻。中国共产党人在民主革命过程中,将唯物史观的人民群众是历史的创造者原理与中国的具体国情和革命实际相结合,创造性地运用唯物史观的立场、原则和方法,解决中国革命过程中面临的主要问题,经过艰苦摸索,找到了中国革命的主力军、同盟军,创造性地提出了党的群众路线。

(一) 劳动人民立场与中国革命主力军和同盟军的寻找

中国共产党自诞生之日起,因为受十月革命的影响,加之对当时中国社会性质和革命特点缺乏深入分析和了解,当时党内普遍认为,俄国十月革命胜利后,世界无产阶级革命就彼此联系起来,组成了一个国际革命的整体,在这种形势下的中国革命,也必然是以无产阶级为主体的社会主义革命。中国共产党的第一个决议规定:"本党的基本任务是成立产业工会","党应在工会里灌输阶级斗争的精神","对现有其他政党,应采取独立的攻击的政策。在政治斗争中,在反对军阀主义和官僚制度的斗争中,在争取言论、出版、集会自由的斗争中,我们应始终站在完全独立的立场上,只维护无产阶级的利益,不同其他党派建立任何关系"。① "一大"以后,中

---

① 中央档案馆编:《中共中央文件选集》第1册,中共中央党校出版社1989年版,第6、8页。

国共产党主要是在产业工人中从事宣传和组织革命活动,先后发动了一系列的工人罢工运动。

随着党的力量在实践斗争中的不断发展,国内国际政治经济形势的变化,面对强大的敌人,1922年6月,中共中央发表《中国共产党对于时局的主张》,针对中国政局混乱、民不聊生的现状,在旗帜鲜明地表明自己的政治立场的同时,提出了实现反对帝国主义和封建军阀的革命的目标的方法,即建立一个民主主义的联合战线。依中国政治经济的现状,依历史进化的过程,无产阶级在目前"最切要的工作,还应该联络民主派共同对封建式的军阀革命,以达到军阀覆灭能够建设民主政治为止"。"中国共产党的方法,是要邀请国民党等革命民主派及革命的社会主义各团体开一个联席会议……共同建立一个民主主义的联合战线,向封建式的军阀继续战争;因为这种联合战争,是解放我们中国人受列强和军阀两重压迫的战争,是中国目前必要的不可免的战争。"① 党的"二大"通过了《关于"民主的联合战线"的议决案》。1922年8月的西湖特别会议,就中国共产党同国民党建立革命统一战线的问题展开讨论。经过激烈讨论,最后接受共产国际的提议,原则确定,只要国民党能够根据民主主义原则进行改组,并取消其封建主义的形式,共产党员可以加入国民党,以实现两党合作。这一原则进一步补充和发展了"二大"关于建立"民主的联合战线"的思想,解决了联合方式问题。1922年年底,共产国际四大通过《关于东方问题的提纲》,指出,殖民地和半殖民地各国的共产党,应当"参加可给它开辟接近群众道路的一切运动",在殖民地和半殖民地各国共产党和工人政党面前,"摆着二重的任务",即一方面应为"获得国家政治独立为方向的资产阶级民主革命任务之最激进的解决而斗争";另一方面"应组织工农大

---

① 《中国共产党历次重要会议集》上,上海人民出版社1982年版,第11页。

众，为其特殊的阶级利益而斗争，在这里可利用民族主义的资产阶级民主阵营内的一切矛盾"。根据这次大会的精神，中国共产党拟定了《中国共产党对于目前事件问题之计划》，其中关于对待国民党的问题上明确指出："国民党虽然有许多缺点与错误，然终为中国唯一革命的民主派……在国民党为民主政治及统一政策争斗时期，无产阶级不但要和他们合作参加此争斗，而且要在国民党中提出反对帝国主义及为工人阶级利益与自由口号，以扩大其争斗，更要向国民党中工人分子宣传促进他们阶级的觉悟，使他们了解国民党终非为无产阶级利益争斗的政党。若国民党与最反动的黑暗势力（如张作霖、段祺瑞、曹锟等）携手或与帝国主义者妥协时吾人即宜反对之绝不容顾忌。总之：我们共产党在任何问题的争斗中及与任何党派联合运动中，总要时刻显示我们的真面目于群众之前，更不可混乱了我们的独立组织于联合战线之中。"[①] 对于与国民党合作建立统一战线问题有了进一步认识。但这还仅仅是理论上的认识，并未真正转化为革命实践行动。党所从事的革命仍然限于动员工人搞罢工，先后发动了几次工运高潮。1923年"二七"大罢工的失败，使共产党人在教训面前懂得了，在半殖民地半封建社会的中国，进行反帝反封建军阀的革命，单凭共产党领导的工人阶级孤军奋战是不行的，必须有广大的同盟军，即同占全国百分之八十以上的农民、城市小资产阶级以及资产阶级民主派建立广泛的反帝反封建的革命统一战线，才能取得革命的胜利。

1923年6月，党的三大在分析建立革命统一战线的必要性和可能性的基础上，认为可以用国民党作为统一战线的组织形式。经过激烈讨论，最终决定与国民党合作，共产党员以个人身份加入国民党，帮助孙中山改组国民党为民主革命联盟，同时保持共产党员在

[①]《中国共产党历次重要会议集》上，上海人民出版社1982年版，第21—22页。

组织上、政治上的独立性。党的"三大"制定的民主革命统一战线的方针政策，为动员和组织全国人民进行反帝反封建革命斗争起到了积极的促进作用，促进了1924—1926年的国民革命的兴起和发展。但是，党关于民主革命究竟应该由无产阶级领导，还是由资产阶级领导的问题，也就是说民主革命的主力军到底是资产阶级还是无产阶级，这一问题并没有解决。由于当时孙中山认为只有资产阶级领导的武力才是革命的主要力量，共产国际亦一直把资产阶级领导的武装力量作为中国革命主力军。党内多数人也认为革命的领导权属于资产阶级，无产阶级只能处于从属地位。随着民主革命运动的深入，以及国共两党统一战线内部斗争的发展，民主革命中的领导权问题日益突出。而此时党的主要负责人陈独秀的思想却日益右倾。他对当时时局看法比较悲观，认为工人阶级在数量上和质量上都很幼稚，轻视无产阶级的力量，重视国民党，认为国民革命应该由资产阶级领导，主张一切工作归国民党，忽视共产党在统一战线中的独立性，不懂得无产阶级同资产阶级争夺领导权的重要性。针对党内的右倾错误思想，邓中夏、恽代英等，都曾撰文强调工人群众在民主革命或社会革命中的主力军地位，明确提出无产阶级是目前国民革命的领袖。能否正确对待农民问题，是能否实现无产阶级对民主革命的领导权的关键。关于农民问题在国民革命中的重要性，党自成立以来对此已经有所认识，懂得了农民是国民革命中的最大的动力，中国革命要与农民联合。但对农民是无产阶级同盟军问题则认识不清。

1923年共产国际的五月指示，即《共产国际执行委员会对中国共产党第三次代表大会的指示》，明确提出无产阶级领导权问题，指出"领导权必须属于工人阶级的政党"，"共产党的首要任务，就是加强共产党使其成为无产阶级的群众性政党，把工人阶级的各种力量组织到工会中去"，农民问题是"中国共产党的整个政策的中心","共产党必须致力于建立工农联盟。"① 根据共产国际的指示精神,1925年1月党的四大在正确分析国际国内政治形势,分析中国社会各阶级在民主革命中的地位与趋向的基础上,明确提出了无产阶级在民主革命中的领导权问题,提出农民是无产阶级的天然同盟者。党的四大后,党的工作在工、农、青年、妇女等广大群众中深入展开,全国很快出现了工人罢工和农民运动高潮,出现了席卷全国的"五卅"反帝革命运动,党自身也得到了迅猛发展。

党的四大虽然提出了农民是无产阶级的同盟军,但是,对农民在反帝反封建的民主革命中的作用并没有重视。党内要么只顾与国民党合作,要么只注意工人运动,都忽视了农民。他们在革命实践中都感觉自己的力量不足,却又都不知到何处去寻找广大的同盟军。随着国民革命的深入发展,统一战线内部领导权问题的日益尖锐,寻找到革命同盟军以增强自己的力量成为中国共产党人亟须解决的问题。毛泽东在《中国社会各阶级的分析》一文中,针对党内存在的忽视农民的两种倾向,从中国革命实际出发,坚持群众创造历史的基本立场,运用经济分析和阶级分析等方法,对中国社会各阶级之间的相互关系和发展变化、同一阶级内部(尤其是小资产阶级和半无产阶级内部)不同阶层进行分析,指出,在中国社会各阶级中,"工业无产阶级是我们革命的领导力量。一切半无产阶级、小资产阶级,是我们最接近的朋友。那动摇不定的中产阶级,其右翼可能是我们的敌人,其左翼可能是我们的朋友"②,初步回答了"谁是我们的敌人?谁是我们的朋友"这个"革命的首要问题"③。尤其是他在

---

① 《中国共产党历次代表大会(新民主主义革命时期)》,中共中央党校出版社1982年版,第91、93页。

② 《毛泽东选集》第1卷,人民出版社1991年版,第9页。

③ 《毛泽东选集》第1卷,人民出版社1991年版,第3页。

对半无产阶级的分析中指出的:"所谓农民问题,主要就是他们的问题"①,说明毛泽东开始发现在当时占中国农村人口百分之八十的农民中,半自耕农和贫农是农民中的绝大多数,他们反封建的革命要求代表了中国农民运动的方向。

随着北伐战争的胜利发展,农村出现了一个以湖南省为中心的农民运动的高潮。到1927年3月底,农民协会的组织已远及广东、湖南、湖北等十七省,加入农会的农民达八百万。农民运动的迅猛发展,动摇了帝国主义、封建军阀和地主买办阶级在中国的统治。他们攻击、污蔑农民运动是"痞子运动""惰农运动",叫嚷农民运动"糟得很"。中国共产党内以陈独秀为代表的右倾思想害怕农民运动的发展会破坏统一战线,限制、打击和压制农民运动。1926年11月,共产国际召开了第七次扩大执行委员会议,斯大林在会上作了《论中国革命的前途》的讲演,论述了中国革命的特点和性质、革命的军队问题、农民问题、无产阶级领导权问题等。大会通过的《关于中国革命形势的决议案》指出,土地问题是"目前形势的中心问题,对于这个问题持坚决态度,并给予彻底回答的那个阶级,将成为革命的领导者"。针对陈独秀在农民问题上日益严重的错误,瞿秋白根据斯大林的讲演和共产国际决议的精神,指出中国国民革命应当以土地革命为中枢,中国没有土地革命,便决不能铲除帝国主义、军阀之统治和剥削的根基。为了驳斥当时党内外对农民运动的攻击和污蔑,批评党内右倾机会主义者对农民运动的责难,纠正对农民运动各种错误处置,毛泽东于在1926年9月发表的《国民革命与农民运动》中,阐明了农民在国民革命中的重要性,农民问题是国民革命的中心问题,是国民革命能否取得成功的关键,土地革命是解决土地问题的根本。"农民问题乃国民革命的中心问题,农民不起来参加并拥护国民革命,国民革命不会成功;农民运动不赶速地做起

---

① 《毛泽东选集》第1卷,人民出版社1991年版,第6页。

来，农民问题不会解决；农民问题不在现在的革命运动中得到相当的解决，农民不会拥护这个革命。"① "因此，乃知中国革命的形势只是这样，不是帝国主义、军阀的基础——土豪劣绅、贪官污吏镇压住人民，便是革命势力的基础——农民起来镇压住土豪劣绅、贪官污吏。中国的革命，只有这一种形势，没有第二种形势……因此，乃知所谓国民革命运动，其大部分即是农民运动。"② 毛泽东1927年3月发表的《湖南农民运动考察报告》，则进一步阐明了农民问题的极端重要性和农民在中国革命中的伟大作用。通过运用经济分析和阶级分析的方法对农村中贫农、中农和富农进行了分析，这篇文章指出，占乡村人口百分之七十的贫农群众是农民协会的中坚，是土豪劣绅的死对头，乡村中一向苦战奋斗的力量是贫农，他们最听共产党的领导，最具有革命性。没有贫农阶级，决不能造成现时乡村的革命状态，决不能打倒土豪劣绅，完成民主革命。毛泽东的这部考察报告，指出了农民尤其是贫农是土地革命的主力军。不仅如此，农民还是党领导中国革命的最大支持者和同盟军。这为土地革命时期农村包围城市革命道路的发现，以及抗日战争和解放战争时期正确认识中国革命本质和战争规律，形成正确的中国革命基本路线奠定了基础。《新民主主义论》《〈共产党人〉发刊词》等文中关于中国革命的本质和革命战争特殊规律的阐述就是例证，"中国的革命实质上是农民革命"③，"中国共产党的武装斗争，就是在无产阶级领导之下的农民战争"④。

---

① 《毛泽东文集》第1卷，人民出版社1993年版，第37页。
② 《毛泽东文集》第1卷，人民出版社1993年版，第38页。
③ 《毛泽东选集》第2卷，人民出版社1991年版，第692页。
④ 《毛泽东选集》第2卷，人民出版社1991年版，第609页。

(二) 人民立场与党的群众路线的创立

中国共产党人主要是毛泽东,在大革命实践中通过深入农村实地调查,发现了中国革命的主力军和同盟军。大革命的失败使他认识到,党要领导中国革命实现民族解放和人民解放的目标,必须正确处理党与群众之间的关系。要让占全国人口80%的农民群众拥护革命,党的指导思想必须要切实关注他们的革命要求,切实解决农民问题,善于从群众中汲取力量,形成正确的领导意见。① 正是基于这种认识,在以后的民主革命实践中,随着国际国内政治形势的发展变化,中国共产党人从中国革命具体实际出发,将自己深深植根于群众之中,在领导群众进行革命斗争的过程中,形成了具有中国特色的群众观点、群众路线和密切联系群众的工作作风,以此为指导领导群众最终取得新民主主义革命的胜利。

在以毛泽东为代表的共产党人看来,"人民群众"是一个动态的范畴,它的内容随着革命实践的发展而不断变化。抗日战争时期,在《延安文艺座谈会上的讲话》中,毛泽东对人民大众的界定是"最广大的人民,占全国人口百分之九十以上的人民,是工人、农民、兵士和城市小资产阶级……这四种人,就是中华民族的最大部分,就是最广大的人民大众"②。解放战争时期,在《关于目前党的政策中的几个重要问题》中,所谓人民大众,是包括工人阶级、农民阶级、城市小资产阶级、被帝国主义和国民党反动政权及其所代表的官僚资产阶级(大资产阶级)和地主阶级所压迫和损害的民族资产阶级,而以工人和农民(兵士主要是穿军服的农民)和其他劳动人民为主体。③ 在《关于民族资产阶级和开明绅士》中指出,所

---

① 参见《毛泽东文集》第1卷,人民出版社1993年版,第46—47页。
② 《毛泽东选集》第3卷,人民出版社1991年版,第855—856页。
③ 参见《毛泽东选集》第4卷,人民出版社1991年版,第1272页。

谓人民大众，是指一切被帝国主义、封建主义、官僚资本主义所压迫、损害或限制的人们，也即是一九四七年十月中国人民解放军宣言上明确地指出的工、农、兵、学、商和其他一切爱国人士。其中，劳动人民是革命的主体，所谓劳动人民"是指一切体力劳动（如工人、农民、手工业者等）以及和体力劳动者相近的、不剥削人而又受人剥削的脑力劳动者"①。在《在晋绥干部会议上的讲话》中，人民大众则是指"工人、农民、独立劳动者、自由职业者、知识分子、民族资产阶级以及从地主阶级分裂出来的一部分开明绅士"②。在《人民民主专政》一文中，人民则是指工人阶级，农民阶级，城市小资产阶级和民族资产阶级。③ 这种对不同历史时期"人民群众"的内容的不同把握，为最大限度地调动和发挥人民群众的作用提供了理论依据。

在中国革命实践中，以毛泽东为代表的中国共产党人非常重视人民群众在民主革命中的作用。1934年，针对敌人为"围剿"根据地而筑起的数千座堡垒，毛泽东特别指出："真正的铜墙铁壁是什么？是群众，是千百万真心实意地拥护革命的群众。"④ 抗日战争中，针对蒋介石坚持片面抗战，将人民群众排除在抗日力量之外的做法，毛泽东批评到："民族战争而不依靠人民，毫无疑义将不能取得胜利。"⑤ 毛泽东称"兵民是胜利之本"，"战争的伟力之最深厚的根源，存在于民众之中"。⑥ "人民群众的创造力是无穷无尽的"，

---

① 《毛泽东选集》第4卷，人民出版社1991年版，第1287页。
② 《毛泽东选集》第4卷，人民出版社1991年版，第1313页。
③ 参见《毛泽东选集》第4卷，人民出版社1991年版，第1475页。
④ 《毛泽东选集》第1卷，人民出版社1991年版，第139页。
⑤ 《毛泽东选集》第2卷，人民出版社1991年版，第347页。
⑥ 《毛泽东选集》第2卷，人民出版社1991年版，第509、511—512页。

"人民,只有人民,才是创造世界的动力"。①

由于长期处于敌我悬殊的革命环境中,面对帝国主义和封建军阀这两个强大的敌人,为求生存和发展,中国共产党人深深地将自己植根于人民群众中,一直非常注意密切联系群众,从群众中寻找革命的力量源泉。在争取群众的斗争实践中,不断总结经验教训,创造性地提出了党的群众观点,即坚信人民群众自己解放自己的观点、全心全意为人民服务的观点、虚心向人民群众学习的观点、对人民群众负责观点,等等。党的三大强调,拥护工人农民的自身利益是我们不能一刻遗忘的,"对于工人农民之宣传与组织,是我们特殊的责任;引导工人农民参加国民革命,更是我们的中心工作"②。"共产党员无论何时何地都不应以个人利益放在第一位,而应以个人利益服从于民族的和人民群众的利益。"③ 1941年,毛泽东在陕甘宁边区会议上发表演说,明确指出了共产党人要时刻把人民群众的利益放在第一位,为人民服务是中国共产党人的出发点和落脚点。有了为人民服务的思想,还要树立对人民负责的观念,努力使人民得到实惠和利益。针对有些干部只满足于上传下达,照搬照抄,在工作中不调查研究,不体察民情;或只凭主观愿望办事,瞎指挥,人民群众得不到实惠,甚至蒙受严重损失的现象。毛泽东强调要善于体察民情,注重解决了人民群众的实际生活问题,认为只有这样,才能得到广大人民群众的拥护。

以毛泽东为代表的共产党人,不仅注意密切联系群众,还非常注重群众工作的方式和方法。强调群众工作方法的重要性,认为只有工作方法得当,才能得到群众的支持。延安时期,以毛泽东为代表的党的领导集体,为了批判主观主义的错误倾向,对建党以来党

---

① 《毛泽东选集》第3卷,人民出版社1991年版,第1096、1031页。
② 胡绳:《中国共产党的七十年》,中共党史出版社1991年版,第42页。
③ 《毛泽东选集》第2卷,人民出版社1991年版,第522页。

密切联系群众的工作经验和工作方法,从理论上进行了认真提炼和系统总结,形成了完备的科学的理论体系。1943年毛泽东在为党中央所写的《关于领导方法的若干问题》中,将人民群众创造历史原理与能动的革命的反映论相结合,提出了"从群众中来,到群众中去"的工作方法。他认为,认识从实践中来,又到实践中去的过程,就是从群众中来,又到群众中去的过程。毛泽东还进一步指出,人民群众的革命实践是认识真理的和检验真理的基础与标准。"真理只有一个,而究竟谁发现了真理,不依靠主观的夸张,而依靠客观的实践。只有千百万人民的革命实践,才是检验真理的尺度。"①

党的群众路线作为党的根本路线,为党取得新民主主义革命的胜利提供了重要的政治保证、组织保证和力量源泉。

四、社会形态论与对革命阶段和革命目标的曲折探索

中国共产党人在以唯物史观为指导探寻革命的对象、任务、动力等革命基本问题的过程中,之所以反复出现"左"的或右的错误,根源之一就在于对中国社会的性质定位不准确。因为革命的对象、任务、动力这些中国革命的基本问题都是由中国的特殊国情决定的。对中国的国情认识不清楚,就不能正确把握中国革命的对象和任务,也就不能准确定位中国革命的阶段和目标。而对革命阶段、革命目标这一战略性的革命基本问题的认识正确与否,直接决定着革命运动的命运。中国共产党人对中国社会性质以及由此决定的革命阶段、革命目标的认识经历了一个长期的曲折的探索过程。

马克思在《德意志意识形态》(1846年)、《雇佣劳动与资本》(1847年)、《共产党宣言》(1848年)、《政治经济学批判》(1858年)、《〈政治经济学批判〉序言》(1859年)、《资本论》第一卷

---

① 《毛泽东选集》第2卷,人民出版社1991年版,第663页。

(1867年)、《资本论》第三卷（1871年）、《哥达纲领批判》（1875年）、《历史学笔记》（1878—1881年）和关于俄国问题的通信（1877—1881年）等相关论著中，从生产力与生产关系矛盾运动的角度，提出了五种社会形态理论，并在不同历史阶段针对欧洲和东方民族的具体情况，对五种社会形态理论作了各有侧重的研究。19世纪四五十年代，马克思重点研究了资本主义以前的三种社会形态，在此基础上，阐述了"两个必然"和"两个决不会"思想，提出了经济社会形态更替的一般规律，"大体说来，亚细亚的、古代的、封建的和现代资产阶级的生产方式可以看作是经济的社会形态演进的几个时代。资产阶级的生产关系是社会生产过程的最后一个对抗形式，这里所说的对抗，不是指个人的对抗，而是指从个人的社会生活条件中生长出来的对抗；但是，在资产阶级社会的胎胞里发展的生产力，同时又创造着解决这种对抗的物质条件"①。在唯物史观的广泛传播过程中，《雇佣劳动与资本》《共产党宣言》《〈政治经济学批判〉序言》作为中国共产党人最早接触的唯物史观的有限译介文本，其关于五种经济社会形态依次更替的相关阐述，深深地影响着中国共产党人对中国社会性质的认知，这通过他们对革命阶段、革命目标定位的变化可以清楚地看到。

　　认清中国的国情，即认清中国社会的性质，是认清一切革命问题的基础。然而中国社会的性质到底是什么，中国革命的目标是资本主义还是社会主义等问题，在党成立之前的数次思想论战中已经引起激烈讨论。当时，李大钊、陈独秀等人，从中国的实际出发，反驳了论战对方的观点，强调在中国要高举马克思主义旗帜，通过阶级斗争和社会革命实现社会主义，建立无产阶级专政。但是事实表明，幼年的党对这些问题的认识仍然是模糊和摇摆的。

---

① 《马克思恩格斯选集》第 2 卷，人民出版社 1995 年版，第 33 页。

（一）对中国社会性质、革命阶段、革命目标认识的初步转换

1920年11月发表的《中国共产党宣言》，提出"共产主义者的目的是要按照共产主义者的理想，创造一个新的社会。但是要使我们的理想社会有实现之可能，第一步就得铲除现在的资本制度。要铲除资本制度，只有用强力打倒资本家的国家"①。党的秘密刊物《共产党》月刊也曾明确提出："我们只有用阶级战争的手段，打倒一切资本阶级从他们手抢夺来政权；并且用劳动专政的制度，拥护劳动者底政权，建设劳动者的国家以至于无国家，使资本阶级永远不至发生。"②"共产党底根本主义，是主张用革命的手段改造经济制度，换句话说，就是用共产主义的生产制度来代替资本主义的生产制度。"③党的一大通过的《中国共产党纲领》规定了"以无产阶级革命军队推翻资产阶级，由劳动阶级重建国家，直至消灭阶级差别；采用无产阶级专政，以达到阶级斗争的目的——消灭阶级；废除资本私有制，没收一切生产资料，如机器、土地、厂房、半成品等，归社会所有；联合第三国际"。通过中国共产党成立前后对革命目标和革命手段的阐述，可以看出，在当时的历史条件下，幼年的党还没有将唯物史观的社会形态理论与中国具体国情相结合，只是以俄国革命为榜样，以实现社会主义、共产主义为目标，认为在当时的中国要实现社会主义，必须直接进行社会主义革命。这种一次革命论的思想实质上隐含着他们对中国社会性质的认识，即把中国社会性质定位为资本主义社会。

第一次世界大战结束后，列强在华盛顿会议签订的《九国公

---

① 中国社会科学院现代史研究室：《"一大"前后》（1），人民出版社1980年版，第2页。

② 《共产党》月刊，第一号"短信"，1920年11月7日。

③ 《共产党》月刊，第四号"短信"，1921年5月7日。

约》，确定了各国在华工商业"门户开放或""机会均等"的原则，打破了日本对中国的独占优势，使中国回到面临几个帝国主义国家重新瓜分的危局。在各帝国主义国家的支持下，国内各派军阀之间的争夺和火并愈演愈烈。内忧外患的日益严重，要求党必须了解中国的具体国情，制定出符合中国国情的革命纲领。1922年1月21日至2月2日，在共产国际召开的远东各国共产党及民族革命团体第一次代表大会上，中国共产党人了解了列宁关于民族与殖民地问题的理论，接受了列宁的帝国主义和封建主义是中国和东方被压迫民族的最主要敌人，以及"现在中国劳动群众和群众中的进步分子——中国共产党——当前的第一件事便是把中国从外国的羁轭下解放出来，把督军推倒"① 的观点。直到此时，中国共产党人才初步意识到唯物史观理论与中国社会现实之间的时空错位、经济社会形态发展阶段差异问题，开始结合中国革命所面临的国际国内形势，制定中国革命的目标。党的二大提出的党的最低纲领和最高纲领，体现了党关于中国社会性质和中国革命目标等问题上的认识转变。党的最低纲领，将中国革命目标定位为反帝反封建的民族民主革命，说明党开始逐渐认识到中国半殖民地半封建的社会性质。同时，党的最低纲领和最高纲领的提出，实质上规定了半殖民地半封建的中国要实现社会主义，须经历民主主义革命和社会主义革命两个阶段。但是，民主主义革命与社会主义革命之间到底是什么关系？是两次革命还是同一革命的两个不同阶段？中国共产党在革命中的地位如何？这成为中国共产党在革命实践过程中必然要遇到并且必须回答的问题。

---

① 李曙新：《中国共产党哲学思想史》，中共党史出版社2003年版，第55页。

（二）对中国社会性质、革命阶段、革命目标认识的摇摆

实践证明，中国共产党在半殖民地半封建中国的民族民主革命的漫长过程中，对不同历史阶段的革命任务、革命对象等革命基本问题并没有彻底清醒的认识。这反过来说明党对中国社会的性质、中国革命性质的认识还是摇摆不定的。

党的二大之后，在党的组织领导下举行的多次罢工运动，虽然打击了帝国主义和封建主义，但是斗争的矛头却主要是指向包括民族资产阶级在内的资产阶级。直至党的三大召开前后，在列宁思想的影响下，党才明确指出当前的革命是反帝反封建的资产阶级民族民主革命，即国民革命，并在理论上初步提出无产阶级在民主革命中的主力军和领导者地位问题。党的四大进一步在理论上明确了无产阶级在革命中的主力军地位以及农民的同盟军地位。但是，以陈独秀为代表的党中央服从共产国际的指示精神，认为民主革命的胜利是资产阶级的胜利，无产阶级还比较幼稚，只能和革命的资产阶级合作，在援助资产阶级取得民主革命胜利的过程中获得若干自由和发展自己能力的机会，等时机成熟后，再进行无产阶级领导的社会主义革命。也就是说，以陈独秀为代表的中央是以"二次革命论"指导实践，认为革命的目标是建立资产阶级专政。因此，在实践中只注意了反对帝国主义和封建军阀的斗争，而忽略了与资产阶级争夺领导权的斗争，忽视无产阶级主力军和领导者地位问题，对国民党一味妥协退让，打压、限制农民运动，结果导致"四·一二"和"七·一五"反革命政变，轰轰烈烈的大革命失败。

中国共产党在反对陈独秀右倾思想的同时，又产生了"左"倾思想。随着北伐运动的不断推进，统一战线内部无产阶级与资产阶级之间的领导权之争愈演愈烈，中国共产党逐渐认清了资产阶级在革命中的妥协性，改变了民主革命胜利后建立资产阶级专政的观点。"四·一二"和"七·一五"反革命政变的发生，造成中国共产党

彻底否定了民族资产阶级和上层小资产阶级的革命性,将国民党政权定性为资产阶级政权,将包括民族资产阶级和上层小资产阶级在内的资产阶级纳入了革命对象的范围。1926年11月,共产国际执委会第七次扩大会议通过《关于中国形势问题的决议》,要求"中国共产党决定要用全力去实现过渡到非资本主义的发展之革命的前途"①,对中国共产党"左"倾思想的出现产生了重要影响。1927年中共中央政治局接受共产国际执委会的指示精神,认为党中央以前对中国革命的认识有一个根本错误,即在民主革命和无产阶级革命之间划了一道不可逾越的鸿沟,"中国国民革命前途之发展,得超过资产阶级的民主革命","不必再造成发展资本主义的政治环境,而是要造成从资本主义过渡到非资本主义(社会主义)之政治环境","把国民革命和无产阶级革命,看做整个的中国革命","抓住这两种革命的连锁,使之一气呵成","而不可在主观上注定了我们必须有第二次革命的命运,准备还有第二次革命"。② 这就是毕其功于一役的"一次革命论"。从此,"一次革命论"代替"二次革命论"在党中央占据主流。此时的党中央虽然承认中国革命仍然是反帝反封建的民主主义革命,但在革命性质问题上,混淆了民主革命和社会主义革命的界限,强调中国革命的性质是所谓"无间断的性质","现在的革命斗争,已经必然要超越民权主义的范围而急遽地进展","中国革命进展的过程中决不能有民权革命自告一段落的局势","这一革命必然是急转直下从解决民权革命的责任进于社会主义的革

---

① 孙武霞、许俊基:《共产国际与中国革命资料选辑(1925—1927)》,人民出版社1985年版,第145页。

② 中央档案馆编:《中共中央文件选集》第3册,中共中央党校出版社1989年版,第19—22页。

命"①，企图将社会主义革命阶段的任务合并到民主革命阶段去完成。正是在这种思想的指导下，党连续犯了三次"左"倾错误，特别是王明的"左"倾教条主义，奉斯大林、共产国际关于中国革命的指示为圣经，不顾中国具体国情和革命实践的变化，盲目指导，对党内持不同意见者进行残酷斗争和无情打击，给党和红军带来了巨大灾难。

（三）对中国社会性质、革命阶段和革命目标的正确界定

虽然自党的二大开始，中国共产党就已经初步认识到中国社会的性质是半殖民地半封建社会，并制定了反帝反封建的民主革命目标。但是，对于半殖民半封建社会这种社会形态却一直没有做出系统的理论阐述。对中国社会性质、革命阶段和革命目标的正确界定是在抗日战争时期。

随着中国革命经验教训的逐渐累积，随着以毛泽东为代表的中国共产党人，在将马克思主义与中国革命实际相结合，探索中国革命道路过程中的日益成熟，在直接吸取20世纪20年代末30年代初关于中国社会性质论战和中国农村性质论战理论成果的基础上，毛泽东在《中国革命和中国共产党》《新民主主义论》等重要文章中，对中国社会性质、革命阶段、革命目标等问题给予了全面而准确的界定。

在《中国革命和中国共产党》中，毛泽东对半殖民地半封建社会这种特殊的社会形态进行了系统的理论阐述。首先，毛泽东指出中国社会和其他各民族的历史发展一样，都按照历史发展的一般规律向前发展。"中华民族的发展（这里说的主要地是汉族的发展），和世界上别的许多民族同样，曾经经过了若干万年的无阶级的原始

---

① 《中国共产党历次重要会议集》上，上海人民出版社1982年版，第93—94页。

公社的生活。而从原始公社崩溃，社会生活转入阶级生活那个时代开始，经过奴隶社会、封建社会，直到现在，已有了大约四千年之久。"①毛泽东认为，"中国封建社会内的商品经济的发展，已经孕育着资本主义的萌芽，如果没有外国资本主义的影响，中国也将缓慢地发展到资本主义社会"。其次，毛泽东指出中国在封建社会末期并没能正常走上资本主义发展道路，而是"自从一八四〇年的鸦片战争以后，中国一步一步地变成了一个半殖民半封建的社会。自从一九三一年九·一八事变日本帝国主义武装侵略中国以后，中国又变成了一个殖民地、半殖民地和半封建的社会"②。毛泽东从经济基础和上层建筑的角度说明了殖民地、半殖民地、半封建的中国社会所具有的六个特点，指出正是外国帝国主义和国内封建主义的结合造成了中国经济社会的现状，因此，帝国主义和中华民族的矛盾，封建主义和人民大众的矛盾，是近代中国社会的主要的矛盾，中国革命就是在这些基本矛盾基础之上发生和发展起来的。③

在正确界定社会性质的基础上，毛泽东对中国革命的性质、革命阶段和革命目标做出了正确的界定，提出了中国革命分两步的思想，克服了"一次革命论"和"两次革命论"的片面性。毛泽东指出，"中国现时社会的性质，既然是殖民地、半殖民地、半封建的性质，它就决定了中国革命必须分为两个步骤"，即"分为民主主义和社会主义"。"第一步，改变这个殖民地、半殖民地、半封建的社会形态，使之变成一个独立的民主主义社会。第二步，使革命向前发展，建立一个社会主义的社会。"中国现时的革命，是在走第一步，但是"其第一步现在已不是一般的民主主义，而是中国式的、特殊

---

① 《毛泽东选集》第2卷，人民出版社1991年版，第622页。
② 《毛泽东选集》第2卷，人民出版社1991年版，第626页。
③ 参见《毛泽东选集》第2卷，人民出版社1991年版，第631页。

的、新式的民主主义,而是新民主主义"①。这种殖民地半殖民地革命的第一阶段、第一步,虽然按其社会性质,基本上依然还是资产阶级民主主义的,它的客观要求,是为资本主义的发展扫清道路。但是,它已不再是旧的、资产阶级领导的、以建立资本主义社会和资产阶级专政的国家为目标的革命,而是由共产党领导的、以建立新民主主义的社会和建立几个革命阶级联合专政的国家为目标的革命,其发展前途是社会主义和共产主义。② 新民主主义革命决不容许资产阶级专政的存在。新民主主义革命和社会主义革命既不是一次革命,也不是二次革命,而是同一革命的两个发展阶段。③

五、知行统一论与实事求是思想路线的确立

唯物史观传入中国后,使中国革命面貌焕然一新。然而,唯物史观毕竟是一种产生于十九世纪欧洲资本主义现代化大生产基础上的一种革命学说,中国共产党人不可能直接从马克思主义原著中找到有关中国国情、中国革命性质和任务、中国革命发展规律和道路的具体答案,要解决这些事关中国革命成败的重大问题,还需要他们从中国的实际情况出发,将唯物史观一般原理与中国革命具体实际相结合,在实践中不断探索符合中国具体国情,具有中国特色的革命道路和革命路线。也就是说,运用唯物史观来指导中国革命,首先要解决唯物史观与中国革命实践相结合的问题。然而,要实现真正的"结合"并非易事,因为,"结合"是一个主客体通过一定的中介相互作用的动态过程。这需要作为主体的中国共产党人首先要深入系统地学习、研究唯物史观,把握其基本原理和精髓;其次

---

① 《毛泽东选集》第2卷,人民出版社1991年版,第666页。
② 参见《毛泽东选集》第2卷,人民出版社1991年版,第647、668页。
③ 参见《毛泽东选集》第2卷,人民出版社1991年版,第672、648页。

要树立对待唯物史观的科学态度；再次要全面深入地了解中国的具体国情。只有当中国共产党人既把握了唯物史观的精髓，又对中国的具体国情有了全面、深入系统的了解的时候，才能真正做到以唯物史观为指导，根据中国革命实践中不断变化的实际情况，制定出适合中国具体国情的路线、方针和策略。

（一）中国革命需要知行统一论作为理论指导

新民主主义革命实践已经证明自党诞生之日起，就以唯物史观为党的哲学根据，将唯物史观与中国革命实践相结合制定党的纲领、路线和策略。但是，在遵义会议以前，党在革命实践中"左"的和右的错误不断出现。大革命时期由于党处在幼年阶段、共产国际的错误指导及陈独秀的右倾错误领导导致了大革命的失败。1927年至1935年遵义会议以前，党内先后出现了以瞿秋白、李立三、王明为领导三次"左"倾错误，尤其是1931—1934年王明的"左"倾教条主义给党和红军造成了非常严重的损失。这些错误倾向的出现，说明党并未实现唯物史观理论与中国革命具体实践的真正结合。尽管原因是多方面的，但根本原因是没有把握唯物史观的精髓和实质——理论联系实际，在实践中发展理论，以实践检验、修正理论；没有树立对待马克思主义的科学态度，教条式的理解和运用唯物史观基本原理，导致对中国革命性质、革命的主力军和同盟军以及革命具体阶段等认识不清楚。从其认识根源上看，就是没有正确处理主观与客观、理论与实践即知与行之间的关系，不能做到理论与实践、知与行的具体的历史的统一。要么革命形势向前发展了，而理论却落后于革命形势的发展；要么革命形势尚未到来，而理论却超越革命形势的发展，造成理论和实践的脱离。要克服中国革命实践中的各种错误倾向，需要一种符合中国具体国情的能动反映论作指导。

(二) 实事求是思想路线的提出

早在20世纪20年代末30年代初，毛泽东就看到了党内存在的主观主义和教条主义倾向，在《纠正关于党内的错误思想》一文中，毛泽东针对党内存在的浓厚的主观主义，指出用主观主义分析政治形势和进行工作指导，必然导致机会主义或盲动主义；而党内主观主义的批评则会破坏党的团结。在《反对本本主义》一文中，针对党内讨论问题时出现的开口闭口"拿本本来"的现象，他指出：并非上了书的就是对的，并非上级领导机关的指示就都是正确的，判断正确与否的标准，不在于它是上了书的或是出自上级领导机关的，在于它的内容是适合于斗争中客观和主观情势，是斗争需要的。"马克思主义是对的，决不是因为马克思这个人是什么'先哲'，而是因为他的理论，在我们的实践中，在我们的斗争中，证明了是对的。"① 在这里，毛泽东提出了如何正确认识马克思主义的问题，指出要结合中国的具体情况来学习"本本"，"中国革命斗争的胜利要靠中国同志了解中国情况"②。毛泽东不仅看到了党内存在的主观主义和教条主义倾向，还指出了纠正的方法，即必须时时了解社会情况，时时进行实际调查。"没有调查，就没有发言权"，"离开实际调查就要产生唯心的阶级估量和唯心的工作指导，那末，它的结果，不是机会主义，便是盲动主义"③。实质上，针对中国革命实践中出现的问题，毛泽东初步提出了如何认识理论与实践、知与行的关系这一历史观问题，提出了"共产党人从斗争中创造新局面的思想路线"④。

---

① 《毛泽东选集》第1卷，人民出版社1991年版，第112页。

② 《毛泽东选集》第1卷，人民出版社1991年版，第115页。

③ 《毛泽东选集》第1卷，人民出版社1991年版，第109、112页。

④ 《毛泽东选集》第1卷，人民出版社1991年版，第116页。

(三) 实事求是思想路线的创立及理论创新的展开

遵义会议后，以毛泽东为代表的中国共产党人，总结党领导民主革命的经验和教训，自觉深入系统传播、学习、研究唯物史观理论，敏锐洞察国际政治经济发展动态，全面系统地了解中国具体国情，不断与各种"左"的或右的错误倾向和思想作斗争，经过艰苦的理论和实践探索，毛泽东在思想文化领域的哲学群众化、通俗化的基础上，集中全党智慧，将唯物史观与中国革命、传统文化相结合，创立了融历史观、唯物辩证法和认识论于一体的知行统一的能动的革命的反映论，并在实践中将其转化为党的实事求是思想路线。

针对党内存在的教条主义和经验主义等主观主义倾向，特别是重理论轻实践的教条主义，毛泽东在《论反对日本帝国主义的策略》《中国革命战争的战略问题》两篇报告中，分别从政治路线、军事路线上对"左"倾错误进行了批评，特别指出，犯"左"倾错误的人总是以为"圣经上载了的才是对的"，"革命的力量是要纯粹又纯粹，革命的道路是要笔直又笔直"①，在思想方法上是"主观的指导和客观的实在情况不相符合，不对头，或者叫作没有解决主观和客观之间的矛盾"②。这些论述实质上已经触及了"左"倾错误产生的思想根源。为了从世界观和方法论的角度深入、系统地清算"左"倾错误在党的思想领域的影响，1937年，毛泽东写了《实践论》《矛盾论》，阐述了他的以实践为基础的知行统一的能动反映论思想。毛泽东从中国革命实际出发，密切联系革命实践中割裂认识和实践关系的教条主义，以及一切否认实践作用的唯心主义倾向，从阐述唯物史观的出发点"实践"出发，强调人的物质生产实践在认识活

---

① 《毛泽东选集》第1卷，人民出版社1991年版，第154页。
② 《毛泽东选集》第1卷，人民出版社1991年版，第179页。

动中的基础地位，强调作为社会实践形式之一的阶级斗争对认识的影响作用。"马克思以前的唯物论，离开人的社会性，离开人的历史发展，去观察认识问题，因此不能了解认识对社会实践的依赖关系，即认识对生产和阶级斗争的依赖关系。"① 从人的社会性尤其是阶级性、人的历史发展的角度去观察认识问题，认为人类实践的物质性通过人的意识的能动性表现出来，无论是自然领域还是历史领域都是基于实践基础之上的能动反映过程。认识即实践，认识的过程就是通过实践而发现真理，又通过实践去证实真理和发展真理的过程；是从感性认识能动的发展到理性认识，又从理性认识而能动地指导革命实践，改造主观世界和客观世界的过程。人们的认识过程是前进性和曲折性的统一。强调共产党人和革命人民在改造世界的斗争中，要坚持主观与客观、理论和实践、知和行的具体的历史的统一的基本原则；不仅要改造客观世界，还要改造自己的主观世界，即改造自己的认识能力，改造主观世界与客观世界的关系，克服一切忽视或离开中国社会的特殊性、中国革命的特殊性的"左"的或右的错误倾向。

在《改造我们的学习》一文中，毛泽东进一步从思想问题的角度分析了过去广泛存在于党内的各种非马克思主义的思想作风，尤其是不注重研究现状、研究历史和马克思列宁主义的应用的教条主义等主观主义倾向，全面阐述了党的实事求是的思想路线。他首先指出，教条主义者学马克思主义的方法是违反马克思主义的，其做法是理论和实际相分离。毛泽东强调必须以实事求是的态度对待马克思主义，即"应用马克思列宁主义的理论和方法，对周围环境作系统的周密的调查和研究。不是单凭热情去工作，而是……使马克思列宁主义的理论和中国革命的实际运动结合起来，是为着解决中国革命的理论问题和策略问题而去从它找立场，找观点，找方法的。

---

① 《毛泽东选集》第1卷，人民出版社1991年版，第282页。

这种态度，就是有的放矢的态度。……就是实事求是的态度。'实事'就是客观存在着的一切事物，'是'就是客观事物的内部联系，即规律性，'求'就是我们去研究。我们要从国内外、省内外、县内外、区内外的实际情况出发，从其中引出其固有的而不是臆造的规律性，即找出周围事变的内部联系，作为我们行动的向导"①。为此，就要依据马克思列宁主义的理论和方法，以中国革命实际问题为中心，系统地周密地研究周围环境②，对实际事物进行调查研究。在《整顿党的作风》一文中，毛泽东在批评党内教条主义和经验主义等主观主义的基础上，阐述了学风问题的重要性，强调中国共产党人要坚持理论联系实际地学风，要善于应用唯物史观的立场、观点和方法，从对中国的历史实际联合革命实际的认真研究中，在各方面做出合乎中国需要的理论性创造。

正是以知行统一的能动反映论作为认识世界和改造世界的强大思想武器，以毛泽东为代表的共产党人，在艰辛探索"中国向何处去"的过程中，不断总结经验教训，确立了党的实事求是的思想路线，创造性地运用唯物史观的立场、原则和方法，正确解决了中国革命的基本问题，如革命的对象、任务、动力、道路、前途等，走出了一条中国特色的革命道路，形成了新民主主义革命总路线，最终取得了新民主主义革命胜利。可以说，实事求是的思想路线是党的理论创新全面展开和新民主主义革命取得胜利的指导思想。

---

① 《毛泽东选集》第3卷，人民出版社1991年版，第801页。
② 参见《毛泽东选集》第3卷，人民出版社1991年版，第802页。

第二节　唯物史观与中国马克思主义学术派别的兴起

唯物史观因其鲜明的价值旨向和现实指向，被中国革命者作为变革社会的理论武器，深刻影响着中国社会革命的走向。同时，唯物史观还因其无与伦比的理论魅力，逐渐成为中国学术思潮中的主流思想，即使那些反对唯物史观的政治立场和社会变革理论的人，在学术实践中亦视唯物史观为圭臬。唯物史观作为一种治学范式，以"社会"作为研究问题的立足点，以"现实的个人"的活生生的日常生活作为研究问题的出发点和落脚点，倡导人们以整体的、联系的、发展的观点观察分析不断变化的社会现实问题，运用归纳与演绎、分析与综合、具体与抽象、历史的和逻辑的统一等辩证方法，透过纷繁复杂的社会现象去寻找隐藏在现象背后的本质和规律。这套全新的治学话语系统，在很大程度上颠覆了中国传统的治学方法，在中国学术领域引发了一场从研究指导思想到具体研究方法的变革，形成了一种全新的学术气象和风格，对中国的史学、哲学、社会学、文学、经济学、法学、政治学等都产生了重大影响。在唯物史观的影响下，一批新的人文社会学科，如马克思主义史学、马克思主义社会学、马克思主义文学论、马克思主义哲学、马克思主义政治学等学科体系逐渐形成。

本节主要围绕唯物史观对中国马克思主义史学和社会学两个领域的影响进行重点阐述。

一、唯物史观与中国马克思主义史学

20世纪上半叶，中国史学完成了从传统史学向现代史学的过渡。其中，马克思主义史学的形成和发展是五四运动后中国史学发展的主线。在马克思主义史学的形成和发展过程中，唯物史观的应用功不可没，特别是马克思主义历史理论、社会形态发展理论、东方社会发展理论等的研讨与应用，彻底改变了传统史学的话语系统和治学范式，形成了一套崭新的唯物史观史学话语系统和治学范式。当然，也离不开马克思主义史学工作者群体的集体努力。正如马克思所指出的，现代历史著述方面的一切真正进步，都是当历史学家从政治形式的外表深入到社会生活深处时才取得的。

（一）中国马克思主义史学的形成基础

19世纪末20世纪初，以梁启超为代表的、经受传统和西方各种新思想双重洗礼的爱国知识分子，总结维新变法失败的教训，受西方各种新思想的启发，为探寻"中国向何处去"之路，首先倡导"史学革命"，力图通过思想学术变革，即"史学革命"来启发民智，实现革新图存之目的。他意识到：中国欲革新图存，单靠政治上的变法是不够的，"欲维新吾国，当先维新吾民。中国所以不振，由于国民公德缺乏，智慧不开"①，必须启发国民的觉悟，唤醒国民的自立自强的意识。"欲其国之安富尊荣，则新民之道不可不进。"②梁启超认为，新民之道在思想学术上首推历史学。因为史学是一切学问之根本，是爱国心之源泉，关系民族兴亡。欧洲之所以民族主

---

① 梁启超：《新民丛报·宗旨》第一条，载《新民丛报》，1902年1月。
② 夏晓虹：《梁启超文集》上集，北京广播电视出版社1992年版，第103页。

义发达、各国文明不断发展进步，史学发挥了非常重要的作用。中国"古史"非常发达，与西方相比毫不逊色。然而与西方史学相比，中国史学并非国史、万世之史，只是君史、一时之史。因此，要发挥史学的"新民"作用，就必须吸收借鉴西方自然科学和社会科学的新思想、新方法，对旧史来一个革故鼎新的革命，建立适应时代发展需求的新史学。在史学关注点和目的上，新史学主张要将历史的关注点从"帝王之私"转为"国民之群"上，从关注普通平民的日常生活出发，反映人群进化的趋势，记录其间的因果联系。弃"君史"，书写"民史"，以发挥通过历史了解国民，认知国家，激发民众之作用。在历史解释方法上，新史学主张用科学的方法研究历史，探寻历史发展规律，反对旧史学因循附会的历史解释法。在历史观上，新史学主张进化史观代替传统倒退史观、循环论史观。然而，以生物进化论为基础的进化史观并非先进的科学的历史观，随着新史学的兴起以及世界历史的发展，进化史观的弱点不断暴露，史学家在对进化史观进行批判反思的同时，试图寻找更为科学的、能帮助中国正确认识过去，洞察现在，预测未来的新的社会历史理论。

五四前后至1927年，唯物史观在中国广泛传播，以李大钊为代表的早期马克思主义者，被唯物史观的学理价值所吸引，将唯物史观运用于史学研究。李大钊的《史学要论》（1924年5月）等论著的问世，标志着马克思主义史学的理论架构的萌芽。

新史学理论为史学研究提供了一种新的历史观。"马克思的唯物史观，是历史观的一种。他以为社会上历史上种种现象之所以发生，其原动力皆在于经济，所以以经济为主点，可以解释此种现象。"[①]"马克思所以主张以经济为中心考察社会的变革的缘故，因为经济关系能如自然科学发见因果律。这样子遂把历史学提到科学的地位。

---

① 《李大钊文集》下，人民出版社1984年版，第642页。

一方面把历史与社会打成一气，看作一个整个的；一方面把人类的生活及其产物的文化，亦看作一个整个的；不容以一部分遗其全体或散其全体。与吾人以一个整个的活泼泼的历史的观念。"① "马克思一派，则以物质的生产关系为社会构造的基础，决定一切社会构造的上层。故社会的生产方法一有变动，则那个社会的政治、法律、伦理、学艺等等，悉随之变动，以求适应于此新经变动的经济生活。故法律、伦理等不能决定经济，而经济能决定法律、伦理等。这就是马克思等找出来的历史的根本理法。"② "自马克思经济的历史观把古时崇拜英雄圣贤的观念打破了不少，他给了我们一种新的历史观，使我们知道社会的进步不是靠少数的圣贤豪杰的，乃是靠一般人的；而英雄也不过是时代的产物；我们的新时代，全靠我们自己努力去创造。"③ "这样子历史学在科学上得有相当的位置。治史学者，亦得有法则可循。"④ 也就是说，唯物史观作为历史观的一种，以社会为中心，以人民群众作为历史活动的主体和历史的创造者，从经济出发解释思想变动的原因，以整体的、联系的、发展的观点观察分析社会和历史，从中发现社会历史发展的动力和规律，使历史学成为科学。这不仅为人们提供了一种全新的历史观念，还为史学家研究历史提供了一种科学的方法。

新史学理论倡导以科学的方法研究历史，将史学导向科学。"人事的生成发展，不能说不能为演绎的推理的论究，即设某种假设，在其假设之下看如何进行。此种研究法，亦非不可试行于史学；不过史学发展的路径，当初只是沿革的研究，直到今日，才渐知为推理的研究；所以人们多认史学是以事实的研究（沿革的研究）为主

---

① 《李大钊文集》下，人民出版社1984年版，第716—717页。
② 《李大钊文集》下，人民出版社1984年版，第748页。
③ 《李大钊文集》下，人民出版社1984年版，第644—645页。
④ 《李大钊文集》下，人民出版社1984年版，第748页。

的。史学由个个事实的确定,进而求其综合。而当为综合的研究的时顷,一方欲把事实结配适宜,把生成发展的经过活现的描出,组之,成之,再现之;于他一方,则欲明事实相互的因果关系,解释生成发展的历程。……由第二点去看,史学的性质,与其他科学全无易趣。"① "今日的历史学,即是历史科学,亦可称为历史理论。史学的主要目的……严正一点说,就是建立历史科学。"② 李大钊肯定了传统史学以事实的研究为主的优良传统。同时,他也指出,史学研究应该在重视事实的研究的基础上,以科学的方法进行综合的研究,以明事实间的因果关系,解释历史生成发展的历程。正是在这一点上,史学的性质与其他科学无异,史学即是历史科学,或称为历史理论。

新史学理论对中国传统史学进行彻底改造。在《史学要论》这部马克思主义史学评论专著中,李大钊从肯定经济对历史发展的决定作用、人民大众的历史创造作用出发,系统阐述了"历史""历史学"等历史研究的一系列范畴,规定了历史学的系统,初步确立了马克思主义的史学理论。他认为:"历史就是人类的生活并为其产物的文化。……所以换一句话说,亦可以说历史就是社会的变革。"③ "历史不是只纪过去事实的纪录,亦不是只纪过去的政治事实的纪录。历史是亘过去、现在、未来的整个的全人类生活。换句话说,历史是社会的变革。再换句话说,历史是在不断的变革中的人生及为其产物的文化"。历史是社会的变革,那么"历史学就是研究社会的变革的学问,即是研究在不断的变革中的人生及为其产物的文化的学问。"④ 史学研究的主要问题,是国民的生存的经历。史

---

① 《李大钊文集》下,人民出版社1984年版,第723页。
② 《李大钊文集》下,人民出版社1984年版,第724页。
③ 《李大钊文集》下,人民出版社1984年版,第714页。
④ 《李大钊文集》下,人民出版社1984年版,第720、722页。

学的主要目的在于建立历史科学，或称为历史理论。其要义有三：其一，史学的第一要义是对随时代不断发展变化的社会、人事变化推移过程加以考察；其二，历史研究的特色，是就实际发生的事件一一寻究其证据，以明人事发展进化的真相；其三，在考证零零碎碎的事实的基础上，将人事看作一个整个的、互为因果、互有连锁的整体去考察，从整体的历史事实中寻找一个普遍的规律，以说明事实间的相互影响与感应。① 也就是说史学研究不仅在考证特殊事实，还要做一般理论的研究，即历史理论研究。这为中国历史学研究指出了一条新路。

新史学理论明确了历史理论研究的价值旨趣。一是给人一种求真务实的科学态度。"史学既能成为一种学问，一种知识，自然亦要于人生有用才是。依我看来，现代史学的研究，及于人生态度的影响很大。史学能陶炼吾人于科学的态度。所谓科学的态度，有二要点：一为尊疑，一为重据。史学家即以此二者为可宝贵的信条。凡遇一种材料，必要怀疑他，批评他，选择他，找他的确实的证据；有了确实的证据，然后对于此等事实方能置信；根据这确有证据的事实所编成的纪录，所说明的理法，才算比较的近于真理，比较的可信。……这种求真的态度……则可造成一种认真的习性，凡事都要脚踏实地去作，不驰于空想，不骛于虚声，而惟以求真的态度作踏实的工夫。以此态度求学，则真理可明；以此态度作事，则功业可就。史学的影响于人生态度，其力有若此者。"② 史学给人一种乐观向上的人生观。"历史观与人生观亦有密切关系……自马克思经济的历史观把古时崇拜英雄圣贤的观念打破了不少，他给了我们一种新的历史观……有了这种新的历史观，便可以得到一种新的人生观。前人以为人们只靠天，靠圣贤豪杰，因此不见圣贤出来，

---

① 参见《李大钊文集》下，人民出版社1984年版，第726页。
② 《李大钊文集》下，人民出版社1984年版，第761—762页。

便要发出'前不见古人,后不见来者,念天地之悠悠,独怆然而涕下'的叹声……现在人们把历史观改变了,这种悲观、任运、消极、听天的人生观,也自然跟着去掉;而此新的历史观,却给我们新鲜的勇气,给我们乐观迈进的人生观。"① 史学的真趣味,研究史学的真利益就在于,获一新的乐天迈进的人生观,引导我们认识现在,展望未来。

(二) 中国马克思主义史学得以形成

大革命失败后,对革命前途感到困惑、迷茫的情绪在先进知识分子中弥漫,"中国向何处去"成为人们思考的焦点。要回答"中国向何处去",首先要求对当前中国社会的性质问题做出准确定位。这就需要从历史发展中寻找答案,弄清楚中国社会历史发展与西方社会历史发展是否具有共性,是否具有质的不同等一系列问题。对社会现实问题的思考、20年代末共产国际内部关于中国社会性质问题的争论在中共党内的呼应,最终促成了20年代末至30年代学术界关于中国革命性质、中国社会性质、中国社会史问题、中国农村社会性质问题等的大论战。论战各方纷纷以唯物史观作为理论工具,唯物史观的真理性、深刻性、权威性得以彰显,成为当时思想学术领域的主导思潮,在论战的洗礼中,马克思主义史学得以形成。唯物史观对马克思主义史学的形成的影响主要体现在以下几个方面:

第一,倡导以现实问题引导历史研究的学风。面对"中国革命的前途究竟如何"这一现实问题,论战各方大都继承了传统史学求真和经世致用的传统,认为史学作为一种"表道的工具",史学研究不能只为学术而学术,应该从现实问题中提炼出学术问题,学术研究首先要为现实服务。王宜昌指出,研究中国社会史的目的,一方

---

① 《李大钊文集》下,人民出版社1984年版,第644—645页。

面固然在于学术真理的探讨,"但重要的却是认识当前的社会"①。《读书杂志》编辑王礼锡更是明确指出:"这中国社会史的问题所以能引起全社会的兴趣,就因为它不仅是一个要了解的问题,而且是解决行动问题的前提。"② 还有学者指出:"中国社会史的各种问题,尤其是中国经济问题,不仅是中国社会思想界所最有兴趣的问题,而且是最重要的一种问题。"③ 李大钊所倡导的历史科学研究的目的在社会史论战中得以贯彻。

第二,以唯物史观为指导,试图对中国历史作整体的、动态的研究,从中发现历史发展的规律。在社会史论战中,尽管参战者的政治立场不同(包括马克思主义理论家、自由主义者、国民党系统进步学者以及普通学者等),但他们纷纷自称是马克思主义者,都以唯物史观为理论工具,从唯物史观"生活决定意识"的基本原理出发,将历史研究聚焦于大规模的社会生产方式、社会结构变迁上。他们从社会经济分析入手,运用唯物史观的基本范畴,如生产力、生产关系、经济基础、上层建筑、生产方式等,主要围绕秦汉以后到鸦片战争以前的中国社会性质问题,亚细亚生产方式问题,中国历史上有没有奴隶社会的问题等,这些中国历史上具有全局性的问题展开争论,试图对中国历史进行宏观考察,以便瞻往察来。正如马乘风所说:"当我们分析历史的时候,就不能不从大处着眼,我们必须取出历史长流中的若干大的段落来看,从各主要的事象上,加以仔细比较,以求出前一段与后一段之不同的特征何在。如果我们

---

① 王宜昌:《中国社会史短论》,《读书杂志》第1卷第4、5期合刊,1931年8月。

② 礼锡:《论战第二辑序幕》,《读书杂志》第2卷第2、3期合刊,1932年3月。

③ 白英:《中国经济问题之商榷》,《读书杂志》第2卷第7、8期合刊,1932年8月。

单盯住一个极短的时间来看,我们将永远难以求出此一短时期之历史的特征何在。"①

第三,史学与现实政治的结合,使得史学研究呈现出意识形态性。由于社会史论战是为回答"中国向何处去"而引发的学术争论,目的是通过论战认清中国社会的性质、中国革命的性质、对象、前途等一系列现实问题。而中国革命的性质、对象、前途等问题是政党纲领的核心内容之一,"各党各派要决定本党本派的政纲,打击敌党敌派的政纲,就不得不发掘中国社会结构的内层,确认中国社会的性质,以决定中国社会改造的动力和方向。在抗争再出发之前,迫着各阶层各党派的学者,为着确定或辩护他们未来的政治生活,非先解答这根本问题不可"②。参与论战的具有不同政治背景的学者或文人,例如陶希圣、郭沫若、王学文、潘东周、李季、任曙、严凌峰等,都自觉地以一定的阶级或政治立场为先导,以唯物史观为理论工具阐述自己的学术观点,提出了一系列新问题,也出现了一批新成果。社会史论战呈现出以唯物史观话语系统为主导,学术理念与政治理念相互渗透,学术问题与政治问题相互纠结,多样性学术观点并存的现象。这使得历史科学研究因为服务现实政治而具有了意识形态色彩。正如有学者总结的:"社会史论战"提出了许多新颖的观点,但论战的最终实质是,中国社会究竟应当走向何方,中国的新史学究竟应该为什么样的现实政治服务?这场论战是20世纪上半叶史学与政治相结合的一次集中体现,也是20世纪上半叶中国

---

① 马乘风:《从西周到隋初之一千七百余年的经济转移》,载《食货》,第2卷第9期,1935年4月。

② 刘炼:《何干之文集》,北京出版社1993年版,第210页。转引自陈峰:《在学术与意识形态之间:1930年代的中国社会史论战》,载《史学月刊》,2010年第9期。

历史学家们抒发各自政治情结的一次理想性宣泄。① 还为当时的历史学发展孕育了新的学术生长点。马克思主义史学家们在论战中自觉将唯物史观与中国传统文化和革命实践相结合，把建立马克思主义史学当作自己服务革命和救国的一种政治理想和责任。

第四，对马克思主义史学基本框架的建构。以郭沫若为代表的进步史学工作者，根据他们自己对唯物史观的解读，运用唯物史观基本理论，以唯物辩证法为方法论指导，将中国社会历史放在世界历史发展的大背景下，结合当时对中国问题的研究和讨论，试图对中国社会史分期问题、"亚细亚生产方法"问题等做出回答。1930年郭沫若出版的《中国古代社会研究》，第一次运用唯物史观的社会形态发展理论对中国整个历史进程做出了说明，认为中国历史发展经历了原始社会（西周以前）、奴隶制社会（西周时代）、封建制社会（春秋以后）等几个阶段。第一次说明了中国社会的发展完全符合马克思所揭示的人类社会发展进程，以五种社会形态来划分中国社会历史发展阶段，对中国史学产生了重大影响，标志着马克思主义史学的形成。吕振羽进一步以唯物史观为指导对中国古代社会作深入研究，其于1934年出版的《史前期中国社会研究》《中国经济之史的发展阶段》《中国政治思想史》等史学著作，提出中国社会形态的发展应划分为原始公社制（殷商以前）、奴隶制（殷商）、封建制（西周以后）、半殖民地半封建（鸦片战争以后），把中国社会发展的历史从古代到近代全部贯穿起来，形成了一个明确的系统的概念。郭沫若、吕振羽等马克思主义史学工作者在古代史、思想史等领域取得的开拓性成就，为中国马克思主义史学的形成搭建了基本框架。

---

① 参见陈支平：《20世纪中国历史学的三大情结》，载《厦门大学学报》，2001年第4期。

(三) 中国马克思主义史学的体系建构

在社会史论战中，尽管郭沫若等开始把唯物史观的社会形态发展理论运用于分析中国古代社会，然而，这场论战有一个最大的缺点，就是对于唯物史观基本理论没有很好地消化和融会贯通，存在着明显的公式主义和教条主义倾向。参与论战的学者意识到：教条化、公式化运用唯物史观理论问题，实质是如何处理东西方文化的关系问题。由此，对唯物史观在中国传播以来学术领域一直存在的教条化、公式化倾向，以及如何处理东西文化的关系等问题进行了深刻的反思。30年代中期，因日益严重的民族危机而引发的，思想文化界关于中国文化的发展方向问题的讨论，提出了在坚持"中国本位"的基本原则的基础上，批判地继承中国传统文化和西方文化的优秀成果，根据现代中国的实际需要，建设中国化的思想体系的主张。将中国思想文化发展引向了"中国化"趋势。"抗战推动一切学术更走向实践之途，它的理论斗争都和实践更密切地联系着，历史学自然也是如此。"汇聚在延安的马克思主义史学工作者，如范文澜、何干之、艾思奇、杨松、吕振羽、邓初民、翦伯赞、侯外庐等，面对救亡图存的新课题，高度重视史学在抗战救国中的意识形态功能，他们提出史学为抗战建国服务的口号，自觉把历史研究纳入革命、救亡的宗旨中。为"从历史的规律中证明抗战胜利的可能性及今后中国建国应走的道路。或者从历史上民族斗争的光荣史绩来鼓励抗战的信心，或者从历史上民族败类的卖国阴谋来提高对投降份子的警惕性"[①]，他们自觉运用马克思主义的立场、观点和方法研究历史，将求真与致用有机结合起来，照毛泽东对历史研究所作的重要指示和部署，在史学领域辛勤耕耘，在马克思主义史学理论、

---

① 叶蠖生：《抗战以来的历史学》，载《中国文化》，第3卷第2、3期合刊，1941年。

中国近代史、中国思想史、中国通史、社会史、中共党史以及专史和专题史方面取得了丰硕成果，构建起了中国化的马克思主义史学体系，使中国的历史研究真正置于科学的基础之上，历史学成为真正的科学。

二、唯物史观与中国马克思主义社会学

唯物史观作为一种全新的治学范式，不仅深深地影响了中国的史学，还通过对史学的影响，进而影响到社会学，并为马克思主义社会学理论的形成奠定了坚实的理论基础。

（一）为马克思主义社会学的形成奠定了坚实的理论基础

"五四"前后，伴随着唯物史观在中国的传播，深受西方进化论、互助论、社会契约论、社会心理学等思想影响的中国先进知识分子，如李大钊、陈独秀、李达等，接受马克思主义的唯物史观，以马克思主义的唯物史观为理论指导，批判地继承西方社会学理论的有益成果，从探讨马克思主义的社会结构理论出发，对中国的社会结构、阶级结构等进行研究，并试图运用社会调查的方法研究中国社会的重大现实问题，努力达成对中国社会的正确的整体认知，初创了马克思主义社会学，又称"唯物史观社会学"或"现代社会学"，以区别于"传统社会学"和"资产阶级社会学"。唯物史观对马克思主义社会学形成的影响主要表现在：

第一，为马克思主义社会学理论的生成提供了理论基础。作为"唯物史观最彻底最先倡导的人"[1]，李大钊在《唯物史观在现代社会学上的价值》一文中，开门见山，以进化论对生物学的发生所起

---

[1] 郭湛波：《近五十年中国思想史》，山东人民出版社1997年版，第117页。

的作用作类比,说明唯物史观对于社会学的贡献,"唯物史观在社会学上曾经并且正在表现一种理想的运动,与前世纪初在生物学上发现过的运动有些相类"①,唯物史观对于社会学的重要贡献,在于它能使社会构成要素按照一定的顺序有序排列,进而把从前各自发展不相为谋的三个学科,即经济、法律、历史,联为一体。李大钊认为,正是唯物史观发现了阶级竞争的根本法则,指出了社会学上最为重要的"经济现象",并且用它"努力以图说明过去现在全体社会学上的现象",因而解决了从前社会学上不能解决的问题,才使社会学"真值得起那社会学的名称"。"社会学得到这样一个重要的法则,使研究斯学的人有所依据,俾得循此以考察复杂变动的社会现象,而易得比较真实的效果。这是唯物史观对于社会学上的绝大贡献,全与对于史学上的贡献一样伟大。"② 李达在《论社会学的阶级性》一文中指出:"马克思固未尝著述社会学,亦未尝以社会学者自称,然其所创造之唯物史观学说,其社会学上之价值实可谓空前绝后。彼不仅发现社会组织之核心,且能明示社会进化之方向,提供社会改造之方针,其贡献之功实有不可磨灭者。"③ 只有按照历史唯物论的原理,才能认清社会发展的规律。瞿秋白的《现代社会学》一书亦是以唯物史观为指导,阐述了社会发展的原因论与目的论、社会历史的偶然性与必然性等问题。他认为:"没有一种科学足以代社会学研究总体的社会现象,亦没有一种科学足以直接运用自己的原理来解释社会现象,——因此,可以断定必须有一种科学来特别研究那解释社会现象的原理,并且综合一切分论法的社会科学所研

---

① 《李大钊文集》下,人民出版社 1984 年版,第 366 页。
② 《李大钊文集》下,人民出版社 1984 年版,第 366—370 页。
③ 《李达文集》第 1 卷,人民出版社 1980 年版,第 237 页。

究的对象间之关系，——就是社会学。"① 总之，早期马克思主义者大都认为唯物史观是社会学的理论基础。

唯物史观对马克思主义社会学的理论基础作用主要表现在：从经济入手分析社会结构，揭示社会关系的本质特征。"历史的唯物论者观察社会现象，以经济现象为最重要；因为历史上质的要件中变化发达最甚的，算是经济现象，故经济的要件是历史上唯一的物质的要件……其他一切非经济的物质的要件，如人种的要件，地理的要件等，本来变化很少，因之及于社会现象的影响也狠小，但与他那最少的变化范围内，多少也能与人类社会的行程以影响。"② "唯物史观的要领，在认经济的构造对于其他社会学上的现象是最重要的；更认经济现象的进路，是有不可抗性的。经济现象，虽用他自己的模型制定形成全社会的表面构造（如法律、政治、伦理及种种理想上、精神上的现象都是），但这些构造中的那一个，也不能影响他一点。受人类意思的影响，在他是永远不能的。就是人类的综合意思，也没有这么大的力量；就是法律，他是人类的综合意思中最直接的表示，也只能受经济现象的影响，不能丝毫的影响于经济现象。换言之，就是经济现象，只能由他一面与其他社会现象以影响，而不能与其他社会现象发生相互的影响，或单受别的社会现象的影响。"③ "经济构造是社会的基础构造，全社会的表面构造，都依着他迁移变化。但这经济构造的本身，又按他每个进化的程级，为他那最高动因的连续体式所决定……这最高动因究为何物？却又因人而异……马克思则以'物质的生产力'为最高动因……其他学者所认为最高动因的，又为他物。但他们有一个根本相同的论点，就是

---

① 《瞿秋白文集·政治理论编》第 2 卷，人民出版社 1988 年版，第 409 页。

② 《李大钊文集》下，人民出版社 1984 年版，第 366 页。

③ 《李大钊文集》下，人民出版社 1984 年版，第 367—368 页。

经济的构造依他内部的势力自己进化,渐于适应的状态中变更全社会的表面构造。此等表面构造,无论用何方法不能影响到他这一方面;就是这表面构造中最重要的法律,也不能与他以丝毫的影响。① 李大钊认为,唯物史观将生产力与生产关系、经济基础与上层建筑的关系原理运用于社会结构分析之中,突出强调经济的构造对社会发展的基础作用;社会发展是经济构造自身内部矛盾运动的结果,具有不可抗性;物质生产力是社会发展的最高动因;由经济关系所生成的社会政治关系、法律关系、宗教关系等都是由社会的经济关系决定的,并随着经济关系的变动而变动。这为观察和分析人类社会发展提供了普遍法则,为考察复杂变动的社会现象提供了理论依据,也为中国马克思主义社会学的生成和发展奠定了理论基石。

第二,指出了马克思主义社会学理论的研究对象、研究目的。李大钊在《史学要论》中指出:"历史就是社会的变革……把人类的生活整个的纵着去看,便是历史;横着去看,便是社会。历史与社会,同其内容,同其实质,只是观察的方面不同罢了。"② 为解释明白历史与社会的概念,李大钊首先考察了马克思的历史观,指出,马克思在叙述他的历史观,即普通称为唯物史观,又称为经济的历史观时,尤其是在表述唯物史观的根本原理的经典之作《〈经济学批评〉的序文》中,"似把历史和社会对照着想。他固然未用历史这个名词,但他所用社会一语,似欲以表示二种概念:按他的意思,社会的变革便是历史。换言之,把人类横着看就是社会,纵着看就是历史……故历史非从经济关系上说明不可……他认横着去看人类,便是社会;纵着去看人类,便是历史。历史就是社会的变动。以经济为中心纵着考察社会变革的,为历史学;对于历史学,横着考察

---

① 参见《李大钊文集》下,人民出版社1984年版,第368页。
② 《李大钊文集》下,人民出版社1984年版,第714页。

社会的，推马克思的意思，那便是经济学，同时亦是社会学"①。李大钊通过解读马克思在《〈经济学批评〉的序文》中关于历史和社会的解释，指出了历史学与社会学之间的密切关系，即都是以唯物史观为指导的社会科学，都以社会作为自己的研究对象。同时，也指明了社会学的研究对象。"近顷世人虽造出社会学一语，然此与Histoire 实为同物。历史是研究社会事实的学问，所以就是社会学。""社会学所研究的对象是社会，历史学所研究的对象亦是社会；社会学的起原，实亦起于历史上理论的考察，是由欲于历史寻出理法的动机自然发生出来的东西。"不仅如此，李大钊还指出社会学与史学之间"有些不同，终以为不可认作全为同物"，我们不能因为他们之间的共性"遂不认其间有相异的性质"，即二者的研究目的不同，"历史学的目的，在考察人类社会生活的经历及其变革；而社会学乃在人类社会生活的结合及其组织。历史学是就人及人群的生活经历为理论的研究，以寻其理法者；社会学是就人群的共同生存的一切社会现象，为理论的研究，以寻其理法者。简明的说，历史学是把人类社会的生活纵起来研究的学问，社会学是把人类社会的生活横起来研究的学问"②。李大钊认为，社会学是就人群的共同生存的一切社会现象，为理论的研究，以寻其理法者。社会学的研究目的是考察人类社会生活的结合及其组织。李达在《论社会学的阶级性》一文中也谈到了社会学的研究目的，"社会学者，社会科学之一，其研究之目的在探求社会进化之原理"，"明示社会进化之方向，提供社会改造之方针"，"学者苟循此以求之，必了然于国计民生之根本，洞悉其症给之所在，更进而改造之不难也"③。早期马克思主义者关于社会学理论研究对象和研究目的的说明，为马克思主义社会学理

---

① 《李大钊文集》下，人民出版社 1984 年版，第 715 页。
② 《李大钊文集》下，人民出版社 1984 年版，第 760—761 页。
③ 《李达文集》第 1 卷，人民出版社 1980 年版，第 236—237 页。

论的生成和发展指明了方向。

第三,指出了马克思主义社会学的具体研究内容和研究方法。早期马克思主义者以唯物史观为指导,认为社会学不仅要研究社会结构这些基本理论,还应联系当时中国社会的一系列重大现实问题,如中国的学术问题、政治问题和社会问题、中国社会的阶级构成状况等进行具体研究。

李大钊联系当时中国的学术问题、政治问题和社会现实问题,阐明了社会学的具体研究内容。一是针对当时中国学术界对社会学的种种偏见和误解,如"有人误解社会主义为社会学",不理解社会学的真正含义及其与社会主义的关系的情况,李大钊对社会主义和社会学作了科学的阐述,指出"社会主义是改造社会的一种法则,促进社会改良的制度"。"社会学是一种科学,研究社会上各种现象及其原则与一切社会制度的学问,且用科学方法,考究社会是何物,发明一种法则,以支配人间的行动"。研究社会主义是社会学的研究内容之一,"所以社会主义是社会学中应当研究的一部分,并非社会主义即社会学"①。二是联系中国政治问题和社会现实问题,阐述了他对社会问题和政治问题的看法。"……社会与政治,是互为因果的,不可偏重一面的。""凡社会呈了不安的现象,而图解决之的方法都是。比如:劳工问题,妇女问题,人力车夫问题,鸦片,缠足等等问题,都是社会问题。"要想解决社会问题,"非靠政治的力量不可!因为社会问题,往往混入政治问题。即如烟酒问题,若从小里看,似乎用不着政治;但若是视为和民族的强弱有密切的关系时,则不得不从政治法律方面去解决他,因为政治的力量很大,最容易收效果"②。"现在社会上有两个最大的问题,就是:(一)妇女参政问题,(二)劳工问题……现在都牵扯到政治问题了。"妇女参政问

---

① 《李大钊文集》下,人民出版社1984年版,第373—374页。
② 《李大钊文集》下,人民出版社1984年版,第584—585页。

题和劳工问题,"都是由于经济不平等而来。……所以欲根本解决,非打破这个阶级不可"。① 除此之外,李大钊还特别关注并研究了宗教问题、童工问题、自杀问题等社会问题。

陈独秀在《中国国民革命与社会各阶级》中,将唯物史观基本原理和阶级斗争学说与当时中国的社会现实相结合,对中国社会的阶级结构进行了具体分析,阐明了中国社会各阶级——中国资产阶级(分为官僚资产阶级、商业工业资产阶级、小资产阶级)、农民、工人阶级——的构成状况,对中国社会各阶级做出了总体看来基本正确的分析,尽管有些论断值得商榷。

李大钊、李达等早期马克思主义者还特别注意对中国农村、农业、农民问题的研究。李大钊的《土地与农民》《鲁豫陕等省的红枪会》等,以及李达的《现代社会学》,运用唯物史观基本理论,对中国农村的经济状况、农民的经济政治状况等进行了深入分析,指出,民国以后,中国农村经济状况处于衰败境地,农民在封建生产关系的统治下,经济政治地位不但没有得到改善,反而日趋恶化。主张在农村中作农民运动的人们、农村觉悟的青年、乡村教师、知识分子等,要帮助农民,启发他们的觉悟,使其明白他们之所以困苦的原因,明白他们在国民革命中的地位和责任,"唤起贫农阶级组织农民协会"来"保障其阶级的利益"。②

早期马克思主义者在强调社会学应对社会现实中的一系列重大问题进行研究的同时,还在具体研究方法上做出了示范,即注重社会调查统计数据的运用。例如,李大钊在《土地与农民》一文中,为说明"中国今日农民破产的趋势"和"农民中最多数最困苦的阶级——自耕农与佃农"两个问题,先后运用了"民国七年农商部统计中国全国农家户数表"等八个社会调查统计数据表。

---

① 《李大钊文集》下,人民出版社1984年版,第586页。
② 《李大钊文集》下,人民出版社1984年版,第833页。

（二）马克思主义社会学在论战中形成并发展

20世纪20年代末，思想界关于中国社会性质问题、社会史问题、中国农村性质问题等的论战，不仅催生了马克思主义史学，还催生了马克思主义社会学。

20年代末，共产国际内部就中国社会的性质是半殖民地半封建的还是资本主义的，中国革命的性质是民主资产阶级革命还是无产阶级革命等问题，因意见分歧而展开了激烈争论，争论的焦点在于如何认识中国农村社会性质和农村发展道路问题。当时主持共产国际农民运动研究所东方部工作的马季亚尔，在其《中国农村经济》（1928年莫斯科出版）一书中指出，中国自原始社会解体后，既无奴隶社会，也无封建社会，只是一种亚细亚生产方式决定的"水利社会"。到20世纪初，西方资本主义传入中国后，中国也就成了资本主义。因此，他认定中国农村是资本主义的农村。马季亚尔关于中国农村性质的理论，将中国社会性质问题的争论引向了高潮。陈翰笙以唯物史观基本原理为指导，认为马季亚尔的理论推论离事实很远。中国农村基本上是自给自足的自然经济，是封建性质而不是资本主义性质。但是，苦于对中国农村经济缺乏广泛深入的调查研究，没有确切有力的事实材料足以说服对方。因为当时社会学的调查数据，只侧重于生产力而忽视生产关系，无法揭示中国农村社会的本质。这促使陈翰笙对中国社会学的处境及社会学的走向有了新的认识。他认为当时社会学中出现的两种偏向，即只是偏向于对社会现象作一种无意义的分类，或者只满足于以种种哲学观念建构一个抽象的理论体系，表明社会学的发展已陷于危境。陈翰笙认为社会学作为研究社会之现实的实质的科学，研究的真正出发点是了解由生产关系组成的社会基础结构。中国大部分的生产关系是属于农村的，因此，中国社会学研究的第一步工作应该是中国的农村调查，尤其是关于农村生产关系的调查。为了获取大量第一手资料作为论据，1929年陈翰笙应蔡元培邀请担任中央研究院社会科学研究所副所长并主持社会学组工作后,立即着手进行农村经济社会调查,希望通过发展类型的比较来了解中国的全貌。1929年至1934年,他先后率领王寅生、钱俊瑞、孙冶方、薛暮桥等大批科研人员对江苏、华北和广东等地农村作过两次大规模的调查,写成《亩的差异》《帝国主义工业资本与中国农民》《广东农民生产关系与生产力》等论文和著作。其中,《亩的差异》一文,就是基于他对江苏无锡、广东岭南和河北保定这三个发展水平不同、但相对来说都是中国农村经济变化最快的地方的细致调查而形成的。陈翰笙在调查中发现农村中计算土地面积的"亩"的差异极大,以无锡为例,在对22村1204户的调查中,所谓的"亩"至少有173种,其中最小的合2.683亩,最大的合8.957亩;即使是在同一村里,亩的尺度也有若干种,甚至在一村就有20种。这种亩的差异暴露了农村生产关系领域浮征税捐的种种弊端。通过对中国各地的农村调查,陈翰笙以马克思主义的研究方法和确凿的经济事实,说明了他关于中国社会性质及中国革命发展道路的基本观点,即中国社会纯粹的封建已成过去,纯粹的资本主义尚未形成,是正在转变时期的社会,即半殖民地半封建社会;在半殖民地半封建社会的农村,生产关系领域里存在的土地所有者、商业资本和高利贷资本与农民之间的剥削与被剥削关系,是导致乡村危机的根源。因此,解决中国乡村发展道路的唯一正确道路就是,废除封建的土地制度,进行土地革命,使无地少地的农民得到土地,是发展农业生产。① 陈翰笙主持的大规模的农村经济社会实地调查,不仅加深了对中国农村的认识,而且推动了马克思主义社会学形成的进程。

---

① 1933年,陈翰笙与吴觉农、孙晓村、冯和法、王寅生、薛暮桥、孙冶方等在上海发起成立"中国农村经济研究会",陈翰笙任理事长。1934年,"中国农村经济研究会"在上海创办《中国农村》月刊,由薛暮桥主持,形成了主张"土地革命"的"土地革命派",又称"中国农村派"。

在社会史论战中，在农村社会性质问题上，"土地革命派"和"不断革命派"之间，以唯物史观为指导，充分运用社会调查的方法，在马克思主义理论框架内继续展开了激烈的争论。代表"不断革命派"观点的任曙，反对"取消派"在中国社会性质问题上"由否认中国资本主义在发展，更无条件的肯定中国资本主义的落后，幼稚，以致衰败，完全破产的种种论调"，反对他们在中国革命发展前途问题上"取消中国非资本主义的前途，否认中国革命的反资本主义的社会革命的意义"①的观点。在《中国经济研究》一书中，任曙认为，中国社会的性质是资本主义的，"中国资本主义发展了，发展到压倒封建经济的程度"②，"中国在世界范围内已经发展到资本主义国家了"。③ 他运用1875—1926年轮船与帆船出入全国各海关吨数的百分比，1912—1920年中国银钱业投资的百分比，1928年各种生丝出口的数量和货价比较，1928年世界主要各国纱厂锭子与用棉花数量的比较等大量的社会调查和统计资料来证明他的观点。任曙认为，尽管中国资本主义在发展，但这并不说明它的资本主义前途是一帆风顺的，相反，"中国资本主义发展到了代替封建经济而支配中国经济生活的地步。因之，非资本主义的物质基础生长起来了，并正在成长之中，大可以作非资本主义的革命运动，追随先进的欧洲以驰驱于打倒资产阶级的战线之上"④。也就是说，在中国革命的

---

① 《中国现代哲学史教学资料选辑》下，北京大学出版社1988年版，第671页。

② 《中国现代哲学史教学资料选辑》下，北京大学出版社1988年版，第667页。

③ 《中国现代哲学史教学资料选辑》下，北京大学出版社1988年版，第669页。

④ 《中国现代哲学史教学资料选辑》下，北京大学出版社1988年版，第670页。

性质、道路和前途问题上，任曙主张中国革命的性质是反资产阶级的。中国的土地革命是反对资本主义的，而不是"促进"资本主义的，其前途是非资本主义，而不是资本主义。① 任曙的观点遭到"土地革命派"学者的激烈批判。张闻天采用有关进出口商品、制丝业、纺织业、土地分配、棉花销售、农产品价格等方面的社会调查和统计数据，用中国输出的主要是原料而不是工业品的事实来说明中国社会是农业社会而非工业社会，输入的工业品表明的是中国资本主义的不发展而不是资本主义的发展，等等。他指出，中国的土地革命是民主资产阶级性质的，它不仅不会阻止资本主义的发展，还会为资本主义的发展肃清道路，但是，土地革命的前途不是资本主义，而是非资本主义；因为中国革命的领导者是无产阶级，无产阶级专政的目的是实现社会主义。

为了在中国农村性质问题上划清马克思主义社会学与其他学派的界限，1934 年，薛暮桥在《中国农村》创刊号上发表了《怎样研究中国农村经济》一文，以唯物史观的社会结构理论及经典文献为依据，批评了农村经济研究对象问题上几种有代表性的观点：一是批评把自然条件当作主要研究对象的观点，如把"人口过剩"和"耕地不足"看作中国农村破产的根本原因；二是批评把生产技术当作主要研究对象，如通过中美农业人工成本的比较，认为中国农业生产技术落后和缺乏竞争力是中国农村破产的主要原因；三是批评把封建剥削当作主要研究对象，如认为"高度地租""买卖不公"和"高利借贷"是中国农民贫困的三个主要动因；四是批评把农产品商品化程度当作主要研究对象，如认为资本主义生产方式已在中

---

① 李培林：《20 世纪上半叶的唯物史观社会学》，载《东岳论丛》，2009 年第 1 期。

国农业中间占有支配地位。① 王宜昌在 1935 年 1 月 26 日天津《益世报》的第 48 期"农村周刊"上发表《农村经济统计应有的方向》一文，同样以唯物史观社会结构理论及经典文献②为依据，对薛暮桥在《怎样研究中国农村经济》一文中提出的观点予以批评，提出中国农村经济研究要进行三个"方向转换"：一是在注意人和人的关系之外，更要充分注意人和自然的关系；二是要注意农业生产内部的分析，从技术上来决定生产经营规模的大小，从农业生产劳动上来决定雇农的质与量，从而决定区别出农村的阶级及其社会属性；三是要注意农业经营收支的情形，资本运营的情形，和其利润分配的情形。强调不仅要注意到农业的主要业务，还要注意到副业的作用。以此为契机，关于中国农村社会性质问题的争论在"中国经济派"③和"中国农村派"之间进一步展开。

显然，争论双方都以唯物史观作为理论工具，并将其与当时中国农村经济社会现实相结合，从经济入手来观察分析农村经济社会，其目的都是要回答中国农村社会的性质，进而探寻中国农村发展道路和中国革命发展道路。但是，由于对唯物史观社会结构理论，尤其是生产力与生产关系矛盾运动的理解不同，导致理论指导现实的过程中出现分歧。以王宜昌为代表的"中国经济派"，在运用唯物史观的生产力与生产关系理论分析中国农村经济社会的过程中，由于在理论上只看到生产力和生产关系的对立，没有看到二者之间还存在着统一，即生产关系在受生产力决定的同时，对生产力的发展具

---

① 参见李培林：《20 世纪上半叶的唯物史观社会学》，载《东岳论丛》，2009 年第 1 期。

② 争论双方引用的经典文献有：马克思的《资本论》，列宁的《俄国资本主义之发展》，马克思的《〈政治经济学批判〉序言》，普列汉诺夫的《马克思主义的根本问题》，考茨基的《农业问题》等。

③ "中国经济派"的代表人物主要是王宜昌、王毓铨、张志澄。

有能动的反作用。这种对生产力与生产关系的机械理解，使他们在实践中注重生产力在农村经济发展中作用，尤其是注重从作为生产力发展水平的标志的生产工具和生产技术出发分析问题，认为规定当时中国农村社会性质的是生产力。由此，他们认为中国农村经济的核心问题不再是土地所有形态、地权、租佃关系等，而是资本问题，强调要以资本的大小来划分社会阶级，从而说明其中残存的封建等级。以薛暮桥为代表的"中国农村派"，批评了王宜昌等在生产力与生产关系理论上的机械论观点，在强调生产力决定生产关系的同时，强调生产关系对生产力的制约作用，尤其强调生产关系的突变对生产力发展的促进作用，认为规定当时中国农村社会性质的应该是生产关系。基于此，他们批评王宜昌等在分析中国当时农村社会性质时只见物不见人的错误，强调在分析农村社会时，既要重视生产力（主要是生产技术）的分析，更要重视生产关系的分析，既要见物又要见人。强调农村的核心问题是土地分配问题，以及隐藏在土地分配问题之后的人与人之间的社会关系，应从土地所有形态和性质、地权在各阶级之间的分配、农业经营、租佃关系四个方面来研究土地分配问题，并从农村市场、农业成本和雇佣劳动方面研究农业经营。① 关于中国农村社会性质的争论，其实质是关于中国革命发展道路问题上的两种不同观点，即是走依靠农民的新民主主义革命道路，还是走依靠无产阶级的社会主义革命道路，亦即"革命阶段论"与"不断革命论"的争论在学术上的反映。

通过对论战情况的大略梳理，我们从中可以看出马克思主义社会学的形成和发展轨迹。一是唯物史观为马克思主义社会学理论研究提供了科学的理论基础。随着论战的深入，论战者对用以观察分析中国社会的理论工具——唯物史观的社会结构理论的理解逐渐摆

---

① 参见李培林：《20 世纪上半叶的唯物史观社会学》，载《东岳论丛》，2009 年第 1 期。

脱公式化、教条化的局限，开始以唯物辩证的态度来理解社会结构理论，从经济关系出发分析社会，成为马克思主义社会学理论研究的出发点。以此为基础，对阶级结构理论的认识也由从以生产力为标准向以经济为标准发展。马克思主义社会学理论研究的基本框架得以形成。二是唯物史观实现了马克思主义社会学理论研究与政治的紧密结合，规定了马克思主义社会学具体研究的内容和价值指向，即以当时中国学术领域、政治领域和社会现实领域的重大社会问题为社会学研究的出发点和归宿，其价值指向是为现实社会发展和政治发展服务。三是马克思主义社会学具体研究所采用的了解社会关系的有效途径——社会调查的广度和深度达到了前所未有的水平。

第五章　唯物史观在中国传播与运用的经验及启示

唯物史观自"五四"前后开始在中国广泛传播的过程，既是中国先进分子适应世界历史发展趋势和中国社会现实发展需要，由自发到自觉、由浅入深、由被动到主动不断解读、运用和发展唯物史观的过程，也是他们围绕"中国向何处去"这一历史主题，披荆斩棘，逐渐将唯物史观基本原理与中国革命实践相结合，最终实现国家独立和民族解放的伟大目标的曲折过程。20世纪上半叶，中国先进分子由传播、解读、运用唯物史观而引起的思想文化领域的变革、马克思主义人文社会学科的兴起与发展，特别是中国共产党领导的新民主主义革命的胜利，证明了唯物史观理论的实践性、真理性，证明了中国共产党是一个代表人民群众根本利益、善于总结经验教训、具有强大生机和活力的政党。同时，唯物史观在中国传播、运用的曲折历程，表明了唯物史观之所以能在中国生根结果并展现出强大的生命力，关键在于中国先进分子，尤其是中国共产党人，将其与中国革命实践相结合，从中国的具体国情出发，实事求是、与时俱进，不断进行理论创新，推进马克思主义中国化。考察唯物史观在中国传播与运用的曲折历程，总结并反思其中的经验教训，对于我们今天推进当代马克思主义中国化，建设中国特色社会主义具有重要的启示和借鉴意义。

第一节　唯物史观在中国传播与运用的基本经验

一、与中国实际相结合是传播与运用唯物史观的关键

传播与运用唯物史观的关键是唯物史观与中国实际成功结合，即主体通过一定的中介作用于客体，通过主体、中介、客体三者的互动，实现主体与客体、主观与客观、理论与实践的具体的历史的统一。① 20 世纪上半叶唯物史观在中国传播和运用的历程已经明示，"结合"是一个动态的曲折的过程。唯物史观毕竟是马克思恩格斯在 19 世纪四五十年代批判地继承人类一切优秀文化成果的基础上，基于对欧洲自由竞争的资本主义社会固有矛盾和弊端的批判，而创立的一种超越旧哲学的新的哲学学说，是建构在资本现代性基础上的一种反现代性理论。当 20 世纪初唯物史观随着西学东渐思潮传播到中国后，面对的却是深受儒家思想影响的中国传统农业社会实际，无论是在时空条件、文化传统、价值观念，还是在经济社会发展阶段上，两种文化之间都存在着巨大的差异与错位。传播与运用唯物史观的关键是"结合"，之所以能"结合"，就说明两者之间"和而不同"，即既有差异的一面，也有同一的一面，问题的关键是如何异

---

① 唯物史观与中国实际成功结合的过程，实质是主体、客体、中介三者互动的过程。作为"结合"活动的主体有广义和狭义之分，广义的主体是指在中国传播唯物史观的所有进步知识分子；狭义的主体，仅指中国共产党人，下文仅限于狭义的主体。客体，这里指唯物史观理论。中介，这里指中国国情。

中求同，实现唯物史观与中国社会实际的结合。这就要求作为传播和运用主体的中国先进分子，尤其是中国共产党人，必须从中国社会革命实际出发，在不断深入系统传播唯物史观文本（包括经典文本或阐释性文本）的基础上，自觉提高解读唯物史观文本的能力；在唯物史观理论和中国社会革命实践的互动中，通过对中国社会革命实践中出现的新情况、新问题的探索与思考，通过对中西文化关系的不断反思，等等，不断克服文化上的、世界观、价值观上的差异，真正把握唯物史观的基本原则和精神实质。以此来指导中国革命实践，才能实现二者的真正"结合"，产生中国化的马克思主义。在"战争与革命"为时代主题的20世纪上半叶，毛泽东思想就是中国共产党人成功将唯物史观与中国具体革命实际和传统文化相结合，产生的中国化的马克思主义。当然，由于受到主体与客体、主观与客观、内因与外因等多方面因素的影响，二者的"结合"经历了一个曲折而漫长的过程。

二、准确把握时代方位是传播与运用唯物史观的根本前提

要实现唯物史观与中国国情的成功结合，前提是首先要认清中国的国情，认清国情是一切革命的根本问题。社会性质和发展阶段是中国国情最基本的内容，对此认识正确与否，直接关系理论与实践能否结合以及结合的程度。20世纪上半叶，在"战争与革命"为时代主题的世界历史进程中，要认清中国的国情，必须将其放在世界历史背景下，以世界眼光加以辩证认识。既看到世界历史发展的普遍性，又看到中国国情的特殊性。只是单纯强调世界历史的普遍性，或单纯强调中国国情的特殊性，都会导致对中国国情认识不清，由此出现理论与实践相分离，用以指导实践难免就会造成主观主义的瞎指挥，给革命带来巨大损失。大革命时期和土地革命时期，党

正是因为不能以世界眼光辩证认识中国国情，对社会性质和革命的阶段性特征认识不清，由此导致对革命的任务、对象、动力等认识错位，造成"左"倾错误不断。新民主主义理论作为唯物史观与中国革命实际成功结合的理论成果，以世界眼光辩证分析20世纪40年代国内外形势是其能够产生的前提。在《新民主主义论》中，毛泽东将中国革命放在世界历史发展的大背景下，指出，"中国革命的历史特点是分为民主主义和社会主义两个步骤，而其第一步现在已不是一般的民主主义，而是中国式的、特殊的、新式的民主主义，而是新民主主义"，"只要研究一下中国的和世界的历史发展，就知道这个历史特点，并不是从鸦片战争以来就有了的，而是在后来，在第一次帝国主义世界大战和俄国十月革命之后，才形成的"。毛泽东认为，是"第一次帝国主义世界大战和第一次胜利的社会主义十月革命，改变了整个世界历史的方向，划分了整个世界历史的时代"，"在这以前，中国资产阶级民主主义革命，是属于旧的世界资产阶级民主主义革命的范畴之内的，是属于旧的世界资产阶级民主主义革命的一部分。在这之后，中国资产阶级民主主义革命，却改变为属于新的资产阶级民主主义革命的范畴，而在革命的阵线上说来，则属于世界无产阶级社会主义革命的一部分了"。[①] 正是基于这种对时代方位的准确把握，毛泽东从政治、经济、文化三个方面分析了中国历史的特点，将中国社会的性质定位为殖民地、半殖民地、半封建性质，指出中国革命的性质是新民主主义革命，创立了新民主主义革命理论。

三、求真务实是传播与运用唯物史观的基石

要实现唯物史观与中国国情的成功结合，要求作为客体的理论

[①] 《毛泽东选集》第2卷，人民出版社1991年版，第666—667页。

必须是科学的、具体的、适合中国国情的真理,这是实现"结合"的理论基础和前提。

中国新民主主义革命实践过程中,党在大革命时期和土地革命时期发生的"左"的和右的错误,无论是陈独秀的右的错误,还是瞿秋白、李立三、王明的"左"的错误,虽然有受共产国际外在影响的一面,但是从党自身找原因,就是没有处理好唯物史观理论与中国实际之间的矛盾,理论上教条化、公式化地照搬唯物史观中的某些原理或词句,实践上照搬俄国革命道路模式,结果对革命造成了严重的损失。而问题的根源则是没有理解唯物史观的精髓和实质,即一切从实际出发,理论联系实际,以实践作为检验真理的标准。党在各种"左"、右倾错误思想的发生与克服的斗争中不断总结教训,一点一滴地积累经验。农村包围城市革命道路的创立,则是成功将唯物史观理论与中国实际相结合的范例。总结正反两方面的事例,可以得出,要实现唯物史观与中国实际的成功结合,求真务实是基石。

唯物史观作为马克思主义理论体系的哲学基础,它从社会存在与社会意识的辩证关系出发,揭示了人类社会发展的历史进程及最一般规律,为人们正确认识社会历史及其发展趋势提供了一种科学的方法。正如列宁所说:"马克思的哲学是完备的哲学唯物主义,它把伟大的认识工具给了人类,特别是给了工人阶级。"① 从这个角度,我们可以说唯物史观是真理。共产党人是国际主义的马克思主义者,坚信唯物史观的真理性并予以坚持,这是首要的。但是唯物史观理论又不是抽象的真理,世上没有抽象的真理,真理总是具体的,有它产生的特定的时空条件。坚信不等于固守,继承不等于教条。马克思主义是"发展着的理论,而不是必须背得烂熟并机械地

---

① 《列宁选集》第 2 卷,人民出版社 1995 年版,第 311 页。

加以重复的教条"①。"马克思的整个世界观不是教义，而是方法。它提供的不是现成的教条，而是进一步研究的出发点和供这种研究使用的方法。"② 唯物史观毕竟是一种西方学说，对于中国而言，它只是一种抽象的马克思主义。要将其变成指导中国实际的理论武器，还需要一个在实践中发展理论的过程。这就需要一个"求"的过程，也就是如何把唯物史观与中国实际相结合，在实践中探求适合中国具体国情的真理。正确的理论必须结合具体情况并根据现存条件加以阐明和发挥。"只有不可救药的书呆子，才会单靠引证马克思关于另一历史时代的某一论述，来解决当前发生的独特而复杂的问题。"③ 要在继承的基础上发展，就涉及一个对待马克思主义的态度和方法问题。

对待马克思主义的态度是否科学，直接关系到革命实践的成败。新民主主义革命取得成功的实践经验告诉我们，要实现唯物史观与中国实际的成功结合，必须用"马克思列宁主义的态度"对待马克思主义。毛泽东在《中国共产党在民族战争中的地位》《新民主主义论》《改造我们的学习》《整顿党的作风》《反对党八股》等文章中，批评了党内存在的"左"的和右的主观主义错误，强调要用科学的态度，即马克思列宁主义的理论和实践相统一的态度对待马克思主义。"就是应用马克思列宁主义的理论和方法，对周围环境作系统的周密的调查和研究。不是单凭热情去工作，而是如同斯大林所说的那样，把革命气概和实际精神结合起来。在这种态度下，就是不要割断历史……在这种态度下，就是要有目的地去研究马克思列宁主义的理论，要使马克思列宁主义的理论和中国革命的实际运动结合起来，是为着解决中国革命的理论问题和策略问题而去从它找

---

① 《马克思恩格斯选集》第4卷，人民出版社1995年版，第681页。
② 《马克思恩格斯选集》第4卷，人民出版社1995年版，第742—743页。
③ 《列宁选集》第1卷，人民出版社1995年版，第162页。

立场，找观点，找方法的。这种态度，就是有的放矢的态度。""这种态度，就是实事求是的态度"，"就是理论和实际统一的马克思列宁主义的作风"。①

要做到求真务实，首先，要全面系统地学习研究唯物史观的理论，把握其分析问题解决问题的基本立场、观点和方法。中国共产党人早期革命进程中出现诸多挫折的主要原因之一，就在于全党对唯物史观理论缺乏全面系统的了解，没有很好地把握其精髓，因此难以从中把握其立场、方法和原则，并运用它去分析中国国情及革命的独特规律，在理论和实践中难免犯教条主义等主观主义错误。其次，要以马克思主义为指导，从中国国情和革命实践出发，对周围环境作系统周密的调查研究，理论联系实际，运用马克思主义的基本立场、观点和方法制定出适合中国革命的具体策略。"应确立以研究中国革命实际问题为中心，以马克思列宁主义基本原则为指导的方针，废除静止地孤立地研究马克思列宁主义的方法。"② 最后，要以革命实践为标准检验理论、策略等的真理性。"真理只有一个，而究竟谁发现了真理，不依靠主观的夸张，而依靠客观的实践。只有千百万人民的革命实践，才是检验真理的尺度。"③ 党在革命实践中所创立的战略、战术，以及"从群众中来，到群众去"的领导方法和工作方法等，反映了党求真务实的态度和作风。

四、理论创新是传播与运用唯物史观的本质要求

实践是不断发展着的，客观上要求指导实践的科学理论也应随着实践的发展而不断发展。科学理论只有和实践保持具体的历史的

---

① 《毛泽东选集》第3卷，人民出版社1991年版，第800—801页。
② 《毛泽东选集》第3卷，人民出版社1991年版，第802页。
③ 《毛泽东选集》第2卷，人民出版社1991年版，第663页。

统一，才能充分发挥理论对实践的积极促进作用。理论落后或超前于实践，都会对实践造成错误和偏颇，带来不必要的损失。正是因为有了对待马克思主义的科学态度和方法，党在革命实践中，才能立足于中国国情，不断总结革命经验，并随着具体的革命实践的发展不断进行理论创新。因此，党领导革命的经验不断丰富，理论上日渐成熟，主体性不断增强，领导能力和水平日渐提高，最终领导民主革命取得成功。

党在民主革命时期每一个重大转折关头，面对革命实践中出现的新情况、新问题，总会对作为指导思想的唯物史观理论与实践之间的关系进行反思，根据实践需求，不断进行理论创新。

在大革命失败后的危急关头，我们党将唯物史观关于无产阶级革命的学说与中国的特殊国情相结合，突破"城市中心论"的革命道路模式，创立了"农村包围城市"的革命道路。通过武装斗争夺取政权，是马克思列宁主义关于无产阶级革命学说的基本观点。无产阶级革命运动，从法国的巴黎公社到俄国的十月革命，都是以城市为中心，通过武装起义夺取政权的。因此，以城市为中心武装夺取政权就成为世界无产阶级革命的传统思想。中国共产党人在中国革命初期，沿袭了世界无产阶级革命的传统思想，以大城市为中心组织武装起义。大革命失败后，党意识到武装斗争的重要性，开始强调枪杆子里出政权，独自开展武装斗争，但是由于没有独立进行武装斗争的经验，仍照搬俄国十月革命的以城市为中心举行武装起义的模式。结果，南昌起义、广州起义等大小起义先后遭到挫折和失败。毛泽东在领导秋收起义、试图攻打城市受挫，及时分析当时所面临的主客观条件，总结其他部队武装起义失败的经验教训后，在敌强我弱的不利形势下，主动放弃长沙，转入国民党统治力量薄弱的井冈山，建立井冈山革命根据地。井冈山等革命根据地的建立和发展，打破了以城市为中心举行武装起义的传统思想，为中国革命的胜利开辟了一条农村包围城市的特殊革命道路。实践证明，这条道路是将唯物史观的无产阶级革命学说与中国国情成功结合的独创，是夺取中国革命胜利的必由之路。

20世纪30年代中期，在中华民族面临亡国灭种的危急关头，民众的觉悟被唤醒，抗战热情空前高涨。思想文化领域出现了学术为抗战服务的新趋势。危机也唤醒了党的民族文化自觉意识。通过对"五四"以来党在对待传统文化和西方文化的态度问题进行反思，我们意识到，任何民族文化的发展都是一个连续不断的过程，抛弃文化传统，割断历史联系，只会使我们失去发展的根基。马克思主义要在中国生根发芽，必须批判地继承传统文化遗产，以马克思主义的立场、观点、方法为指导，对中华民族的文化传统，包括思维方式、价值观念、表达习惯，等等，进行深入的研究和探讨，吸收借鉴有价值的思想资料，使之得到改造升华，即推进马克思主义的民族化。党审时度势，从鼓舞民众积极抗战救国这个最大的实际出发，积极打造思想领域的文化新军，引领马克思主义理论中国化、大众化、通俗化运动的发展方向。为重铸中华民族的民族意识和民族精神，党强调要发挥民族传统文化在抗战中的作用。"学习我们的历史遗产，用马克思主义的方法给以批判的总结……我们这个民族有数千年的历史，有它的特点，有它的许多珍贵品。""今天的中国是历史的中国的一个发展；我们是马克思主义的历史主义者，我们不应当割断历史。从孔夫子到孙中山，我们应当给以总结，承继这一份珍贵的遗产。这对于指导当前的伟大的运动，是有重要的帮助的。"① 强调将唯物史观理论与中国传统文化相结合，运用马克思主义的立场、观点和方法，批判地总结和继承中国的历史遗产，赋予马克思主义以中国风格和中国气派，建设无产阶级领导的人民大众的反帝反封

---

① 《毛泽东选集》第2卷，人民出版社1991年版，533—534页。

建的新民主主义文化。①

以上事例充分证明，唯物史观要实现中国化，必须在实践基础上不断进行理论创新。

五、思想交锋是传播与运用唯物史观的动力

唯物史观与中国实际的成功结合，需要主体对理论的系统理解和深刻把握，需要主体对世情的洞察和对国情的全面深入了解，需要主体以科学的态度对待理论和实践（国情）的关系，而这一切总结为一句话，就是需要主体具备一定的素质。作为唯物史观在中国传播与运用的主要主体，中国共产党人对唯物史观这种外来学说的学习、研究，经历了一个由零碎、肤浅到逐渐深入、系统再到大众化和中国化的曲折过程。在这个过程中，与其他各种思想的对话与交锋，是促使党不断提高学习能力，逐渐深化对唯物史观的理解和把握，实现唯物史观与中国国情成功结合的动力。

与其他各种思想的对话是党实现唯物史观与中国实际成功结合的理论动力。自党成立前后开始，党的早期领导者作为唯物史观的积极传播者就开始广泛参与了思想文化领域的论战，如20年代初发生的围绕革命还是改良展开的"问题与主义"的论战、与无政府主义者之间展开的关于如何看待无产阶级专政问题的论战，围绕阶级斗争还是阶级调和而展开的"社会主义论战"、围绕是否承认社会历史领域有客观规律问题而展开的"科学与玄学的论战"；20年代末至30年代发生的哲学论战、中国社会性质和社会史论战等。通过论战，一方面宣传了唯物史观的社会革命、阶级斗争、无产阶级专政、经济决定论思想以及人类社会历史发展具有客观规律的思想。另一

---

① 参见吴英：《唯物史观的现实生命力》，载《中国社会科学院报》，2009年5月12日。

方面，论战中对方提出的对唯物史观理论的质疑，也促使共产党人开始联系中国革命实际解读唯物史观理论，将其与文本和中国现实之间展开互动性的对话。在这种互动性对话中，共产党人逐渐深化了对唯物史观的解读，由开始仅仅理解为具有实证性质的经济史观，到唯物史观的辩证法性格的彰显，再到实现唯物史观的认识论转向。并且将这种与中国现实相联系而解读的唯物史观成果，直接运用于解释历史和革命中所发生的政治、经济文化等各种问题。例如，关于阶级和阶级斗争的争论，使经济分析和阶级分析的方法成为分析社会阶级结构和阶级构成的重要方法，为民主革命时期共产党人认识革命对象、革命的同盟者等问题，创立新民主主义革命理论提供了有效工具。从中我们也可以看到学术与政治之间存在的张力，为唯物史观与中国实际成功结合发挥了重要作用。

与党内外各种错误倾向的斗争是唯物史观与中国实际相结合的实践动力。用唯物史观的阶级斗争、社会革命理论为指导，对中国社会进行彻底变革，这是一项前无古人的事业，没有成功的经验可以借鉴。实践中外来的革命学说与中国社会现实的差异而导致的实践困境，如社会主义在中国是否适应，阶级斗争在中国是否存在，马克思主义是否适合中国国情等问题困扰着尚处于幼年的党，因此出现这样那样的错误也就在所难免。党领导的革命历史已经为我们证明，唯物史观与中国实际相结合是一个艰难的过程。在这个过程中，共产党作为一个马克思主义政党，敢于批评和自我批评，勇于承认错误，在不断与主观主义、宗派主义、关门主义、机会主义等错误倾向斗争的过程中，总结教训，积累经验。党的主体性由弱逐渐变强，这为实现唯物史观与中国实际的成功结合提供了实践动力。

总之，结合中国具体国情和革命实际，在实践中坚持传播和运用唯物史观是中国革命成功的根本保证。

第二节 唯物史观在中国传播与运用的当代启示

反思历史,总结经验教训,是为了更好地认识现在,预测未来。在中国特色社会主义建设实践中,进一步深入解读唯物史观,将唯物史观与当代中国社会实际相结合,在实践中坚持和发展唯物史观,对于继续推进马克思主义时代化、中国化、大众化,具有重大的理论和现实意义。

一、旗帜鲜明地坚持唯物史观

唯物史观告诉我们,历史是现实的人创造的,现实的人的物质生活生产能力是推动社会发展的决定力量。但是,人们不能随心所欲地创造历史,只能在继承前代创造的社会生产力水平的基础上创造历史,并且在创造历史的实践中,要受到社会生产关系、社会意识形式以及人自身素质等因素的制约。其中,作为观念形态的社会意识形式,尤其是作为意识形态的理论,对人的发展和社会历史发展具有巨大的能动作用。作为意识形态的理论是否科学,是否代表着先进文化的前进方向,直接影响着人的发展和社会历史发展的进程。唯物史观理论体系的价值旨归是实现无产阶级解放,进而实现全人类的解放,实现人的自由全面发展。唯物史观关于社会发展的基本规律和社会发展动力原理,都是围绕着这一价值旨归生发出来并展开的。以唯物史观为指导成立的中国共产党,在领导中国革命、社会主义建设和改革开放的实践中,始终高举马克思主义旗帜,在实践中坚持以唯物史观为理论指导制定党的路线、方针和政策。

民主革命时期,中国共产党人高举马克思主义旗帜,以唯物史观作为党的理论基础，以民族利益和广大工农群众的利益作为党的利益，在以"革命与战争"为时代主题的国际大环境下，紧紧抓住民族解放、阶级解放和人的解放这个历史主题，将唯物史观理论与中国历史与革命实际相结合，充分发挥唯物史观的凝聚、导向和教育等意识形态功能以及科学方法论功能，在实践中以唯物史观理论武装党员干部，宣传、动员、教育群众，领导广大工农群众，动员和团结包括民族资产阶级在内的一切爱国民主人士，以阶级斗争和社会革命为手段，变革束缚先进生产力发展的旧的生产关系和上层建筑，推翻了帝国主义、封建主义和官僚资本主义在中国的统治，建立了人民民主专政的共和国，实现了中华民族解放。人民民主专政国家形态的建立为解放和发展生产力，实现民族复兴、社会发展和人的发展奠定了坚实的政治基础。

新中国成立后，以毛泽东为代表的中国共产党人继续高举马克思主义旗帜，坚持以唯物史观为指导，开始了社会主义建设道路的艰苦探索。由于受当时国际国内复杂政治因素等的影响，对社会主义建设道路的探索逐渐偏离了唯物史观指导的正确航向，片面强调生产关系变革，忽视发展社会生产力，对社会发展和人的发展造成了严重影响。但是，它从反面为我们证明了，在中国社会主义建设实践中，同样必须坚持唯物史观的理论指导。

改革开放以来，我们党以实现中华民族伟大复兴，促进社会和人的发展为己任，继续高举马克思主义旗帜，以马克思主义的科学态度，实事求是地总结了新中国成立以来以毛泽东为代表的党中央在探索社会主义建设实践中取得的成绩和存在的问题，以唯物史观为指导，正确分析国际国内政治经济形势的变化，准确把握"和平与发展"这一时代主题，重新确立了解放思想、实事求是的思想路线，制定了以经济建设为中心，实行改革开放的方针政策，掀开了中国特色社会主义建设的新篇章。在改革开放新的历史时期，围绕"什么是社会主义，怎样建设社会主义""实现什么样的发展，怎样发展"等问题，党进行了进一步的深入思考，形成了中国特色社会主义理论体系。中国特色社会主义理论体系以解决人民群众的温饱问题，提高群众的物质文化生活水平作为思考问题的出发点；以改革开放和现代化建设的实际问题以及我们正在做的事情为中心，着眼于马克思主义理论的运用，着眼于实际问题的理论思考，着眼于新的实践和新的发展；以社会改革为手段，通过政治、经济、文化和社会体制全面改革，革除生产关系和上层建筑领域不适应生产力发展的环节和方面，如旧的僵化的体制、机制和思想观念，以解放生产力中的人，进而促进生产力的发展；强调发展的目的并非是以牺牲子孙后代的利益为代价的单纯的经济发展，而是人与自然、社会的全面、协调、可持续发展，等等。这些认识，无不反映着党在改革开放新的历史时期对唯物史观立场、观点和方法的运用。

二、深入研究唯物史观，继续推进马克思主义中国化

中国共产党人作为唯物史观在中国传播与运用的重要主体，自党成立之日起，就在接受、传播唯物史观的同时，结合中国社会实际，运用唯物史观指导中国革命。但是，幼年时期的党，因为接受的不是原生态的唯物史观理论，且在没有进行深入研究，理解尚比较肤浅的情况下，就在实践中加以运用，难免会出现对唯物史观的机械的、教条式的理解。大革命和土地革命时期多次犯右的和"左"的错误，重要原因之一就是没有领会唯物史观的精髓和实质，没有处理好唯物史观与中国实际的结合。中国共产党人在总结革命经验教训的过程中，既认识到了科学理论对于人的解放和社会革命实践的重要作用，同时也看到了主观主义、教条主义、经验主义对实践的严重危害。延安时期，党中央强调加强党的自身建设，特别是党的理论建设。要求党员干部尤其是各级领导干部，深入系统学习马克思主义理论，尤其是学习马克思主义经典著作，真正领会马克思

主义的实质，真正领会马克思主义的立场、观点和方法，并且运用它来深刻地、科学地分析和解决中国的实际问题。为此，党中央成立专门机构，精心编译马克思主义经典著作，尤其是唯物史观相关经典著作，出版权威的马克思主义理论干部学习读本。20世纪30年代末至40年代，在战争与革命的时代背景下，为适应抗日救国需求，在党的引领下，思想文化领域兴起了马克思主义中国化思潮，其实质是马克思主义民族化，即将马克思主义尤其是作为其理论基础的唯物史观理论与中国传统文化、革命实际相结合。这应该说得益于中国共产党人对唯物史观研究的不断深入。简言之，中国共产党人对唯物史观的深入研究为马克思主义中国化奠定了理论基础。

改革开放以来，随着国际政治格局的变化，和平与发展成为时代主题。如何加快经济发展，提高人民群众的物质文化生活水平，增强国家的综合实力，显示社会主义的优越性，成为中国社会发展的主题。改革开放为中国的崛起带来了巨大的机遇。然而，作为世界上最大的社会主义国家，要在复杂多变的国际政治经济形势下，坚持走中国特色社会主义道路，难免面临着来自国际国内政治、经济、文化以及党自身等多方面的严峻挑战。应对方方面面的挑战，抓住历史赋予我们的机遇，实现社会和人的发展，就需要在旗帜鲜明地坚持马克思主义的基础上，不断发展马克思主义，用发展着的马克思主义指导当代中国改革开放实践。因此，强调马克思主义中国化，就要在坚持马克思主义的民族化的同时，强调马克思主义的当代化，即把马克思主义与当代中国实际和时代特征相结合，以当代化的马克思主义为指导，准确把握时代方位，推动改革开放沿着中国特色社会主义道路向纵深发展。

发展马克思主义，推进马克思主义中国化，必须坚持马克思主义的理论基础唯物史观，用唯物史观理论来回应时代变迁过程中出现的新问题、新情况。然而，长期以来，我们对唯物史观及其基本原理研究、挖掘得还不够，还存在许多模糊之处，有的问题意见分歧较大。例如，唯物史观到底是什么？生产力的本质是什么？衡量生产力发展水平的尺度是什么？到底什么是经济基础？社会发展的根本动力是什么？等等。由此，面对当代社会变迁中出现的新情况、新问题，如当代资本主义出现的新变化，改革开放以来社会转型引起的市场转向等，使得有些人对唯物史观的真理性和生命力产生质疑，认为唯物史观作为马克思恩格斯基于十九世纪资本主义社会现实而创立的学说，除了为人们提供一种认识社会的方法外，已经不能解释当代社会变迁。

要用唯物史观理论解释当代世界和中国社会发展中出现的新问题，显示唯物史观的生命力和时代价值，就需要党在新形势下不断加强自身理论建设，结合当代中国实际和时代特征，继续不断地深入研究唯物史观经典著作，真正领会唯物史观的精髓、核心理念和基本原则，把握唯物史观的本真意义，以此为依据阐释唯物史观理论，明确哪些是必须长期坚持的基本原理，哪些是需要结合新的历史条件加以丰富和发展的？哪些是必须破除的对唯物史观的教条式理解[①]，摈除那些附加在唯物史观名下的错误观点，澄清模糊认识。中央马克思主义理论研究和建设工程的启动，马克思主义理论学科成为一级学科等重大举措为形成一支强有力的马克思主义理论队伍，加强包括唯物史观在内的马克思主义理论的研究力度，推出一批权威性的马克思主义阐释性文本，实现以科学的理论武装党员普及民众，继续推进当代马克思主义中国化迈出了坚实的步伐提供了有力的制度和组织保障。

[①] 参见吴英：《唯物史观的现实生命力》，载《中国社会科学院报》，2009年5月12日。

参考文献

一、经典文献

[1]《马克思恩格斯选集》第1—4卷，人民出版社1995年版。

[2]《马克思恩格斯全集》第2卷，人民出版社1957年版。

[3]《马克思恩格斯全集》第12卷，人民出版社1962年版。

[4]《马克思恩格斯全集》第19卷，人民出版社1963年版。

[5]《马克思恩格斯文集》第1—10卷，人民出版社2009年版。

[6]《列宁选集》第1—4卷，人民出版社1995年版。

[7]《毛泽东文集》第1—2卷，人民出版社1993年版。

[8]《毛泽东文集》第3—5卷，人民出版社1996年版。

[9]《毛泽东选集》第1—4卷，人民出版社1991年版。

[10]《毛泽东哲学批注集》，中央文献出版社1988年版。

[11]《艾思奇文集》第1—2卷，人民出版社1981年版。

[12]《陈独秀文章选编》，生活·读书·新知三联书店1984年版。

[13]《陈独秀著作选》第2卷，上海人民出版社1993年版。

[14]《蔡和森文集》，湖南人民出版社1979年版。

[15] 蔡尚思:《中国现代思想史资料简编》第1卷,浙江人民出版社1982年版。

[16]《胡适文存》卷2,上海亚东出版社1924年版。

[17] 胡适:《科学与人生观》,上海亚东图书馆1923年版。

[18]《胡汉民先生文集》第2册,台湾国民党"中央党史会"1978年版。

[19]《胡汉民先生名著集》上,军事新闻出版部发行1936年版。

[20]《何干之文集》,中国人民大学出版社1989年版。

[21]《胡绳全书》第1卷,人民出版社1988年版。

[22] 胡绳:《中国共产党的七十年》,中共党史出版社1991年版。

[23]《李大钊文集》上、下,人民出版社1984年版。

[24]《李达文集》第1—4卷,人民出版社1980—1988年版。

[25]《彭真年谱(1902—1997)》,中央文献出版社2002年版。

[26]《瞿秋白文集(政治理论编)》第2、4卷,人民出版社1988、1993年版。

[27]《瞿秋白选集》,人民出版社1985年版。

[28] 夏晓红:《梁启超文集》上,中国广播电视出版社1992年版。

[29] 张东荪:《唯物辩证法论战》,北平民友书局1934年版。

[30] 张静庐辑注:《中国现代出版史料(乙编)》,中华书局1955年版。

[31] 钟离蒙、杨凤麟:《中国现代哲学史资料汇编》第一集第八、九册,辽宁大学哲学系1981年版。

[32]《共产国际、联共(布)与中国革命文献资料选辑》(2),北京图书馆出版社1997年版。

[33]《社会主义思想在中国的传播（资料选辑之一）》上，中共中央党校科研办公室（内部发行）1985年版。

[34] 中国革命博物馆、湖南省博物馆编：《新民学会资料》，人民出版社1980年版。

[35] 中共中央党校党史教研室资料组编：《中国共产党历次重要会议集》上，上海人民出版社1982年版。

[36] 中央档案馆编：《中共中央文件选集》，中共中央党校出版社1989年版。

[37] 中国社会科学院现代史研究室：《"一大"前后》，人民出版社1980年版。

[38] 中国社会科学院现代史研究室编著：《中国共产党历次代表大会（新民主主义革命时期）》，中共中央党校出版社1982年版。

[39] 中央编译局：《马克思恩格斯著作在中国的传播》，人民出版社1983年版。

[40] 北京大学哲学系现代中国哲学教研室编译资料室编：《中国现代哲学史教学资料选辑》上、下，北京大学出版社1988年版。

[41] 孙武霞、许俊基：《共产国际与中国革命资料选辑（1925—1927）》，人民出版社1985年版。

[42] [美] 塞利格曼：《经济史观》，陈石孚译、陶履恭校，商务印书馆1920年版。

[43] [荷] 郭泰：《唯物史观解说》，李达译，上海中华书局1926年版。

[44] [日] 河上肇：《马克思主义经济学的基础理论》，李达译，上海昆仑书店1930年版。

[45] [日] 福本和夫：《社会进化论》，施存统译，大江书铺1930年版。

[46]《新民学会资料》《新青年》《建设》《改造》《民国日报·觉悟》《觉悟》《东方杂志》《闽星》《国民》《共产党》《星期

评论》《向导》《文化批判》《读书杂志》《食货》《新月月刊》《动力》《新生命》《出版周刊》《新思潮》《新中华》《自由中国》《大公报》《新世纪》《文化建设》《解放》《解放日报》《中国文化》等报刊资料。

二、相关研究著作

［1］［德］罗梅君：《政治与科学之间的历史编纂——30 和 40 年代中国马克思主义历史学的形成》，张立新译、朱茂铎校，山东教育出版社 1997 年版。

［2］［德］李博：《汉语中的马克思主义术语的起源与作用》，赵倩、王草、葛平竹译，中国社会科学出版社 2003 年版。

［3］［美］莫里斯·迈斯纳：《李大钊与中国马克思主义的起源》，中共北京市委党史研究室编译组译，中共党史资料出版社 1989 年版。

［5］［美］费正清：《剑桥中华民国史》第 1 部，章建刚等译，上海人民出版社 1991 年版。

［6］［美］费正清：《美国和中国》，哈佛大学出版社 1979 年版。

［7］［美］本杰明·I. 史华慈：《中国的共产主义与毛泽东的崛起》，陈玮译，中国人民大学出版社 2006 年版。

［8］［美］斯塔夫里亚诺斯：《全球分裂：第三世界的历史进程》，迟越、王红生等译，商务印书馆 1993 年版。

［9］［美］郭颖颐：《中国现代思想中的唯科学主义（1900—1950）》，雷颐译，江苏人民出版社 2010 年版。

［10］［美］汉娜·阿伦特：《马克思与西方政治思想传统》，孙传钊译，江苏人民出版社 2007 年版。

［11］［美］魏斐德：《历史与意志：毛泽东思想的哲学透视》，

李君如译,中国人民大学出版社 2006 年版。

[12] [美] 斯图尔特·R. 施拉姆:《毛泽东的思想》,田松年、杨德译,中国人民大学出版社 2005 年版。

[13] [美] 莫里斯·迈斯纳:《马克思主义、毛泽东主义与乌托邦主义》,张宁、陈铭康等译,中国人民大学出版社 2005 年版。

[14] [美] 布兰特利·沃马克:《毛泽东政治思想的基础 1917—1935》,霍伟岸、刘晨译,中国人民大学出版社 2006 年版。

[15] [美] 杨炳章:《从革命到政治:长征与毛泽东的崛起》,郭伟译,中国人民大学出版社 2006 年版。

[16] [英] 康福斯:《唯物主义与辩证方法》,郭舜平、郑翼棠合译,生活·读书·新知三联书店 1956 年版。

[17] 安启念:《马克思主义哲学中国化研究》,中国人民大学出版社 2006 年版。

[18] 成龙:《海外马克思主义中国化研究》,广东人民出版社 2009 年版。

[19] 陈汉楚:《社会主义在中国的传播和实践》,中国青年出版社 1984 年版。

[20] 陈翰笙、薛暮桥、冯和法:《解放前的中国农村》,中国展望出版社 1985 年版。

[21] 丁俊萍:《中国共产党解放和发展生产力研究》,武汉大学出版社 1999 年版。

[22] 段忠桥:《重释历史唯物主义》,江苏人民出版社 2009 年版。

[23] 冯友兰:《中国现代哲学史》,生活·读书·新知三联书店 2009 年版。

[24] 冯契:《中国近代哲学的革命进程》,上海人民出版社 1989 年版。

[25] 郭湛波:《近五十年中国思想史》,山东人民出版社 1997

[26] 顾颉刚：《当代中国史学》，上海古籍出版社 2002 年版。

[27] 高军：《五四运动前马克思主义在中国的介绍与传播》，湖南人民出版社 1986 年版。

[28] 龚育之、逄先知、石仲泉：《毛泽东的读书生活》，中央文献出版社 2003 年版。

[29] 黄楠森、庄福龄、林利：《马克思主义哲学史》第六卷，北京出版社 1989 年版。

[30] 何一成：《马克思主义中国化专题研究》，湖南人民出版社 2005 年版。

[31] 侯外庐：《韧的追求》，生活·读书·新知三联书店 1985 年版。

[32] 何萍、李维武：《马克思主义中国化探论》，人民出版社 2002 年版。

[33] 黄兴涛：《中国文化通史·民国卷》，北京师范大学出版社 2009 年版。

[34] 旷三平、常晋芳：《唯物史观前沿问题研究》，中国社会科学出版社 2004 年版。

[35] 吕希晨、何敬文：《中国现代唯物史观史》，天津人民出版社 2003 年版。

[36] 李泽厚：《中国思想史论》上、下，安徽文艺出版社 1999 年版。

[37] 林代昭、潘国华：《马克思主义在中国——从影响的传入到传播》上、下，清华大学出版社 1983 年版。

[38] 林国标：《中国社会主义意识形态发展史——马克思主义哲学中国化的视角》，湖南人民出版社 2007 年版。

[39] 梁枫：《唯物史观在中国的历史命运论纲》，北京大学出版社 2000 年版。

[40] 鲁克俭：《国外马克思学研究的热点问题》，中央编译出版社 2006 年版。

[41] 梁怡、李向前：《国外中共党史研究述评》，中共党史出版社 2005 年版。

[42] 李曙新：《中国共产党哲学思想史》，中共党史出版社 2003 年版。

[43] 刘辉：《中国共产党人的文化自觉——新民主主义文化思想再研究》，中共党史出版社 2008 年版。

[44] 罗海滢：《李达唯物史观思想研究》，暨南大学出版社 2008 年版。

[45] 梁树发、陈先奎：《马克思主义史》第 3 卷，人民出版社 1996 年版。

[46] 欧阳哲生：《新文化的传统——五四人物与思想研究》，广东人民出版社 2004 年版。

[47] 庞卓恒：《唯物史观与历史科学》，高等教育出版社 2004 年版。

[48] 宋惠芳、燕宏远：《西方马克思主义新论》，山东人民出版社 2005 年版。

[49] 尚庆飞：《国外毛泽东学研究》，凤凰出版传媒集团 2008 年版。

[50] 田克勤：《马克思主义中国化的理论轨迹》，中共党史出版社 2006 年版。

[51] 陶德麟、何萍：《马克思主义中国化：历史与反思》，北京师范大学出版社 2007 年版。

[52] 唐宝林：《马克思主义在中国 100 年》，人民出版社 1998 年版。

[53] 唐昕：《毛泽东与读书学习》，中央文献出版社 2004 年版。

[54] 陶希圣：《中国社会之史的分析》，岳麓书社 2010 年版。

[55] 吴惠龄：《北京高等教育史料》，北京师范学院 1992 年版。

[56] 王玉平：《马克思主义哲学在中国的理论嬗变》，中国社会科学出版社 2005 年版。

[57] 许纪霖、宋宏：《史华慈论中国》，新星出版社 2006 年版。

[58] 徐素华：《马克思主义哲学在中国：传播、应用、形态、前景》，北京出版社 2002 年版。

[59] 奚洁人、余源培：《二十世纪中国社会科学·马克思主义卷》，上海人民出版社 2005 年版。

[60] 许征帆：《时代风云变换中的马克思主义》，人民出版社 1996 年版。

[61] 许苏民：《比较文化研究史》，云南人民出版社 1992 年版。

[62] 杨河、胡海涛、张炳奎：《马克思主义哲学的传入与研究》，福建人民出版社 2006 年版。

[63] 杨菲蓉、江传月：《中国化马克思主义发展概论》，人民出版社 2005 年版。

[64] 张艳国：《史学理论：唯物史观的视域和尺度》，华中科技大学出版社 2009 年版。

[65] 张静如：《唯物史观与中共党史学》，湖南出版社 1995 年版。

[66] 张静如：《中国共产党思想史》，青岛出版社 1991 年版。

[67] 庄福龄：《中国马克思主义传播史》，中国人民大学出版社 1988 年版。

[68] 曾乐山：《马克思主义哲学的中国化及其历程》，华东师范大学出版社 1991 年版。

[69] 张传鹤：《"主义"的较量与中国的命运》，山东大学出版社 2006 年版。

[70] 曾德祥：《马克思主义中国化发展进程研究》，西南财经大学出版社 2005 年版。

［71］周谷平：《马克思主义教育思想的中国化历程》，浙江大学出版社 2008 年版。

［72］钟家栋、王世根：《马克思主义在中国》，上海人民出版社 1998 年版。

［73］中共中央党校《唯物史观新视野》课题组：《唯物史观新视野》，东方出版社 1999 年版。

［74］Arif Dirlik, *Revolution and History: The Origins of Marxist Historiography in China 1919 – 1937*, Berkeley: University of California Press, 1978.

［75］J. Levenson, F. Schurmann, *China: An Interpretive History*, Berkeley: University of California Press, 1971.

［76］James P. Harrison, *The Long March to Power: A History of the Chinese Communist Party, 1921 – 1972*, New York: Parger Publishers Inc. 1972.

三、学术论文

［1］陈峰：《在学术与意识形态之间：1930 年代的中国社会史论战》，载《史学月刊》，2010 年第 9 期。

［2］陈峰：《胡汉民与中国马克思主义史学的发轫》，载《齐鲁学刊》，2007 年第 4 期。

［3］陈金龙：《时代特征与马克思主义中国化》，载《马克思主义研究》，2008 年第 9 期。

［4］陈树林：《马克思主义哲学中国化问题的文化哲学沉思》，载《天津社会科学》，2005 年第 3 期。

［5］陈留根：《早期马克思主义者对马克思主义的理解和认识》，载《武汉科技大学学报（社会科学版）》，2009 年第 1 期。

[6] 陈支平：《20世纪中国历史学的三大情结》，载《厦门大学学报（哲学社会科学版）》，2001年第4期。

[7] 成龙：《海外马克思主义中国化研究历史追溯》，载《马克思主义研究》，2008年第8期。

[8] 程凯：《1920年代末文学知识分子的思想困境与唯物史观文学论的兴起》，载《文史哲》，2007年第3期。

[9] 曹力铁：《论李大钊对马克思主义中国化的贡献》，载《浙江工商大学学报》，2005年第5期。

[10] 丁荣生：《马克思主义中国化的历史经验和启示》，载《毛泽东邓小平理论研究》，2007年第8期。

[11] 段其咸：《唯物史观在中国的传播》，载《江汉论坛》，1983年第3期。

[12] 都培炎：《"五四"时期马克思主义与传统儒学的关系》，载《中共党史研究》，1998年第5期。

[13] 冯天瑜：《唯物史观在中国的早期传播及其遭遇》，载《中国社会科学》，2008年第1期。

[14] 方松华：《中国马克思主义学术史述要》，载《毛泽东邓小平理论研究》，2010年第12期。

[15] 郭建宁：《马克思主义哲学大众化的当代思考》，载《河北学刊》，2008年第3期。

[16] 郭圣福：《五四时期国民党人对社会主义学说的介绍和研究》，载《社会主义研究》，1988年第1期。

[17] 关晓丽：《毛泽东三大发现与马克思主义中国化第一次高潮》，载《科学社会主义》，2008年第5期。

[18] 黄修卓：《李达唯物史观研究论析》，载《武汉大学学报（人文科学版）》，2010年第3期。

[19] 黄念然：《论唯物论文学史观在中国的确立与发展》，载

《重庆三峡学院学报》，2009年第6期。

[20] 胡军良：《朝向马克思主义中国化事实本身——再论马克思主义中国化的学理依据、基本路径与研究走向》，载《浙江社会科学》，2007年第6期。

[21] 李培林：《20世纪上半叶的唯物史观社会学》，载《东岳论丛》，2009年第1期。

[22] 李波：《进化论对马克思主义哲学在中国早期传播的影响——以李大钊为例》，载《西北工业大学学报（社会科学版）》，2008年第4期。

[23] 李红岩：《20世纪30年代马克思主义思潮兴起之原因探析》，载《文史哲》，2008年第6期。

[24] 李方祥：《20世纪三四十年代"学术中国化"与"马克思主义中国化"的思潮互动》，载《中共党史研究》，2008年第2期。

[25] 李百玲：《从翻译看马克思主义在中国的早期传播》，载《上海翻译》，2009年第1期。

[26] 李军林：《大众传媒在早期马克思主义传播中的作用》，载《当代传播》，2007年第5期。

[27] 李军林：《论马克思主义在中国早期传播过程中的媒介角色定位》，载《社会科学辑刊》，2007年第3期。

[28] 李军林：《中国传统文化与马克思主义的早期传播》，载《史学集刊》，2007年第3期。

[29] 李军林：《马克思主义在中国的早期传播：十年研究述评》，载《河北学刊》，2005年第6期。

[30] 李永春：《蔡和森与早期马克思主义中国化》，载《西南民族学院学报（哲学社会科学版）》，2002年第12期。

[31] 李维武：《毛泽东"实践论"的中国性格》，载《中国社会科学》，2007年第4期。

[32] 李海春：《论李大钊接受马克思主义的过程》，载《河南师范大学学报（哲学社会科学版）》，2004年第1期。

[33] 李田贵、赵学琳：《二十年代国民党人对马克思主义的传播》，载《当代世界社会主义问题》，2003年第4期。

[34] 李坚、章军：《日本还是俄国——论马克思主义传入中国的主渠道》，载《沈阳师范学院学报（社会科学版）》，1996年第2期。

[35] 李其驹、王炯华：《唯物史观在中国的最初传播》，载《东岳论丛》，1983年第5期。

[36] 刘同舫：《人类解放的进程与社会形态的嬗变》，载《中国社会科学》，2008年第3期。

[37] 刘保国：《阶级观点和阶级分析方法的当代意义》，载《马克思主义研究》，2009年第8期。

[38] 刘宏：《留法勤工俭学运动对引进马克思主义的贡献》，载《河北学刊》，2001年第6期。

[39] 刘友红：《"李达与马克思主义哲学中国化"专题研讨综述》，载《武汉大学学报（人文科学版）》，2004年第5期。

[40] 卢钟锋：《马克思的社会形态说与中国历史研究》，载《马克思主义研究》，2008年第8期。

[41] 林华俤：《试论陈独秀对马克思主义中国化的有益探索》，载《社科纵横》，2007年第8期。

[42] 吕世荣、聂庆彬：《唯物史观在当代面临的挑战和诘难》，载《哲学动态》，2008年第5期。

[43] 欧阳康：《范式的哲学价值与马克思主义哲学的当代维度》，载《学术月刊》，2008年第5期。

[44] 齐卫平：《唯物史观在中国的早期传播》，载《探索与争鸣》，1987年第6期。

[45] 单继刚：《社会进化论：马克思主义哲学在中国的第一个理论形态》，载《哲学研究》，2008年第8期。

[46] 宋志明：《李大钊对唯物史观的传播与理解》，载《中国人民大学学报》，2008年第2期。

[47] 沈传亮：《五四时期国民党人与马克思主义传播》，载《历史教学》，2002年第8期。

[48] 沈绍根、张英智：《从早期国民党人对马克思主义的研究看20世纪初中国现代化价值取向》，载《湘潭师范学院学报（社会科学版）》，1997年第2期。

[49] 邵成章：《马克思主义在中国传播的两个阶段》，载《党史研究与教学》，1997年第1期。

[50] 石仲泉：《略论马克思主义中国化的基本经验》，载《中国特色社会主义研究》，2007年第4期。

[51] 石国亮：《"五四"精英与唯物史观在中国的传播与发展》，载《陕西青年职业学院学报》，2008年第2期。

[52] 孙建华：《论马克思主义在中国的早期传播及其中国化的基础——从进化论"道"之裂变到唯物史观的确立》，载《河南社会科学》，2010年第1期。

[53] 田子渝：《马克思列宁主义在中国早期传播研究的若干启示》，载《湖北大学学报（哲学社会科学版）》，2001年第4期。

[54] 陶季邑：《五四时期国民党理论家与马克思主义在中国的传播》，载《湖南师范大学社会科学学报》，1993年第1期。

[55] 陶季邑：《民主革命派与马克思主义学说在中国的传播》，载《暨南学报（哲学社会科学）》，1997年第3期。

[56] 田居俭：《历史研究必须以唯物史观为指导》，载《历史研究》，2014年第6期。

[57] 王贵仁：《20世纪早期中国学者对唯物史观的阐释及其演

变》,载《史学理论研究》,2010年第3期。

[58] 王贵仁:《从传播"唯物史观"到建构"民生史观"——解析1920年代国民党人对唯物史观态度的转变轨迹》,载《社科纵横》,2009年第11期。

[59] 王贵仁:《二十年代国民党人的唯物史观探析》,载《时代人物》,2008年第5期。

[60] 王德峰:《唯物史观在史学研究中的祛蔽作用》,载《中国社会科学》,2008年第1期。

[61] 王锐生:《在"结合"视野下的马克思主义中国化》,载《哲学研究》,2006年第2期。

[62] 王广:《哲学与史学的对话——"唯物史观与历史评价"全国学术研讨会述评》,载《中国社会科学》,2008年第1期。

[63] 王文兵、钟利琼:《中国先进分子何以选择马克思主义》,载《马克思主义与现实》,2008年第2期。

[64] 王志刚:《"五四"时期李大钊对马克思主义中国化的历史贡献》,载《高校理论战线》,2007年第3期。

[65] 王学典:《唯物史观派史学的学术重塑》,载《历史研究》,2007年第1期。

[66] 王占仁、郑德荣:《深刻理解马克思主义中国化的历史经验》,载《高校理论战线》,2008年第2期。

[67] 吴汉全:《留学生与马克思主义在中国的传播》,载《徐州师范大学学报(哲学社会科学版)》,2001年第1期。

[68] 吴汉全:《留学生对马克思主义社会学中国化的努力》,载《盐城师范学院学报(人文社会科学版)》,2005年第4期。

[69] 吴汉全:《李大钊与中国马克思主义社会学的创建》,载《河南师范大学学报(哲学社会科学版)》,2002年第4期。

[70] 吴汉全:《陈独秀与中国马克思主义社会学的开创》,载

《安徽史学》，2009年第2期。

[71] 魏雪莲：《范式视界中毛泽东的阶级斗争理论》，载《世纪桥》，2004年第3期。

[72] 薛其林：《从论战看20世纪上半叶唯物史观对中国现代学术的影响》，载《湘潭大学学报（哲学社会科学版）》，2008年第6期。

[73] 薛其林：《唯物史观对民国学术的影响》，载《马克思主义研究》，2008年第4期。

[74] 徐方平：《论蔡和森对唯物史观在中国传播的杰出贡献》，载《湖北大学成人教育学院学报》，2007年第5期。

[75] 谢晓春：《20世纪上半叶进步理论期刊与马克思主义哲学的中国化》，载《甘肃联合大学学报（社会科学版）》，2007年第6期。

[76] 肖铁肩、张相国：《马克思主义的早期传播与中国化》，载《湖南省社会主义学院学报》，2008年第1期。

[77] 杨鹏、马婷婷：《试述马克思主义唯物史观与史学术语在中国的早期传播》，载《海军工程大学学报（综合版）》，2009年第4期。

[78] 张立波：《唯物史观的中国初貌：依据、内容和特征》，载《江海学刊》，2010年第4期。

[79] 张立波：《唯物史观在中国的早期传播：批评与辩护》，载《学习与探索》，2010年第3期。

[80] 张立波：《唯物史观在中国的早期传播：理论旨趣与现实指向》，载《哲学研究》，2010年第8期。

[81] 张琳：《马克思主义在中国早期传播过程中的文本问题》，载《毛泽东邓小平理论研究》，2009年第5期。

[82] 张琳：《早期中国共产党人对马克思主义哲学的理解模式

和认知途径》，载《中共中央党校学报》，2009年第5期。

[83] 张远新、张正光：《马克思主义中国化逻辑起点新探》，载《马克思主义研究》，2008年第6期。

[84] 张曙光：《唯物史观及其创新的"中国经验"》，载《哲学研究》，2008年第9期。

[85] 张洪波、葛善泽：《五四前后马克思主义为什么能在中国迅速传播？》，载《当代世界与社会主义》，2004年第4期。

[86] 张静如、朱志敏：《李大钊与马克思主义旗帜在中国的树立》，载《北京党史》，1999年第6期。

[87] 张静如、齐卫平：《论马克思主义在中国发展的引进阶段》，载《中共党史研究》，1998年第3期。

[88] 张宏辉、汪涵：《延安时期艾思奇对马克思主义中国化的探索与贡献》，载《中国延安干部学院学报》，2008年第3期。

[89] 张小平：《李大钊对唯物史观的认识及其影响》，载《中国社会科学院研究生院学报》，2002年第2期。

[90] 朱成甲：《李大钊的思想理论遗产是党和人民的宝贵财富》，载《中共党史研究》，1999年第6期。

[91] 赵英：《关于陈望道译〈共产党宣言〉》，载《鲁迅研究月刊》，1994年第3期。

[92] 周棉：《留学生与马克思主义文艺理论在中国的传播》，载《江苏社会科学》，2010年第3期。

[93] 赵利栋：《"五四"前后中国马克思主义传播中的阶级与阶级斗争观念》，载《中国社会科学院近代史研究所青年学术论坛（2001年卷）》，2001年6月30日。

[94] 赵利栋：《略论20世纪20年代中国马克思主义的思想资源》，载《中国社会科学院近代史研究所青年学术论坛（2003年卷）》，2003年6月30日。

四、博士学位论文

[1] 陈峰:《社会史论战与现代中国史学》,山东大学 2005 年。

[2] 刘方现:《欧美学者对唯物史观的阐释:百年轨迹寻踪》,天津师范大学 2008 年。

[3] 王贵仁:《唯物史观及其指导的历史学在 20 世纪中国的推进历程》,天津师范大学 2008 年。

[4] 王聚芹:《马克思东方社会理论研究》,复旦大学 2005 年。

后 记

自马克思主义理论学科在当代中国设立以来，马克思主义中国化历史进程和基本经验一直是马克思主义理论的二级学科——马克思主义中国化研究的一个热点问题。《唯物史观在中国的传播与创造性运用（1919—1949）》是笔者的博士论文。自2007年9月开启博士研究生学习旅程之时，笔者就在导师张福记先生的建议下确立了唯物史观在中国的传播与创造性运用研究方向。笔者学习哲学专业出身，对唯物史观亦比较感兴趣，随着研究的不断深入，阅读范围的不断拓宽，资料掌握得越来越丰富，笔者发现，唯物史观在新民主主义革命时期的传播与运用是知识分子关注的热点问题之一。然而，新民主主义革命时期唯物史观在中国的传播是独特、曲折、复杂的，中国先进知识分子包括中国共产党人对它的认知和理解也经历了一个曲折、复杂的发展历程。还原唯物史观在新民主主义革命时期的传播历程，揭示中国先进知识分子对唯物史观的解读阐释历程及其发生的深远影响，总结马克思主义中国化过程中的经验教训，探索其中的规律，具有重要的学术和实践价值。

在笔者的博士论文写作过程中，导师张福记先生、任贵祥先生给予了精心指导。导师组的许庆朴教授、李爱华讲授、高继文教授、万光侠教授、马永庆教授等在论文开题、预答辩等环节，为笔者的论文写作提出了许多宝贵意见和建议。2011年毕业论文盲审和答辩时，论文获得了三位盲审专家以及七位答辩委员会专家的一致好评。但是，答辩过程中各位专家也提出了一些有待于进一步深化研究的问题，例如，唯物史观的独特性是体现在其独特价值上还是内容上，影响唯物史观在中国传播的主体条件有哪些，唯物史观的传播与整个马克思主义中国化历史进程的关系如何，等等。笔者根据专家们给出的建议，在后续的思考和研究过程中，不断搜集并大量阅读相关文献资料，及时关注本领域最新研究动态，对论文进行修改补充、丰富和完善，形成了今天的书稿。

在研究过程中，笔者采用多学科交叉研究、比较研究等多种研究方法，对唯物史观传播的原因、中国先进知识分子对唯物史观的传播与解读历程、中国共产党人对唯物史观的创造性运用及基本经验等方面，进行了整体性、立体式研究，试图从马克思主义中国化研究学科角度，提出1919—1949年这段历史时期，唯物史观在中国传播的阶段划分标准；通过分析中国知识分子对唯物史观内涵与外延的解读的逻辑演进，揭示唯物史观在中国传播的内在逻辑；通过探讨中国先进知识分子，尤其是中国共产党人对唯物史观的创造性运用，展现唯物史观对中国革命、思想文化发展和人的发展的深远影响，彰显出唯物史观的真理性力量，进而揭示出唯物史观在中国革命实践中不断深入传播，并逐渐与中国国情相结合，实现中国化的复杂而曲折的历史进程。